全球父母的家教宝典

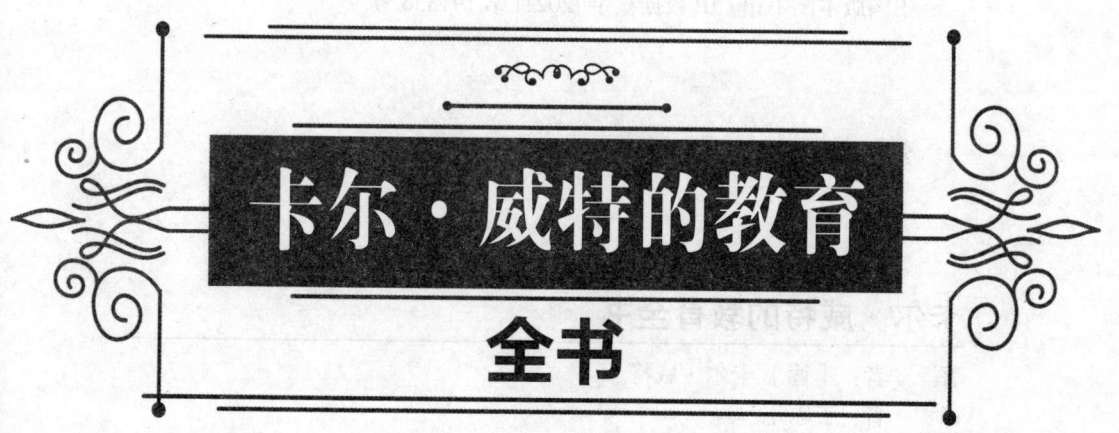

［德］卡尔·威特 著
吉家乐 译

中国华侨出版社
·北京·

图书在版编目 (CIP) 数据

卡尔·威特的教育全书 / (德) 卡尔·威特著; 吉家乐译 . — 北京: 中国华侨出版社, 2023.4

ISBN 978-7-5113-8615-1

Ⅰ. ①卡… Ⅱ. ①卡… ②吉… Ⅲ. ①儿童教育 – 家庭教育 Ⅳ. ① G78

中国版本图书馆 CIP 数据核字 (2021) 第 191856 号

卡尔·威特的教育全书

著　　者：［德］卡尔·威特
译　　者：吉家乐
责任编辑：江　冰
封面设计：韩　立
美术编辑：吴秀侠
经　　销：新华书店
开　　本：720mm×1000mm　1/16 开　　印张：20　　字数：280 千字
印　　刷：德富泰（唐山）印务有限公司
版　　次：2023 年 4 月第 1 版
印　　次：2023 年 4 月第 1 次印刷
书　　号：ISBN 978-7-5113-8615-1
定　　价：58.00 元

中国华侨出版社　北京市朝阳区西坝河东里 77 号楼底商 5 号　邮编：100028
发行部：（010）58815874　　　　传　真：（010）58815857
网　　址：http://www.oveaschin.com　E-mail：oveaschin@sina.com

如果发现印装质量问题，影响阅读，请与印刷厂联系调换。

前言

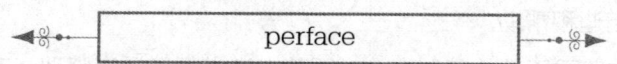
perface

每个孩子都具有成为天才的潜力。

决定孩子成长的重要因素是教育而非天赋，孩子从出生到五六岁时的教育是孩子成才的关键。只要教育方法正确，大多数孩子都会成为杰出的人。

卡尔·威特用实证证明了这一理念的正确性，他将自己先天不足、略显呆笨的儿子小卡尔培养成了天才儿童。并根据自己培养14岁之前的小卡尔的经验撰写成了《卡尔·威特的教育》一书。这是一部伟大的亲子教育经典，书中详细记述了这个父亲的核心教育理念，一个人最终能否有所成就，其禀赋起着一定的影响，但最主要的还是后天的教育。教育得当，普通的孩子也能成长为天才；教育不当，即使再大的天才也会被毁掉。他记载了他的孩子成长的过程，教育心得、方法，提出了早期教育的理念。

《卡尔·威特的教育》是世界上出现较早的家庭教育专著，开创了世界家庭教育读物的先河，谱写了人类教育史上的奇迹，不仅成为哈佛大学、剑桥大学、牛津大学等世界名校联合推荐的权威教育读本，更以"家教奇书"的美誉，受到世人的推崇。

当今的时代是知识的时代，也是人才的时代。"望子成龙"，每个家长都希望把自己的孩子培养成为一个有用的人。但是，如何培养呢？怎样的教育方法才能把一个普通的孩子培养成为一个天才呢？

小卡尔的成功，就告诉了我们行之有效的方法：父母是孩子第一任也是最重要的一任老师，家庭教育对孩子一生的成长至关重要。成就与禀赋没有必然的联系；天资普通的孩子，如果接受恰当的早期教育，也可以被培养成一个健康快乐的天才。

教师只是教知识，父母才决定孩子的一生。为了帮助更多的家长和教师了解卡尔·威特的教育理念，我们翻译了这本书，希望能给那些想去探索儿童成长的人提供一些指导和帮助。相信所有的家长和教师都会从这本书中得到启迪和帮助。

本书在尊重原著的基础上，对原著内容进行了适当整理。书中涉及的内容均是年轻父母们经常会遇到的早教问题，因此具有现实指导意义和可操作性。

目录

天才儿子是我的教育成果

• 第一章 欢迎你，我的孩子 •

有一个好妻子对养育我的孩子有多么重要 /02

从妻子孕育宝宝的那一天就开始注意 /05

孩子，父母和你一起成长 /11

首要责任是养育我的孩子 /14

让儿子有一个充满爱的家庭 /19

• 第二章 儿子的天生禀赋与后天教育 •

儿童潜能的递减法则 /22

一切取决于如何养育孩子 /25

我的儿子是刚刚萌芽的幼苗 /28

从儿子出生那天就开始教育 /33

给儿子营造最好的成长环境 /36

• 第三章 从儿子出生就开发他的智力 •

尊重他的胃口 /40

保持儿子健康的心情 /43

让儿子的五官与四肢一起发展 /46

从我们身边的实物开始 /49

儿子学习语言的奥秘 /52

与儿子的心灵相接触 /60

第四章　教育孩子需要正确的方法

培养儿子多方面的兴趣 /64
给儿子一双发现问题的眼睛 /67
我不会按照大人的想法打造孩子 /70
我绝不剥夺儿子玩的权利 /73
抓住儿子的兴趣教儿子学习 /76
记忆力、想象力和创造力发展并重 /80
如何教儿子学习外语 /86
绝不使用填鸭式教育 /90

第五章　给孩子游戏和成长的空间

我用游戏的方式教育儿子 /94
让孩子在游戏中学会与别人合作 /100
我与儿子一起玩游戏 /104
我告诉儿子：游戏只是游戏 /109

第六章　培养孩子好的性格

性格也是能力 /114
发自儿子内心的严格自我约束 /120
儿子的事情，让他自己做 /125
给孩子独立思考的空间 /128
孩子的性格决定他成长的方向 /133

第七章　我怎样面对儿子成长中的问题

鼓励孩子做一个诚实、正直的人 /138

目录

放纵孩子的任性不是关爱 /144

儿子的成功来自我们对他的诚实评价 /148

杜绝儿子产生恶习 /150

当儿子发脾气的时候 /153

● 第八章　什么样的教育才不会伤害孩子 ●

在家里，我和儿子的地位是平等的 /156

理解和尊重儿子 /161

认真对待儿子的想法 /166

绝不错误地批评孩子 /172

善于和孩子沟通，走进孩子的生活 /175

严格的教育不是专制 /179

粗暴的教育只会损害孩子的自尊心 /181

● 第九章　让孩子在赏识中成长 ●

信任孩子，我为我的儿子自豪 /186

多用赞赏和诱导的方式 /191

教儿子学会面对失败和挫折 /195

把握好夸奖和责备的尺度 /197

让孩子在赏识中成长 /201

我绝不空洞地和不真切地表扬儿子 /204

● 第十章　我如何培养儿子好的品德 ●

提高儿子对善恶的判断能力 /210

用爱陶冶孩子的品行 /213

让儿子懂得同情和关怀 /217

教育孩子信守自己的诺言 /220

让孩子懂得赚钱的艰难 /224

教孩子怎样用钱 /227

● 第十一章 我教孩子与人相处的本事 ●

避免以自我为中心 /232

相互理解的力量 /236

学会倾听的艺术 /239

选择好的交往伙伴 /242

与各种年龄的成年人都能自由交往 /248

孩子学会与人合作的几种方法 /250

● 第十二章 教孩子具备良好的心理素质 ●

锻炼孩子的意志 /254

让儿子摆脱对我们的依赖 /258

增强心理承受力，避免情感脆弱 /262

我教儿子怎样控制自己的感情 /267

语言交流不要在儿子心中留下阴影 /269

让儿子的心中充满光明 /273

● 第十三章 有良好的习惯才会有良好的素质 ●

好习惯是孩子一生的财富 /278

身教比言教更重要 /282

父母是孩子的一面镜子 /284

让儿子养成良好的饮食习惯 /288

当儿子有了不良习惯时 /292

合理安排时间 /297

专心致志地学习 /300

坚持不懈的习惯 /304

天才儿子是我的教育成果

　　人们都说我儿子是天才，不是我教育的结果。倘若上帝真给了我一个天才的儿子，这是上帝对我的仁慈，再没有比这更幸福的事了。然而，实际上绝非如此。

　　很多人都不相信我的话，连我的许多亲友也不相信。相信我的话的只有一个人，他就是已故的格拉彼茨牧师。格拉彼茨牧师自幼与我相好，是最了解我的人。他曾经说过："正如你所说的，卡尔的非凡禀赋确实不是天生的。他之所以能成为天才，完全是你教育的结果。看到你的教育方法，卡尔能成为这样一个天才就不足为奇了。而且卡尔今后一定会更加轰动世界。我了解你的教育方法，你的教育方法最终一定会取得最大的成功。"还有，下述事实将更加证实我的说法。

　　在孩子生下来之前，玛得布鲁特市的几个青年教育家和分散在市与市周围的几个青年牧师，共同发起组织了一个探讨教育问题的学会。由于格拉彼茨牧师是该会会员，在他的介绍下我也成了会员之一。

　　有一次，一个人在会上提出这样一种论调："对于孩子来说，最重要的是天赋而不是教育。教育家无论怎样拼命施教，其作用也是有限的。"我因为很早就持有与此完全相反的意见，就反驳说："不对，对于孩子来说最重要的是教育而不是天赋。孩子成为天才还是庸才，不是决定于天赋的高低，而是决定于生下来后到五六岁时的教育。诚然，孩子的天赋是有差异的，然而这种差异是有限的。所以，不用说生下来就具备非凡禀赋的孩子，就是那些具备一般禀赋的孩子，只要教育得法，也都能成为非凡的人。爱尔维修说过：'即使是普通的孩子，只要教育得法，也会成为不平凡的人。'我坚信这一论断。"

　　这一下，我成了众矢之的，他们一起向我进攻。于是我说："你们有十三四个人，而我只有一个人，我是寡不敌众的，是辩不过你们的。所以与其跟你们辩论，莫如拿出证据来给你们看看。只要上帝赐给我一个孩子，而且你们认为他不是智障，那我就一定要把他培养成非凡的人。这就是我由来已久的决心。"他们回答说："行。"

会议结束后，希拉得牧师邀请我到他家谈谈，我就与格拉彼茨牧师一起去了，并继续讨论会上的问题。然而仍然是毫无结果，我只是不断地重复着在会上已经说过的话。

在会上一直沉默不语的格拉彼茨牧师现在却旗帜鲜明地支持我了。他说："我确信，威特君的誓言一定会取得相当的成功。"可是希拉得牧师断言，那是不可能的。

其后不久，我有了儿子。格拉彼茨牧师立刻把这个消息通知了希拉得牧师，希拉得牧师又把这个消息告诉了其他会员。于是他们都注意我儿子的成长，那意思是：好，这回看你的本事了！每次见到我和格拉彼茨牧师，他们就问："怎么样，有希望吗？"对此，我和格拉彼茨牧师总是回答说："是的。"他们却依然以怀疑的眼光注视着。

儿子长到四五岁时，我得到一个机会，让希拉得牧师看看我的儿子。"哎呀，真是个好孩子！"他一下子就喜欢上了我的孩子。这时，他已看出我儿子不是个普通的孩子。其后，由于孩子的学业进步非常快，他渐渐相信我的学说了。我的心血没有白费，我的辛苦付出终于结下了硕果。

朋友们对我的教育方法很关注，常常用谈话或通信的方式来鼓励我，他们总是在我最需要的时候慷慨地给予我支持和帮助。因此我常常被他们的好意所感动，有时甚至感动得流泪。

应该说，我的成功大半在于他们的同情和支持。因此，我终生难以忘却他们对我的一片好心。

我的朋友们都希望我把我的教育方法编写成书公之于众，而我屡屡拒绝，但是到最后还是被他们说服了，他们的好意是无法抗拒的。为了答谢朋友们的关心，我下决心将自己的教育方法公开。

不过，我不能断言，运用我的教育法的人就一定能像我一样获得成功。另外，也没有必要让旁人的孩子都像我儿子一样接受那样的教育。

诚然，儿童教育方面的书在欧洲是非常多的，尽由一些大教育家写出来。而我——老卡尔·威特，哈勒附近一个叫洛赫的小小村庄的牧师，作为一名神职人员，充当上帝与凡人之间的信使才是我的天职——竟来写作一本教育孩子的书，何况下面发的一些议论可能会与教义格格不入，这无疑是不得体的且是不合时宜的。但是我相信，不管谁使用我的教育方法，肯定都会取得不同程度的良好效果。

但是，我决定将我的教育思想和实践在这里诚实地写出来，因为我对现时流行于世的教育思想不仅不敢苟同，而且站在与之完全相反的立场上。我以为这样才能显示我对大家的真诚。

为了消除对我写作此书的资格的质疑，请允许我首先向诸位介绍我的儿子——小卡尔·威特的经历。小卡尔出生于1800年7月，八九岁时他已经能够自由运用德语、法语、意大利语、拉丁语、英语和希腊语6种语言，也通晓化学、动物学、植物学和物理学，而他尤为擅长的是数学；9岁时他考入莱比锡大学；10岁进入哥廷根大学，他于1812年冬天发表了关于螺旋线的论文，受到一些学者的好评；13岁他出版了《三角术》一书；1814年4月，他由于提供的数学论文卓尔不群而被授予哲学博士学位。

人们都说我儿子是天才，不是我教育的结果。如果上帝真给了我一个天才的儿子，这是上帝对我的仁慈，再没有比这更幸福的事了。可是，实际情况并非如此。

我和我的妻子一直盼望着得到自己的孩子，但是在这方面我们非常不幸，我们的第一个孩子出生没有几天就夭折了，这使我们想再次拥有孩子的愿望变得愈加强烈。也许这个愿望终于感动了上帝，在我52岁时，我们的第二个孩子出生了。我给儿子取名为卡尔·威特，以表达我的喜悦之情。可是他并不是一个称心的婴儿。儿子一生下来就四肢抽搐，呼吸急促，虽然我不愿意承认，但这孩子明显先天不足。

婴儿时期的卡尔反应相当迟钝，显得极为痴呆。我无法掩饰作为父亲的悲伤，曾经哀叹："这是遭的什么样的罪孽呀！上帝怎么给了我这样一个傻孩子呢？"我的邻居们常常劝我不要为此过分担忧。他们是一些善良的人，可是在心底里也确认为卡尔是个白痴，而且还在背地里为孩子的未来和我们的处境犯愁。

我对他们并无丝毫的抱怨之词。当时就连卡尔的母亲也不赞成我再去花功夫培养儿子了，她绝望地说："这样的傻孩子教育他也不会有什么出息，只是白费力气罢了。"

我尽管很悲伤，可是没有绝望。上帝怎样去安排这孩子谁都无能为力，但我却要尽到做父亲的责任，尽我的能力给他最好的教育。我在给我堂弟的信中写道："我52岁才得到一个儿子，怎么会不爱他呢？我要用我以为正确的方法去爱他。我已制定出周密而严格的教育方案。现在儿子看起来虽然毫无出色之处，但我必将他培养成非凡的人。"

很多人都不相信我的话，甚至我的许多亲友都不相信。可以说，他们一直以一种怀疑的眼光注视着卡尔的成长过程，直到这场我在自己儿子身上所做的"天才是天赋的还是后天培养的"试验产生了明显的结果。

小卡尔已经获取了这样非凡的成就，而我不得不说，他在今后还会获取更为非凡的成就。虽然人应该以谦逊为美德，但是我对用自己的一套方法教育出来的孩子有坚定的信心。

在前面说了这么多，诸位一定觉得过于啰唆。我的思想与时下流行的完全不同，在培养儿子的过程中，一直受到教育家们的怀疑，也许是因为我的教育观念冒犯了这些权威业已成形的信条吧。

好在我从未动摇过自己的信念，我始终坚信，只要教育得法，大多数孩子都会成为非凡的人才。事实也证明了这一点，连我的儿子这样毫不出色的孩子，在经过精心培养以后，也能获得如此成功。

可是人们似乎并不理解。在我的孩子成名以后，人们只是一味谴责其他教育家的无能，甚至责怪他们为什么不能把孩子教育成像卡尔那样的人。这样其实毫无益处，只会让那些教育家对我更加敌视。

我写作此书的目的既是为了减少反对派对我的敌视，也是为了向人们阐明正确的天才观。我要说的观点只有一个：对于孩子来讲，倘若家庭教育不好，就是由那些最优秀的教育家进行最认真的教育，也不会有好的效果。

第一章
欢迎你,我的孩子

chapter 1

> 国民的命运,与其说是操在掌权者手里,倒不如说是握在母亲的手中。

有一个好妻子对养育我的孩子有多么重要

对我们这些向人间传播上帝的爱和旨意的人来说，孩子无疑是顺从上帝的意愿来到这个世界的。这个世界对于孩子是奇怪的、陌生的，孩子对于世界则是无力的、软弱的。作为上帝的使者，我的使命是竭尽全力使自己的孩子坚强有力，使他顺顺当当地成长，尽情地享受生活的乐趣。而要做到这一点，在孩子成人之前，我想应使他尽量具备人性的美德和健康的体魄。

多数父母都是在孩子长到两三岁时才注意到这一问题的，但若要完成这一义务，则必须从尚未为人父母时起就开始注意，也即是说，我们自己应合乎上帝的要求，必须健康、合格。

虽然人们流传说"近亲可以培养出最好的马和最好的狗"，可是这并不适用于人类。在我身边就有这样的例子，而这样的事情对于人间确实很惨痛：邻村的木匠汉森跟他表妹结婚，他们一共生了十个孩子，其中三个夭折，其余七个都患有不同的疾病。汉森和他的妻子两个家庭在我们这地方都是世代人丁兴旺，但汉森居然没有后代来延续他自己的家族。现在已近老年的汉森常常因此伤心落泪，但为时已晚。

我之所以要举这个例子，是想说明近亲结婚生下的孩子往往会患上各种各样的疾病，给家里的人带来痛苦而不是幸福，这与达到最好的教育目的无疑是南辕北辙。

所有的人都是母亲所生，并在母亲的抚育下成长，所以人类的命运掌握在母亲手中。因此，教育应当从改造母亲开始。

许多母亲缺乏教育孩子的知识。我认为，有必要对她们普及育儿知识。我认为应当从小时候开始，就使她们身体健全、精神纯洁，准备做一个合格的母亲。因此，她们的身体健康和有关道德方面的知识，比数学和

天文学的知识更为重要。当然，研究天文学和物理学是有趣的，但是，二者相比，如何培育优秀后代的知识更为重要。

所有的人都应当是教育者，至少所有的母亲都应当是教育者。教育不应当在学校由教师开始，而应当在家庭里由母亲开始。福禄培尔曾说："国民的命运，与其说是操在掌权者手中，倒不如说是握在母亲的手中。因此，我们必须努力启发母亲——人类的教育者。"遗憾的是真正理解这一意义的人却很少。左右国民命运的是母亲。堕落的母亲正在把自己的子女送入牢狱和教养院。因此，寻找一个好的妻子，对养育孩子来说是多么重要。

有些人在寻找自己的结婚对象时，常常根据自己的情况，暗藏各种不同的想法，这种人让我感到厌恶。有人说，你看我的家境不够好，难道还能挑三拣四吗？也有人说，为了婚后的生活，我非得找一个有钱人家的姑

娘不可。还有人说，为了今后飞黄腾达，在人世间取得令人顶礼膜拜的地位，别的都可以不去计较，我必须娶一个出身名门的姑娘为妻。还有人说，我是对我妻子的舞蹈着了迷才向她求婚的。也有人说，由于妻子长得漂亮，我才和她结婚的。

要知道，这些都是错误的。为了自己和后代的幸福，很重要的是，我们一定要选择身体健康、心地纯洁、温柔、善良的女人做妻子。我认为，只要对方没有家族性病症和众所侧目的缺陷，大可不必为了某种目的去选择配偶。男子在做父亲之前，要充分锻炼身体，让精神尽量充沛。

妇女不生孩子就不能体会到生活的幸福。但要记住，做母亲必然会遇到许多困难。因此，凡是没有决心战胜这些困难的妇女，最好不要生孩子。

此外，适宜的年龄对生育孩子也有很大的影响。很多妇女并不知道，怀孕的机会是随年龄而下降的。她们不懂得，如果长期等待下去，错过了时机，她们就有可能永远失去做母亲的机会。同样，高龄男子生育孩子也是有害的。一般来说，智力和体质最好的孩子，其父亲生育年龄在29岁左右，母亲在26岁左右。

我们这里有一种风俗习惯，结婚时，要大摆酒席，我认为应当制止。近来，又流行竞相邀请新婚夫妇参加舞会、打牌和晚餐会的风气。这对新郎无所谓，而对新娘则非常不利。前些时候，我有位朋友，他女儿结婚时，据说一周之内被邀请参加15次晚餐会。她因疲劳过度头疼，每次都是硬撑着出席。这简直是对新娘的虐待。新娘在结婚之前，就由于接待来访客人，又被邀请出席晚餐会等，非常繁忙。结婚的那天因操劳也很疲乏，然后，马上进行极不安定的新婚旅行，紧接着又走访男方的亲戚，使她更加疲惫不堪。一返回家中，就又被邻居轮流邀请参加舞会、晚餐会，这不是对新娘的虐待又是什么呢？这样一来，许多新娘从结婚之日起，身心就受到损伤，恐怕也会影响到她们的子女。

我的妻子不算是那种非常漂亮的女人，但我们非常相爱。我之所以娶她做我的妻子，是因为她有一颗善良的心。她勤劳，知书达理，并且在任何情况下都能理解和支持我。虽然我是一个清贫的牧师，没有丰裕的物质生活，但我从来没有听到过她任何的抱怨。在有了卡尔之后，她把自己的母爱毫无保留地倾注在孩子身上。面对上帝我时常这样想：卡尔之所以有今天的辉煌，与他母亲那一颗天生善良的爱心是分不开的。

从妻子孕育宝宝的那一天就开始注意

所有的父母们都渴望生个天才,希望他出人头地,我和妻子也不例外。但是,有一点我很清楚,世上事往往难如人意。在儿子未出生之时,我和妻子都沉醉在即将为人父母的激动之中。虽然那种喜悦让人难以控制,但我们常常询问自己:"这孩子行吗?"

为了能有一个健康的孩子,在妻子还未怀孕之时,我们就开始充分注意自己的精神和体质。

怀孕的最佳时期,医生的建议是七八月份。因为这个季节正是各种蔬菜、水果最丰富的时期,妇女在这个季节怀孕,可以为胎儿提供充足的营养素,而且这个季节的空气质量相对较好,有利于胚胎早期的正常发育。十月怀胎,到次年的五六月间孩子出生,此时正值春暖花开,万物生长迅速,为婴儿提供了好的生长环境,这样能够最大可能地避免畸形儿的出生。

虽然德国人都喜欢饮酒,但幸好我没有这种爱好。我在此奉劝那些好饮酒的父母,为了孩子的健康着想,必须放弃饮酒的习惯。我们夫妇在要孩子时,我的一位医生朋友就告诫过我,如果酒后受孕,胎儿往往发育缓慢,智力也较为低下,特别是妇女饮酒,后果尤为严重。因此,夫妻双方至少应在怀孕前三个月开始戒酒。

有人主张,所有的妇女应尽可能地成为多子女的母亲,我认为这是不对的。孩子,最重要的是质量而不是数量。单纯地多生,只能给社会增添负担和教养院。连抚育都费力,当然谈不到好的教育,这样的多生有什么用呢?前些天,在报纸上有这么一段报道,在英国有位妇女生了20个小孩。这位妇女对来访的记者哭着诉说贫困之家多子女的悲痛。这说明,单纯地多生子女是毫无价值的,应当少生孩子,重要的是把孩子精心培育好。

我们有义务竭尽全力使自己的孩子克服各种障碍，把他们送到社会上去，也就是让他们尽量具备优秀的品德和健康的体魄走向社会。我认为奢华往往使人易于沉溺于享乐的心情之中，不易做到神清气爽。为了完成这一义务，在生孩子之前我和妻子在衣、食、住上都非常朴素、节俭。为了呼吸到新鲜的空气，就不应该老是整天待在屋子里，所以我和妻子时常到户外散步走动，在田野之中享受大自然的美丽，那样很容易使我们的心胸开阔。我和妻子的性格都很好，对身边任何琐事始终都保持心平气和，很少有感情冲动的时候。在那段日子里，我们的生活是安宁和称心如意的。我想，在我和妻子都充分注意我们自身的精神和体质的情况下生下来的孩子一定会身心健康。

如果父母在婴儿身边打架、争吵或者是提高嗓门，婴儿就会接受这种情绪上的表达方式，并逐渐适应这种环境。一个5个月大的婴儿已经能够记住一支小提琴协奏曲；同样，在他结婚的时候，他也已经做好了与自己配偶争吵的基本准备。

如果一对相亲相爱的夫妻结婚后不久就生了孩子，那么，因为这个孩子是他们的第一个孩子，家里每一个人的心里一定都洋溢着幸福之情。在孩子的成长过程中，他所看到的总是充满笑容的慈母般的脸庞，那么，这个婴儿一定也会拥有一张人见人爱的面孔。婴儿的面部表情不是教出来的，而是通过适应环境自然而然地形成的。同样，一个孩子的个性也是这样形成的。

但是，假设一对中年夫妇有了一个孩子，父亲有时候外出，晚上也不回家，夫妻二人的关系十分紧张，家里总是被愁云惨雾所笼罩。尽管这个孩子也是他们的第一个孩子，但是他听不到笑声，他的母亲终日以泪洗面、郁郁寡欢。这样，这个婴儿的表情也将变得阴郁、毫无生气，他的个性也会与母亲相似。环境决定一个人的个性，这一现象具有相当的普遍性。当别人问起我的时候，我经常对父母说这样的话："今天你们回到家里以后，让你们的孩子们站成一排。然后你们两个按照年龄的大小，依次观察他们的脸庞。你们将会看到，这些孩子的脸上写着你们结婚以后的生活阅历。"新生婴儿就是以这种惊人的方式从相貌上反映出自己成长的环境。

第一章 欢迎你,我的孩子

一个婴儿从出生的那天起,从外界环境中受到的最大影响来自母亲。当然,父亲也会影响一个婴儿的成长,但是,通过把孩子抱在怀中哺乳而形成的母婴关系是无法割断的,是维系终生的。因此,一个母乳喂养长大的孩子和自己母亲的感情,与一个喝奶粉长大的孩子和母亲的感情是不同的。婴儿在无形中捕捉、吸收了父母的个性、行为以及其他各个方面,并在成长过程中逐渐效仿。

妻子在怀孕之前,我们都非常注意这一点。

在那些时间里,我们经常运动,无论到哪里都是步行着去,不到非常必要的时候绝对不坐马车。那时我们都对未来的儿子充满信心,而妻子的性格也很开朗。我们时常到田野散步,或者去周围的山坡上徒步爬山,我还经常帮着她去摘野花呢。我认为,这样不仅对将来的孩子有利,也增进了我和妻子之间的感情。

我和妻子的感情一直很好,几乎没有什么争吵。我认为,仅仅为了未出生的儿子我们也应该和睦相处。

孕妇应当保持愉快平静的心绪,这尤其需要丈夫的配合。在妻子怀孕期间,丈夫应在各方面体贴关心妻子,减少妻子的情绪波动;保持良好的情绪状态,这样才会有更大的把握生出一个聪明健康的小宝宝。邻村有一个5岁的孩子约瑟夫,从小就性情暴躁、易怒,是个抚养困难的儿童。他的暴躁、孤僻的性格是由他母亲怀孕时的不良情绪造成的。原来他母亲在妊娠期间经常被他的父亲殴打,终日忧心忡忡。这种一直持续的心境导致腹中胎儿还未出生就受到了坏情绪的影响,以致出生后就表现出暴躁、易怒、孤僻的性格特点。

一旦妻子怀了孕,就更应当过有规律的生活。这不只是给妻子说的,而是给夫妻双方说的,我也毫不例外。我们安排了严格的作息时间,尽量做到早睡早起。以前我有深夜祈祷的习惯,这种习惯是在年轻求学时养成的。因为我是一个爱思考的人,夜深人静之时更容易让我有清晰的思路。每当人们熟睡之后,我总会独自一人在灯光下看书,静静地品尝书本的滋味。这对我来说,简直是人生的一大乐趣。自从妻子怀孕后,我不得不改掉这种习惯,因为我知道怀孕时的女人特别需要丈夫的体贴。何况,我在深夜读书,一定会影响妻子的休息。虽然失掉了深夜读书和与上帝交流的乐趣,但为了妻子和将来的孩子,我认为是值得的。

在关心妻子上,我自认为是个合格的丈夫;为了让她保持愉快的心境,我可以说想尽了一切办法。不管是在她的饮食或其他方面,我都力求尽善尽美。饮食要清淡,绝不可食用刺激性太强的食物,要常喝清水,经常去野外运动,保持身体清洁,一丝不苟地完成自己的本职工作。与人和睦相处,信仰上帝,有说有笑,使生活安定和满足。

妻子很喜欢泡热水澡。她把一天劳累后洗一个热水澡视为一种享受。但是在她怀孕期间,我坚决制止了她的这一嗜好,因为过高的水温对她虽然很舒服,但对胎儿却有极大的害处。

虽然快要做母亲了,但妻子毕竟是个很年轻的女人,有时也会任性。对于我这个做丈夫的男人来说,哄哄她也是常有的事。

有一次,妻子趁我不在时,又开始泡热水澡。后来被我知道了,便开始责怪她。

"你怎么又那样做?我不是跟你说过,过高的水温对孩子有害吗?"

"哼,你就知道孩子。自从怀了孩子,我发现你所做的一切都是为了孩子,你不像以前那样关心我了。"妻子假装生气地说。

"怎么能这样说呢?孩子是我们共同的孩子,关心他还不是关心你吗?现在泡热水澡确实对孩子不利,等孩子出生后,你想怎么泡就怎么泡,我才不干涉你呢。"

"可是,这几天我没有出门,浑身不舒服。仿佛身上的肌肉都变酸了,难受死了。"妻子调皮地辩解,"你不是总说,母亲如果不愉快就不会生出健康的孩子吗?我不泡热水澡就不愉快,你说该怎

第一章 欢迎你，我的孩子

么办？"

虽然妻子是在与我开玩笑，但也有她的道理。于是，以后每天我都要女佣给她准备热水烫脚，并亲自用热毛巾给她擦身子。

那段日子是我至今难忘的。我不像很多人那样在妻子怀孕后便对她有所冷落，相反那时我们之间的距离是那么的近。那是一种特有的幸福，虽然孩子还没有出生，但我们已经感觉到他了。

在妻子怀孕期间，我还每天从外面带回好看的鲜花，并给她推荐一些好看的书，都是为了让她有快乐的心情。我也在很多方面给予妻子更多的关怀、理解和体贴。有时候妻子的情绪不好，我就耐心地引导她和我说话，在感情上进行交流，尽快让她从不好的心境中摆脱出来。

有一天，妻子的情绪突然笼罩在一种不安和恐惧之中，那天我从外面布道回来，按平常的习惯我首先要做的是去向妻子问好并亲吻她，可当我一走进房间就发现妻子有些不对劲。

"亲爱的，你怎么啦？"我问妻子。

妻子只是哀怨无助地看着我，一句话也没有说。

当时我真感到奇怪，因为妻子的性格一直很开朗，有什么事让她如此忧伤呢？她一直呆坐在那里，两眼无神，满脸的忧郁。

我赶忙过去将她轻轻搂住，并柔声地问她："有什么不舒服吗？告诉我，我们不是一直都很幸福吗？你不是什么话都要跟我说吗？今天究竟怎么啦？"

"卡特琳娜的儿子死了。"妻子的语调无助之极。

卡特琳娜是我们镇上的一位妇女，她的儿子刚刚一岁，身体一直不好。这个孩子一生下来就得了一种怪病，全镇的人都知道。没想到那个可怜的孩子这么快就离开了人世。由于那天我去了另外一个教区，否则我一定不会让妻子知道这个消息，因为对于一个已经怀孕的妇女，这种消息是最难以接受的。

"今天，他们来找你，可是你不在。听到这个消息后，你不知道我有多难过。我突然想到了我们的孩子。"妻子悲伤地说道。

"哦，亲爱的，千万不要那样想。"我完全能理解妻子的苦恼，连忙劝慰她，"卡特琳娜的孩子生下来就有病，虽然我没有想过这么快……但是，我们的孩子一定没有问题的。"

"可是，我们第一个孩子不是也夭折了吗？"说到此处，妻子大哭起来。

当时真让我手忙脚乱，但我还是竭力地控制住自己，帮助妻子从悲伤之中挣脱出来。

"亲爱的，不要想得太多。我们第一个孩子的夭折，那是意外，是没有办法的事。我们不能总是停留在过去，应该向前看。卡特琳娜在怀孕时就成天和丈夫吵架，每天都处在不愉快之中，所以她的孩子才不健康。为了我们的孩子，我希望你快乐起来。"

"这个我知道，可我就是忍不住。"妻子哭着说。

"来，让我来帮你。你应该尽快忘掉不愉快的事，想想我们即将出生的孩子的模样，他一定是个很棒的小子。试试看，做一个深呼吸。"我一边说，一边给妻子做示范。

妻子也跟着我做起深呼吸来。一会儿，她的心情好多了。那天晚上，我特意把所有的时间都用来陪伴妻子，给她谈我的工作和我最近看的一本书。第二天，妻子已经完全从悲痛中走了出来，恢复了往常的开朗。

意大利画家达·芬奇说过："同一个灵魂支配着两个躯体……母亲的愿望对其腹中的胎儿不断产生影响……母亲的意志、希望、恐惧以及精神上的痛苦对胎儿的严重影响，大大超过对母亲本身的影响。"

在儿子出生之前，我们一切都做得很好，唯有一点过失，使我至今有所遗憾。医生曾告诉过我，有一种弓形的寄生虫对胎儿的危害特别严重，这种寄生虫就常常出现在猫狗的粪便及其生肉中。但当时我们都没有引起重视。为了让妻子心情愉快，除了原有的猫，我还从邻居家抱养了一只小狗，供妻子解闷。儿子生下来不太健康，我想恐怕就是这个原因吧。

孩子，父母和你一起成长

有人对我说，伟人的孩子一定会是伟人，至少都会有很大的成就。但我并不这样认为，因为伟人过于热衷于事业而无暇关注孩子，而妻子也往往由于丈夫是成功人士而无心于教育孩子，她们只关心成功的丈夫，而忽略了孩子。其实，母亲的教育对孩子极为重要，从我有限的知识来看，历史上的伟人往往有一个善于教育孩子的母亲。我的儿子卡尔取得了这些成就，也要感谢他的母亲。因为我的妻子不仅心地善良，而且具有丰富的知识。无论是在儿子教育方面还是在生活常识方面，她都堪称一名合格的母亲。可以说，在儿子的培育上，我和妻子经历了一个与儿子一起成长的过程。

我妻子是个非常坚强的女人，她时常对我说为了让孩子在未出生时就能成为一个勇敢的人，自己就要变得更加坚强。所以，在怀孕期间她几乎没有哭过，即使有难过和伤心的事，她也能从瞬间的痛苦中挣脱出来。我认为妻子的做法是完全正确的，因为怀孕期间的母亲如果心情不快乐，经常哭泣，那么会直接导致未来的婴儿发育不良，而发育不良是形成软弱无能者的原因之一。

孕妇听优美动听的音乐可使情绪愉快，这种良好的情绪感受能够传递给胎儿。另外，胎儿也可通过孕妇腹壁直接感受到音乐，这可以促进胎儿感官功能的发育。实际上，怀孕5个月的胎儿就已经具备了听觉条件。

有一位著名的指挥家曾经说起一段亲身经历。他第一次登台就可以不看乐谱进行指挥，旋律不断地浮现在他的脑海中，他十分惊异地将此事告诉母亲，母亲回忆说："你指挥的曲子正是我怀你时经常演奏的曲子。"可见，音乐胎教对孩子的影响有多么深远。

孕妇经常听和谐轻松的乐曲，腹中胎儿也会心旷神怡，母亲会感觉到柔和而有节奏的胎动。如果让孕妇听声音高强的音乐，胎儿则会在母腹内胡踢乱蹬，烦躁不安。强烈的噪声有可能造成胎儿先天性缺陷，而孕妇自己唱歌则对胎儿更为有益。

妻子天生有一副动听的嗓子，结婚之前在我们那里她是一个有名的姑娘，谁都知道她歌唱得很好。在怀孕期间，她时常轻轻地歌唱，并对我说孩子一定听得到。

除让腹中胎儿听音乐和唱歌外，我和妻子还经常隔着腹壁呼唤儿子，跟他说话，或唱歌给他听，这是一种沟通我和妻子与孩子间感情的信息。卡尔出生后听到我们呼唤他的声音就会做出回应，似乎感到十分熟悉的样子，对脱离他母亲的身体以后的陌生环境并不感到陌生，很快就适应了，这不能不归功于他在他母亲腹中时我们跟他的感情交流。

她每天傍晚平卧在床上，腹部放松，双手捧着胎儿，用一根手指反复轻压胎儿，与之玩耍，并轻轻推动胎儿，让他在腹中"散步"，进行腹中的体操锻炼。后来儿子出生后，果然动作发展很突出，肌肉的活力较强，特别是竖向的肌肉力量较强，出生后没几天就能坐起来了。

在给胎儿做体操时妻子时时注意不可使胎儿过分活动，以免发生脐带缠绕等意外事故，另外，如果感觉胎儿在腹中踢蹬不安时，妻子也会立即停止，并进行抚摸，使胎儿安静下来。

孩子的母亲在怀孕期间非常讲究饮食，用她的说法就是"我的一切都会影响到孩子"。她在怀孕期间从来不吃辛辣的东西，连咸菜、虾这一类的东西都一概不吃，连她最爱吃的油炸咸鱼都戒掉了。她说"我的宝贝一定不能吃这些东西"——这些东西会破坏胎儿娇嫩的皮肤。她说虽然是自己吃而不是喂给孩子，但那些东西到了肚子里后肯定会被孩子吃掉。

她还对怀孕期间的营养非常注意。在妻子怀孕前不久，村子里有位叫杰丽的女人，也刚刚生下一个孩子。杰丽经过十月怀胎的艰辛，终于到了临产的时刻。她多么希望能生下一个健壮可爱的孩子啊！可是孩子生下来以后，她却傻眼了。那个粉红色的小家伙特别瘦小，医生说还不足2000克，这样的孩子要想顺利地养大，需要母亲付出几倍的心血。造成这样的原因就是杰丽对营养始终不太在意，有什么吃什么，很少想到腹中的胎儿需要什么，就这样，导致孩子生长缓慢，出生后体重也明显不足。

第一章 欢迎你，我的孩子

对怀孕的妇女来说，所食的米、面都不宜过分精细，加工过于精细的米面会失去许多营养成分。蔬菜尤其是绿叶蔬菜的摄入和鲜豆类食品的补充是必要的，柑橘、枣、山楂等水果也可以多选用，鱼肉和蛋黄也是孕妇的理想食品，对胎儿则适于少食多餐。

首要责任是养育我的孩子

作为母亲，应该使孩子成为爱美、爱正义、爱真理的人。许多母亲只顾关心孩子的健康而忽略孩子品德的形成和智力的发展，这都是错误的、不负责任的行为。我妻子勇敢和快乐的精神在后来深深地影响了儿子，她用坚强去武装孩子的精神，并给了他爱与智慧，使他后来步入社会时，即使遇到困难，也无所畏惧、永不失望。

多数母亲雇人教育孩子，这样的妇女不能称为母亲。母亲的工作不能由旁人代替。孩子的教育必须由母亲承担。把自己的孩子委托给他人，只有人类才这样做，其他的动物绝不这样。罗马之所以灭亡，是由于罗马的母亲们把教育孩子的工作委托给别人。

我们骑马，甚至也不雇用不称职的马夫。但是有的母亲却把孩子交给无任何学识的奶母。这样的奶母整天对孩子说，不许做这个，不许做那个，因为她这样做最省事。但这样一来，非但不能发展孩子的能力，反而使之萎缩。并且，孩子在这些奶母跟前，会形成各种不良习惯。当然，生活较富裕的母亲，对孩子的照料不一定全部自己动手，可以把部分任务交给奶母。然而，要尽可能地多花些钱，雇一位有教养的妇女做奶母。即使如此，孩子的教育不用说，吃饭、洗澡和穿脱衣服等，也都应由母亲自己承担。

母亲和奶母的性格非常重要，她们的表情对孩子都有影响。所以，奶母应选择性格开朗、喜笑颜开的妇女，母亲也应尽可能使自己表现得快活。

在这里，我并不是说一定不能雇人来照料孩子，只是要采取正确的方式。

有这样一对夫妇，他们年轻而充满活力。由于家庭条件极好，生下孩子后就去国外旅行。他们把孩子委托给一位亲戚，而这位亲戚也因为有很多工作，根本没时间教育孩子，于是就把孩子交给管家喂养。

第一章 欢迎你，我的孩子

他们在英国住了一年，又去法国住了一年，后来还去了美国和非洲，他们几乎走遍了全世界。他们走之前对别人说，现在有了孩子，趁他还小的时候应该去外面多玩一下，否则等孩子长大后要教育他，就没时间了。

多么愚蠢的父母，他们不知道孩子一出生教育就已经开始了。他们错误的观念让他们最终尝到了苦果，以至终生后悔不已。

当他们从国外回来后，发生的事令他们目瞪口呆，孩子根本不认识他们，把他们当陌生人看待。这能怨孩子吗？因为这时孩子已经快要五岁了。

晚上，当这对夫妇想让孩子和自己一起睡时，却遭到了孩子的拒绝。虽然他们的卧室美丽而舒适，可孩子却偏偏要去管家那间简陋的房里。

他们都是受过良好教育的人。而如今，他们的孩子满嘴粗话，成天在外面和一群捣蛋鬼玩。他在外面玩得太高兴，以致经常和别的孩子打架、干坏事、欺负更弱小的孩子。他们想让他读书识字，但孩子根本学不进去，也一点不服从他们的管教。

每当他们教导孩子时，只会看到孩子陌生而冷漠的目光。

终于，不应该发生的、令人心痛的一幕发生了。

有一天，他们和孩子发生了激烈的争吵。

"你要知道，我们是你的亲生父母。"对于孩子的冷漠，年轻的父母终于发怒了。

看到他们凶神恶煞般的模样，孩子转头跑出了房间，躲在了管家的身后。于是，他们把怒火全都发泄在管家身上。

"你是怎么带孩子的？他怎么连亲生父母都不认识了？"父亲怒气冲冲地对着管家吼叫。

"哦，先生。我想……是因为你们很久不在一起的缘故吧……我想以后会好的。"可怜的女管家战战兢兢地为自己辩解。

"不许你们这样对玛格丽特太太说话。"孩子肯定是站在带他长大的女管家一边的。他一边为她说话，一边怒视着自己的生身父母。

"我是你的父亲，你不懂吗？"

"可我从来没有见过你。"

"不管怎样，从今以后你要听我们的话，要接受良好的教育。从今天起，不许你再和玛格丽特太太一起睡，而要和我们……"

"不，"孩子打断了父亲的话，"我喜欢和玛格丽特太太在一起。"

"那好,我今天就辞掉玛格丽特太太,看你怎么办。"父亲这时已经火冒三丈。玛格丽特太太含着眼泪离开了孩子,因为她和孩子相处了大约五年,已经有了深厚的感情。

在以后的日子里,这个孩子变得郁郁寡欢,在睡梦中时常呼唤玛格丽特太太的名字。在他十几岁的时候,有好几次离家出走。

我认为,这样的结果是必然的。

我们家也一直雇用女佣,但没有发生上述的那种事情。主要是因为卡尔母亲承担起了主要的工作,她时刻陪伴着儿子,哺育他、教育他,女佣只是在她忙不过来时帮助她。很久以来,我们家的女佣已经成为我们家庭中的一员,她是卡尔母亲的好帮手。

可以这样说,卡尔是由他母亲一手带大的,她不仅精心地养育了他的身体,也对他的教育做出了不可磨灭的贡献。

那么,妻子又是如何改造自己的呢?

第一,根据孩子的年龄改变自己的行为。至于母亲如何参与相互作用,只要注意观察母亲在跟儿子玩的时候她的行为与跟成人在一起的时候完全不同就可知道。她的动作总是比较慢,手势比较清楚,脸部表情比较夸张,她说话有点断断续续,结构上比较简单并且有大量的重复。就连不是身为父母的成年人,也会相当自动地根据他们面前的孩子的年龄而改变他们的行为。这种适应的技巧保证了孩子能够吸收、消化提供给他的刺激,因为他接受新信息的容量相当有限。

第二,紧跟在孩子的身后。母亲并不像以前所想象的那样,总是一个说教者，这一点已经非常清楚了。相反，她们总是让她们的孩子来引导相互作用，确定步伐，而她们自己则紧随其后，提供她们所认为的最适合于孩子的活动和既定目标的刺激。但是，母亲也不仅仅是消极被动的随从，母亲也有自己的目的，甚至是在最随意玩耍的情形之下，比如只是为了保证让孩子能够最充分地利用手头的任何材料。看一下母亲把孩子抱在腿上、坐在一大堆玩具前的情形，母亲的很多时间都用于环境的简化和情境的设置，比如，拿起一个看似要三只手才能摆弄的玩具，把孩子伸出双手够不到的东西取回；把暂时用不着的东西拿走，为了便于主要的活动，给卡尔提供更明确的目标；把一些东西并排放置，因为卡尔喜欢这样的结合；转动一下玩具让它们更好拿，演示它们不那么明显的玩法；并且自始至终都变换身形以便给他的身体提供最佳的支撑，保证卡尔可以够到玩具。甚至在环节更为复杂的照料情形中，比如喂食和洗澡，熟练的母亲也不是简单地用命令和强迫来达到目的，而是建立起一套常规手段安排环境使得她的行动相当自然地符合具体目的。

第三，耐心地解释给孩子听。如果母亲只是消极被动地跟随孩子主动的行动，她是否能够推进孩子的成长过程，就很值得怀疑。确切地说，妻子跟随是为了引导：她先让卡尔自己表明兴趣，然后在他自身可能的范围之内推进并详尽阐发那种兴趣。通过这种方式，她让卡尔自己选择题目，然后开始评论、证明和解释。

我看到，妻子总是随时注意卡尔注视的方向，并跟着他转，妻子由此发现卡尔关心的目标。然而，通常这只是后来整个相互作用的第一步：确定了卡尔兴趣的焦点之后妻子就开始对它进行阐发——如果那是一个双手所及范围之外的一个玩具，就去把它拿过来，用语言给它命名，指出它的特征，演示它的功用。再看另外一个例子，从一开始，妻子就劈头盖脸地跟卡尔说话，哪怕是很小的时候，要是不跟他说话，也会显得很不自然。所以，在卡尔自己说出第一个词之前的整整一年或两年的时间里，他总是不断地听到别人跟他说话。但是妻子所说的内容绝不是任意的，它紧密地结合着孩子自己的行为。他看到了一只狗，她发现了他的兴趣所在，然后就开始对它做出评论："看，多好看的小狗狗。"这样，她就给他的视觉经验加上了一个语言的维度，并且，通过在孩子自身行为的范围之内引入标识，就使他有机会把形象和声音联系起来，最终形成相应的语汇。

第四，母子间的双向交流。不管孩子发起相互交流的概率有多大，总会有一些时机，母亲必须出于某种原因来发起相互作用。当然，即使在这种情况下，母亲的行为通常也和孩子的行为紧密相关，并且不能独断地强加给孩子。

比如，妻子想要引起孩子对周围环境中某一事物的兴趣，最明显的方法是指向那个东西。然而，把用手指理解为一种社会交流的方式，要经过一段成长的历史，因为在生命最初一年的大部分时间里，孩子一般情况下总是仅仅看着大人伸出的手。因此，正如凯瑟林·默菲和戴维·米赛尔发现的那样，6个月大的婴儿的母亲很少用手指着什么东西来吸引孩子的注意，而是把东西拿到孩子面前，或者把孩子抱到那东西前面，或者会运用特别的暗示，比如在婴儿的面前抓住他的手指，然后逐渐把他的注意力从他自己的手指引导到物体上去。甚至对大一点的孩子，母亲也会小心地选择指向目标物的时间，以保证能够吸引住孩子的注意；否则，他就会被别的东西所吸引。指明了目标之后，她会回过头来看看孩子，确认他是否真的在跟随着她的引导。

妻子一直关注着卡尔的行为。在发起一次交流之前，她经常会先看孩子一眼，以便保证她的行为能够比较适当，而她所选择的策略将根据她对孩子状态的判断来决定。当她实行开始的工作时，她的行为只有在经常性的双向交流中才能得到理解，这种双向交流必须成为所有关系的特性。

第五，严厉制止孩子的越轨行为。当然，这是妻子必须做得很果断的情形。比如，当她要求卡尔做什么事，而要是她不严厉一点儿卡尔就不会做的时候，或者为了制止孩子做她认为令人讨厌的事情的时候。奇怪的是，在上面所列举过的做母亲的技巧之中，正是这些控制的技巧一直最受注意——事实上控制的技巧似乎经常被认为造成了整个社会化的进程，好像母亲的任务就只有一个方向似的。

有一次，妻子对卡尔说："把盖子盖到篮子上。"她着重强调"盖子"这个词，同时看着它还指着它；然后她停顿一下，看看卡尔是否听明白了；然后才接着发出下一个声音。她的教导跟阅兵场上的命令相去甚远，她根据卡尔理解能力的步调而发出鲜明的手势，提供额外的帮助，并且在任何情形下，只有当母亲感到孩子的注意力确实在她身上的时候，才会发出指令。她的行为自始至终都精确地适应她的这个孩子的要求。

让儿子有一个充满爱的家庭

一个人在成长过程中,是有某种智力发展最佳时期的。这个最佳期非常关键,它对人一生的智力发展都起着决定性的作用,千万不要错过。对儿童早期智力开发的关键,就是抓住最佳期。

为了尽早发挥孩子的能力,怎样对孩子进行教育呢?很简单,如果孩子已感到了你的关心和爱抚,这就说明你已经在教育他了。这种教育训练是细小而烦琐的。孩子渴了要给他喝水,孩子饿了要给他喂奶,孩子尿布湿了要马上更换……父母要随时随地解除孩子的不愉快,以最敏锐的感觉去感知孩子的需要。能够成功地感知孩子的需要,便是父母成功的开始。这是父母和孩子建立起来的第一条成功的纽带,它会为今后的教育和训练提供良好的感情基础。

有些婴儿天生温顺,不会给人添麻烦,但父母不可因此而感到高兴。这种婴儿被母亲拥抱的次数及母亲对着他说话的次数太少,结果会缺乏母子之间相互的联系,有养育成语言学习迟缓的孩子的危险性。即使在语言学习方面没有太大的异常,但也可能成为社会性及知识性发展较迟缓、智能较低的孩子。如果母亲在婴儿刚出生不久的那一段期间没有给他积极的教育,则会培养出一个个性不活泼、消极、动作慢吞吞及行动迟缓的孩子。

在母亲消极、不予理会的情形下并不能培养出孩子坚强的性格。事实上,在母亲多抱抱孩子、多对他说话、多跟他玩的情况下,才能培养出活泼、乖巧的孩子。

母亲给予婴儿愈多亲身体验,将愈能养育出坚强、乖巧的孩子。给予头脑好的刺激,就能发育成健康、聪明的头脑;婴儿所受到的体验愈多,头脑就会变得愈聪明。相反的,如果放任不管,头脑就无法发育,不会变聪明；由于缺少活泼的感觉，他就会变成发育迟钝的孩子。

拥抱婴儿是很重要的。婴儿哭了就去抱他，如果怕他养成喜欢被抱的习惯而让他继续哭二三十分钟，则他就会死了心而变成微弱的哭声，最后也许会停止哭叫。如果因此认为婴儿已经学会了忍耐而感到高兴，那是一种严重、错误的想法。婴儿为了传达自己的情绪而拼命哭喊，但却没有得到回应，因此，他就会不了解该如何传达信息，而变成容易死心、无力、消极的孩子。

从刚出生到出生后8个月，得到母亲充分的爱而成长的孩子是不会有情绪障碍的。

婴儿参与社会是从与母亲接触开始的。如果婴儿知道母亲会在自己希望她来的时候出现，则他的情绪会变得较为稳定、舒适。

婴儿是如此将自己无限的信赖寄托在照顾自己的人身上，这是孩子在正确成长时绝对必要的条件。所以，母亲在孩子需要她的时候一定要出现。

家庭应成为孩子的乐园。不良少年是冷酷家庭的产物。然而，所谓乐园，并不意味着对孩子放纵。家庭应处处注重礼节，不可放纵。对孩子的教养以爱为中心就不难进行。家庭应该是爱、欢乐和笑的殿堂。狄德罗曾说："人类的义务是要把家庭变成乐园。"家庭应像古代歌词中所说的那样，对孩子来说应是世界中最美好的地方。

第二章
儿子的天生禀赋与后天教育

chapter 2

> 人刚生下来时都一样，仅仅由于环境，特别是幼小时期所处的环境不同，有的人可能成为天才或英才，有的人则变成了凡夫俗子甚至蠢材。即使是普通的孩子，只要教育得法，也会成为不平凡的人。

儿童潜能的递减法则

即便在小卡尔经过教育后表现出许多优于寻常儿童的方面，仍有许多人认为，他的才能是天生的，并非教育的结果。对此，我感到实在无可奈何。儿子出生时的情形，我在前面已经描述过了，诸位可以看出他不仅不是什么天才，反而像是个痴呆的孩子。

那么，为什么早期教育能够造就天才呢？要明白这个道理，就要从儿童的潜在能力谈起。根据生物学、生理学、心理学等学科的研究，人生来就具备一种特殊的能力。不过，这种能力是隐秘地潜藏在人体内，表面上是看不出来的，我们称这种能力为潜在能力。比如，这里有一棵橡树，如果按照理想状态生长的话，可以长到30米高，那么我们就说这棵树具有能够长到30米高的可能性。同样的道理，一个儿童，如果按照理想状态成长，能够长成一个具有100度能力的人，那么我们就说这个儿童具备100度的潜在能力。

这种潜在能力就是天才。因此，天才并不是我们平常所认为的那种只有少数人才具有的禀赋，而是人人内心都潜藏着的。

可是，要达到理想状态，总是很不容易的。即使橡树具备长到30米高的可能性，要真长到30米高还是很困难的，一般可能是12米或者是15米左右。假若环境不好，则只能长到6到9米。不过，如果给它施肥，好好侍弄，则可以长到18米或者21米，甚至也可以长到24米或者27米。同样的道理，即使是生来具备100度能力的儿童，如果完全放任不管，充其量也只能变为具备20度或者30度能力的成人。也就是说，只能达到其潜在能力的二成或者三成。但是，如果教育得好，那么就可能达到具备60度或者70度，乃至80度或者90度的能力，也就是说可能实现其潜在能力的六成或者七成，甚至八九成。

　　需要提醒诸位特别注意的是，儿童虽然具备潜在能力，但这种潜在能力是有着递减法则的。比如说生来具备100度潜在能力的儿童，如果从一生下来就给他进行理想的教育，那么就可能成为一个具备100度能力的成人。如果从5岁开始教育，即便是教育得非常出色，那也只能成为具备80度能力的成人。而如果从10岁开始教育的话，教育得再好，也只能达到具备60度能力的成人。这就是说，教育开始得越晚，儿童的能力实现就越少。这就是儿童潜在能力的递减法则。

　　产生这一法则的原因是这样的，每个动物的潜在能力，都各自有着自己的发达期，而且这种发达期是固定不变的。当然，有的动物潜在能力的发达期是很长的，但也有的动物潜在能力的发达期是很短的。不管哪一种，如果不让它在发达期发展的话，那么就永远也不能再发展了。例如小鸡"追从母亲的能力"的发达期大约是在出生后4天之内，如果在这期间不让它发展，那么这种能力就永远不会得到发展了。所以如果把刚出生的小鸡在最初4天里不放在母鸡身边，那么它就永远不会跟随母亲了。小鸡"辨别母亲声音的能力"的发达期大致在出生后的8天之内，如果在这段时间里不让小鸡听到母亲的声音，那么这种能力也就永远枯死了。小狗"把吃剩下的食物埋在土中的能力"的发达期也是有一定期限的，如果在这段时间里把它放到一个不能埋食物的房间里，那么它的这种能力也就永远不会具备了。

　　我们人的能力也是这样。最著名的例子是英国司各特伯爵的儿子。司各特伯爵夫妇携带他们的新生婴儿出海旅行，行至非洲海岸时遇到大风暴，船被巨浪打翻，船上的人大都遇难了，只有司各特伯爵夫妇带着儿子爬上了一个海岛。那是个无人的荒岛，岛上长满了热带丛林。司各特伯爵夫妇很快就被热带丛林里的各种疾病夺去了生命，只留下孤零零的小司各特。后来一群大猩猩收养了只有几个月大的小司各特，他就跟着这班动物父母成长。20多年后，一艘英国商船偶尔在那里抛锚，人们在岛上发现了小司各特，他已经长成一位强壮的青年，跟一群大猩猩在一起，像大猩猩那样灵巧地攀爬跳跃，在树枝间荡来荡去，他不会用两条腿走路，也不会一句人类的语言。人们将他带回英国，引起了巨大的轰动，也引起了科学家们的极大兴趣。科学家们像教婴儿那样教导小司各特，力求他学会人

的各种能力，以便他能够重归人类社会。他们花费了10年功夫，小司各特终于学会了穿衣服，用双腿行走，虽然他还是更喜欢爬行。但是，他始终也不能说出一个连贯的句子来，要表达什么的时候，他更习惯像大猩猩那样吼叫。

之所以出现这种情况，就是因为学习语言能力的发达期是在人的幼儿时期。小司各特当时已经20多岁了，他错过了学习语言的最佳时期，他的这种能力永远消失了。

事实上，孩子从胎儿期到出世，脑子得到了极大的发育，小孩在出生时，其大脑皮质以下部分与成人已经相差不大了，但大脑皮层还需要继续发育。0～7岁是小孩脑发育最迅速的时期，尤其以0～4岁最明显，这4年里，孩子的脑发育将达到成人75%～80%的水平。所以，在这一阶段，孩子需要良好的教育环境和充分的刺激，促进脑的发育。到儿童12岁的时候，他的脑发育基本完成，如果此时脑发育还不充分的话，之后就很难恢复了。这就说明，人类脑发育的速度也是遵循递减规律的，0～4岁最快，以后逐渐减慢。

所以，教育孩子的第一要旨就要是杜绝这种递减。而且由于这种递减是因为未能给孩子发展其潜在能力的机会致使枯死所造成的，因此，教育孩子的最重要之点就在于要不失时机地给孩子以发展其能力的机会，也就是说要让孩子尽早发挥其能力。

一切取决于如何养育孩子

哲学家卢梭在他的教育学著作《爱弥儿》一书中有如下一个小故事：这里有两只狗，它们由一母所生，并在同一个地点接受同一母亲的教育，但是，其结果却完全不一样。其中一只狗聪明伶俐，另一只狗则愚蠢痴呆。这种差异完全是由于它们的先天性不同造成的。

与之相对的是著名教育家裴斯泰洛齐的一段寓言：

有两匹长得一模一样的小马。一匹交由一位庄稼人去喂养，但那个庄稼人非常贪得无厌，在这匹小马还没有发育健全时就被使用来赚钱，最后，这匹小马变成了无价值的驮马。与上述这匹命运迥异的是，另一匹小马托付给了一个聪明人，最后在他的精心喂养下，这匹小马竟成了日行千里的骏马。

以上两则小故事代表了有关天才与成才的两种不同的观念。前者强调的是天赋，认为人的命运是由其天赋的大小决定的，而环境的作用是次要的。与此相反，后者则几乎视环境的作用为万能，认为天赋的作用毫不重要。

自古以来，在关于孩子的成长问题上，很多人更倾向于卢梭派的学说，支持裴斯泰洛齐派学说的人寥寥无几。爱尔维修无疑是裴斯泰洛齐派的先驱者。爱尔维修曾经说过："人刚生下来时都一样，仅仅由于环境，特别是幼小时期所处的环境不同，有的人可能成为天才或英才，有的人则变成了凡夫俗子甚至蠢材。即使是普通的孩子，只要教育得法，也会成为不平凡的人。"

在儿子还没生下来以前，我已经坚信这一说法，并且常常向别人宣传。当然爱尔维修的言论也有其片面性，他在强调环境对孩子成长的作用时，忽视了他们在天赋上存在的差异。对这一点我有充分的认识，我绝不像爱尔维修那样不承认孩子的禀赋有所不同。所以，虽然我也倾向于这一派，但并不是完全站在这一边的，我还有我自己的看法。

我绝不是否定遗传的重要性。但是遗传对孩子的命运来说，已不像很多人所想的那样有强大的决定力。

我的看法是：孩子的天赋当然是千差万别的，有的孩子多一点，有的孩子少一点。假设我们幸运地生下一个禀赋为100度的孩子，白痴的禀赋在10度以下，一般孩子的禀赋只能在50度左右了。

当我们说某些孩子有天赋的时候，这些孩子往往已经长到了五六岁。如果面对一个新生的婴儿，一定不会有人说，"这个婴儿以后会成为一个优秀的音乐家"，或者"这个婴儿将来会成为一个了不起的文学家"。

断言一个五六岁的孩子具有什么样的先天能力，与断言一个初生的婴儿具有什么样的先天能力是不同的。前者是教育的结果，因为人们的评价依照的是五六岁以后的情景。

如果所有孩子都受到一样的教育，那么他们的命运就决定于其禀赋的多少。可是今天的孩子大都受的是非常不完全的教育，所以他们的禀赋连一半也没发挥出来。比如说禀赋为80的，可能只发挥出了40；禀赋为60的，可能只发挥出了30。

因此，倘能抓住时机实施可以发挥孩子禀赋八到九成的有效教育，即使生下来禀赋只有50的普通孩子，他也会优于生下来禀赋为80的孩子。当然，如果对生下来就具备80禀赋的孩子施以同样的教育，那么前者肯定是赶不上后者的。不过我们不要悲观，因为生下来就具备高超禀赋的孩子是不多的，大多数孩子，其禀赋都只在50左右。何况如果我们按照前文所述的方法进行生育，孩子的禀赋绝不会过差，甚至得到高超禀赋的孩子的机会也是很大的。

当然，我们承认孩子们的天赋之间存在差异，正如我们承认种子有优劣之分，但要了解，一个糟糕的种植者可能会使一颗优良的种子中途枯萎或者根本无法发芽生长，而一个高明的农业师则可能使普通的种子生机盎然，茁壮成才。

没有一个孩子生下来就注定会成为天才，也没有一个孩子注定一生会庸碌无为，一切都取决于后天的环境，取决于后天的培养和教育，父母则是其中最为直接和关键的因素。事实上，是父母操纵着孩子的前途和命运，决定着孩子的优劣成败。父母的信心和正确得当的教育观念是缩小乃至消除孩子之间天赋差异的关键所在。

我的观点在百年以后，很可能被遗弃。因为到那时对孩子们的教育很可能已经普及，很多孩子都能受到有效的教育了。

我的儿子是刚刚萌芽的幼苗

  我曾经用植物之间的关系来比喻父母和孩子之间的关系。如果说父母是成熟的植物，那么孩子就是刚刚萌芽的幼苗。如果幼苗得不到精心的呵护和培养，它就不会开出美丽的花朵来。

  如果孩子出生以后，他的父母就一直把他抛在一边直到他上小学的时候，然后说"从现在开始教育"，就好像突然之间给一株已经枯萎或者正在枯萎的幼苗大量施肥，同时让它晒太阳、给它浇水一样。对于已经枯萎的幼苗来说，这一切都已经太晚了。

每个人都具有强大的生命力和无限发展的可能性。如果对这些视而不见，我们就犯下了不可饶恕的错误。每一位疼爱子女的父母都希望自己的孩子出类拔萃、生活幸福，但是，大多数父母都在不知不觉中宠坏了孩子，或者是让他们感到不快乐。造成这种结果的原因在于，他们没有认识到孩子身上强大的生命力。大多数人根本没想过，对孩子进行培养，是对他们拥有良好的个性和突出的能力是多么重要。这种忽视行为实际上就相当于一出生就把他抛弃了。

有位博士曾这样说过："孩子的教育就同烧陶瓷一样，最终的结果如何很受最初的影响，而且势必决定其最终的成就。小孩只要从小教育，就可以成为音乐家、画家、诗人、学者，等等。"

可是，有的人也许会说："成为音乐家就

需要有敏锐的耳朵，如果没有敏锐的耳朵，再怎么早教他音乐也不行。而敏锐的耳朵是一生下来就有的，所以你的教育我不信。"我们可以对此说法提出反驳，有没有敏锐的耳朵，这是对小孩到长大以后才说的话。如果从两三岁时开始训练，是完全可以培养出敏锐的耳朵来的。心理学家所说的视觉型和听觉型，也是后天的而不是先天的。有的人说如果三代都是音乐家，才能出一个大音乐家。这种说法是很错误的。从莫扎特的例子来看，他成为那么伟大的音乐家，是由于他出生于充满了音乐气氛的家庭里，从小就熏陶了对音乐的爱好。

米开朗琪罗生下来不久就被送到乡下寄养在别人家里，他的保姆是位石匠的妻子。后来他说不仅在这个家庭里吃了保姆的奶，而且从小就爱上了锤子和凿子。可是他的家是非常有名的豪门世家，而且非常反对他成为雕刻家。但当他的内心之火已经燃烧起来以后，家人也无可奈何了。

林内家住湖泊之滨，周围有野花、有森林、有鸟鸣，也有小鱼游泳。他所以能成为大生物学家，就是因为生长在这样的环境里。这样的例子举不胜举。

但是按理想来说，父母教育孩子不应先确定培养成音乐家或画家等。就像我培养卡尔，首先以把他培养成完美的人作为目的。至于将来他是成为学者，还是成为政治家、发明家、企业家等，这应让孩子本人选择。而一个人的品质如何，很大程度上取决于幼年时期所受的教育如何。所以说，国民的道德如何，取决于这个国家的人民对其子女的教育如何。在世界各地，人们崇尚不同的伦理，信奉不同的主张。但是，不论东方人的天命和宿命论也好，希腊人的知识主义、艺术主义、自由主义也好，罗马人的保守主义、黩武主义也好，犹太人的宗教主义、热情主义也好，这些都是他们在幼年时期所受教育的结果。

柏拉图曾经在他的《理想国》中对他心目中未来的理想国家有过全面的描绘。在他所勾勒的那个理想国中，"子女教育是社会的基础"。这一见解实在高明。

如果说人如同生长的植物，小时候就形成了他一生的雏形，那么幼儿时期就好比刚刚萌芽的幼苗，给予什么样的教育就会形成什么样的雏形。威廉曾经说："幼儿是成人之母。"此言确实千真万确，我们谁也无法否认，成人的基础是在小时候形成的。

根据上述理论，如果对生下来就具备高超禀赋的孩子施以高明的教育，那他的发展就是不可估量的。但遗憾的是，人们对天才的教育往往是失败的。父母总是只着眼于孩子的天赋，而不注重全能培养，对孩子过分挑剔，要求太高，最终只会引起孩子的逆反、压抑与怨恨。因父母施加的压力过大而半途而废的天才不在少数。

许多知名的人在成年后都说过，他们年幼时曾受到父母的极度强迫的压力，结果留下终生的创伤。英国哲学家约翰·斯图尔特·穆勒少儿时期就被父亲无情地催逼，不允许他有假日，唯恐打破他天天刻苦学习的习惯，也不给他丝毫的自由，事无巨细都对他严加管束，不允许他有"随意的"爱好。穆勒在青年时期经常精神抑郁，终生都感到有心理障碍。在自传里，他痛心疾首地回忆了受父亲压制的情景：

一有错误就得立即纠正。开始讨论时，父亲往往采用轻松愉快的交谈式口吻，一旦出现数学错误，这种口吻便会戛然而止。继而这位和蔼可亲的慈父就一下子变成了血腥的复仇者。

卡尔·冯·路德维希是一个著名而悲惨的例子。卡尔是一个学业天赋极高的孩子，但因为父亲不停地催逼他，一心想使他过早地功成名就，他半途而废了。卡尔的父亲亲自教儿子高等数学，强迫他在醒着的每一分钟都得学习。他反对一切与学业无关的兴趣，体育、游戏、对大自然的探索对他来说无足轻重。卡尔8岁时父亲就让他上大学水平的数学课程，9岁时他就在学习微积分并尝试写剧本了。他不断跳级，仅用三年时间就修完大学课程，11岁大学毕业。他主修数学，大学的教授们预言卡尔会成为一名世界级数学家。

然而，开始的辉煌瞬间转为暗淡。卡尔在上研究生院的一年后，对数学全然失去兴趣，随即转入法律学院，但很快也对法律失去了兴趣。最后他从事办事员工作，既不用思考，也不用担责任。

我听说的这两个实例说明，正确的教育方法是极其重要的。如果实施了错误的教育方法，不要说禀赋一般的孩子了，就是拥有高超禀赋的孩子也会被扼杀掉。

一般人对才能教育和早期教育持批评的看法，之所以如此，原因之一是：他们担心像刚才所举的例子一样，即使少年小时候多么具有学习的才能，如果他不能幸福地度过自己的一生，不能凭才能从事一项很好的工作，那也不是毫无用处吗？不错，对父母来讲，他们最大的愿望就是希望自己的孩子即便是一个平凡的人，也能幸福地度过自己的一生。错误的早期教育培养的是"畸形儿"，正确的早期教育培养的则是更加尽善尽美的伟人和天才。

从儿子出生那天就开始教育

儿童的潜在能力是有着递减法则的。即使生下来具有 100 度潜在能力的儿童，如果放弃教育，到 5 岁时就会减少到 80，到 10 岁时就会减少到 60，到 15 岁时就会只剩下 40 度了。所以，教育孩子的第一要旨就要是杜绝这种递减。而且由于这种递减是因为未能给孩子发展其潜在能力的机会致使枯死所造成的，因此，教育孩子的最重要之处就在于要不失时机地给孩子以发展其能力的机会，也就是说要让孩子尽早发挥其能力。

达尔文和一位母亲之间有这样一段对话：

"从几岁开始培养一个孩子最好？"

"你的孩子多大了？"

"我的孩子只有一岁半。"

"那么，你已经晚了一年半了。"

达尔文清楚地表明，孩子出生之时就是开始培养的最佳时间。如果出生之后才开始教育，那就已经太晚了。做父母的一定要记住婴儿具有很强的生命力，并且要快乐地养育他。教育开始得越早越好，这样才能杜绝孩子潜在能力的递减。

这就是我与人们冲突的地方所在了。我的教育理论的核心是：对儿童的教育必须与儿童的智力曙光同时开始。而时下流行于世的主导思想是：儿童的教育应当开始于七八岁，这种论调为人们所深信不疑。除了此一论调之外，还有一种让许多父母感到十分恐惧的观念，那就是早期教育有损于儿童的健康。

面对这些错误观念我常常感到软弱无力。由于它们的盛行，我的教育理论，在世人的眼里简直是荒唐至极，更谈不上指望父母们会运用我的理论将一个"凡夫俗子"训练成天才了。

事实上，人从生下来起到3岁之前，是个最为重要的时期。因为这一时期，孩子的大脑接受事物的方法和以后简直完全不同。

这就是人们通常所说的"临界期"，也就是通常所说的关键期，指的是——无论做什么事情，一旦错过了一定的时期，人就很难培养自己在某方面的能力，也就是说有时间制约。这个时期是能否掌握某一功能的重要分水岭，因此将这一时期称作"临界期"也许是最好不过的了。

把一只刚出生的猫放在四面墙壁画有横线的环境中喂养，两个礼拜后，当这只猫进入一般的环境时，猫的视力会出现障碍，此猫不认识竖线，只认识水平方向的横线。也就是说，当猫生下来后，如果只看横线，不看竖线，猫就不具备看竖线的能力。这意味着，在猫生下来的两周时间，是它获得正常视力的"临界期"。据说，当猫生下来后，用布蒙住它的一只眼睛；那么当此猫长大后，再把布取下来时，猫的这只眼睛的视力就一直没有发育。实际上猫的身体并没有发生什么异常，猫眼本身就具有看的功能，只不过在猫眼能力的发育时期，没给它适当的环境而已，所以猫眼没有发挥出它应有的能力。

人的情况也一样。据说，当我们给一个天生的盲人做手术并让他获得视力后，该盲人过了5岁，还是目不能视。眼睛看到的信息进入大脑后形成完整的图像。但是，如果大脑的成像功能没有得到很好地发挥，那么大脑就不能将眼睛看到的物体组成图像。也就是说，大脑的视觉神经细胞接受外部刺激后，促成视觉神经网络的发育，从而在5岁之前完成目能视物的过程。但是，如果人超过5岁，即使刺激其视觉神经细胞，其神经网络也很难正常发育。

我们知道，当人生下来后，其脑细胞网络就接受刺激，并通过刺激使人脑得到发育和形成。最近，人们在研究大脑功能发育的不同时期，他们相信不同的机能发育分别对应着不同的最佳时期。

不仅是看的能力，而且人所具有的其他能力，在开始时都是以潜在的方式存在的。潜在的能力只有接受刺激，才能成为真正的能力。因此，如果人的潜在机能不接受锻炼，人的这方面能力就会被淹没，永久地从这个人的身上消灭。这跟人一开始就不具备这方面的能力一样。

刚出生的婴儿没有分辨人的面孔的能力，到三四个月，或五六个月，就能分辨出母亲和别人的面孔了，知道"认生"了。但他这时并不是对面孔的特征进行了这样那样的分析之后才记住的，而是在反复的观察中，把母亲的整个面孔印象原封不动地作了一个"模式"印进了大脑之中。

婴儿的这种模式识别的能力，远远超过我们的想象。对3岁以前的婴儿教育，就是"模式教育"。婴儿对多次重复的事物不会厌烦，所以3岁以前也是"硬灌"时期。婴儿依靠动物的直观感觉，具有在一瞬间掌握整体的模式识别能力，是成人远远所不能及的。他的大脑还处在一个白纸状态，无法像成人那样进行分析判断，因此，可以说他具有一种不需要理解或领会的吸收能力。如果不把你认为正确的模式，经常地、生动地反复灌入幼儿尚未具备自主分辨好坏能力的大脑中的话，他也会毫无区别地大量吸收坏的东西，从而形成人的素质。

在动物世界中，鸟类有"铭记"的现象。一只刚孵化出的鸟会把最先看到的物体当作自己的母亲或保护者，然后平静地跟着它走。

但是，听说这种"铭记"也要在小鸟孵化后的几个小时到十几个小时才能产生。因此，这种"铭记"与其说是"临界期"，倒不如说是"临界时"。

即便刚生下来的小鸟把气球认作了"自己的母亲"，我觉得这也是一种心智的发育和萌芽。

当我们在考虑临界期的问题时，我开始觉得不仅人体机能隐藏着临界期，而且人在心智的选择上也隐藏着几个严密的临界期分支，就像古谚说的那样："从你小时候就可以看到你成人以后的样子。"孩子到3岁时，就已形成了长大之后一些基本性格的要素。如果我们仔细地分析所有的人，都毫无例外地能从他们身上看到他们3岁以前的环境，以及这种环境对他性格形成及素质的影响。所以，模式时期决定了人的一生。

给3岁以前的模式时期"硬灌"些什么呢？大致是两方面的内容：一方面是反复灌输语言、音乐、文字和图形等所谓奠定智力的大脑活动基础的模式；另一方面则是输入人生的基本准则和态度。

总的来说，生下一个健壮的孩子，这只是父母亲走出的第一步，以后的路更长，事情更琐碎，责任更重大。因为，从孩子出生那天起，父母就必须担负起教育者的重任。

给儿子营造最好的成长环境

幼时最容易受到周围环境的影响。因此,为孩子创造良好的环境,让他们学习好的东西,这实在是为人父母者的最大职责。

在自然界中,一棵嫩芽能否长成参天大树或结出美丽的果实,全靠种树人对它的悉心栽培与否。同样,一个婴儿能否变成你所期待的希望之星,则完全依赖于你所施的教育与为他提供的环境而定。

曾有人以当地生长的孩子同移民过来的非洲人的子女做过智商比较,结果发现,前者平均智商为115,后者仅有85,二者之间差距竟如此明显。由此有人下结论说:这个差距是由人种和血统不同所造成的。但一位牧师的经历推翻了这个结论。

他收容了一对非洲移民的夫妇。他们的婴儿一出生后就被送进了托儿所,与其他当地的孩子一样在完全相同的环境里接受抚养。孩子4岁时,他为其测验了智商指数,发觉他和当地的其他孩子一样,智商高达115。

很显然,这位牧师的经历推翻了不同人种会有不同能力的定论。他的经历最直接地说明了"人类能力的强弱,并非取决于人种或血统等因素,而是要看后天的教养与环境而定"。

由于婴儿出生后生活的环境千差万别,结果对婴儿的官能产生了很不一样的影响。这些因素由于只是在婴儿的关键期发挥作用,所以,环境对婴儿的影响可能是终身的,而且相比之下,环境对婴儿的主导作用比对成人大得多。

从卡尔出生后,我和他妈妈就注意给卡尔创造一个好的成长环境。

每个做母亲的,都喜欢把刚出生的宝宝放在满是雪白天花板、雪白墙壁、隔离一切外来声音的宁静房间里抚养。但是事实上,全无刺激的环境，对婴儿却是有害无益的。我们在小卡尔房间的天花板、墙壁和被褥上都绘上色彩缤纷的美丽图案，并且在里面不断地播放着音乐。几个月后，当我们在卡尔面前放一个发着光的东西时，小卡尔就迅速表现出想要捕捉它的意念。

也有人认为，这种幼儿时期的智力差距可以借由后天的教育拉平，这种说法尽管也有道理，但它势必使孩子承受过重的负担。

我发现，愈是专心照顾孩子的母亲，她们愈爱收拾房子，把婴儿的四周收拾得一干二净。这一方面是她们出于对孩子的溺爱，另一方面是她们怕家里东西太多会给幼儿造成危险。的确，从学会爬到会走路这段时间的婴儿，其所作所为确实危险万分，叫大人的神经一刻也不敢放松。孩子不是弄翻花瓶，便是用嘴咬电线，或滚落床下。做妈妈的唯恐孩子发生意外，便会小心翼翼地将所有能想到的危险物品，都从孩子身边移开。这种做法当然无可厚非。但若因此而使婴儿周围像空屋般一无所有，或让

孩子所能触摸到的东西，尽是一些坚硬物的话，结果也大多是负面的。

如同杂乱无章的房间可以给艺术家新鲜的灵感一样，那些在大人看来是毫无意义的甚至是有危险的物品，对孩子来讲，却能激发他的想象力，促进其智慧的成长，而且还有可能成为提升他创意的重要刺激。卡尔也常常会把房间弄得乱七八糟，甚至头撞到物品倒地并因此大哭，但这些"遭遇"对他来说，却是很好的体验和教训。

仰卧着的婴儿，在其视线前方，往往只有平平坦坦的天花板，或罩式蚊帐，偶尔才有一张大人的面孔，也常常在逗一会儿孩子后接着就离开了。

"这样不行，要给样可以看的东西才好"，于是一些父母们，要么从天花板垂吊能转动的风铃，要么就是拿着会出声的玩具，在宝宝面前摇晃。

这些做法固然可以给婴儿提供良好的刺激，但仅此还不够。

刚出生的婴儿还缺乏感觉印象。如果做父母的老让孩子这么躺着，就很难满足他对感觉的需求。父母为了替孩子解除这种被周围环境所孤立的处境，他们兴致一来就会在孩子面前露个脸。这种做法对孩子来讲，就显得有些勉强了。

从幼儿的角度来看，他们总是渴望从周围的景象接受一些刺激，他喜欢尽量用眼睛盯着要看的景物，父母这时一定要设法满足婴儿的这种好奇心。

对父母来讲，与其拿着东西得意扬扬地在他眼前摇晃，不如给孩子一个可以看到外界景观的场所。

幼儿对位置、形状、颜色，有他独特的感觉。一种东西如果幼儿每次看到它都在固定的位置，就具有刺激的"反复作用"。当我们用娃娃车推着5个月大的卡尔散步时，他看到嵌在黄色围墙上的白色大理石板就会非常高兴。而我们每天推着他走过那条路，经过石板处时，卡尔的眼光就会特别发亮。这是因为幼儿具有大人所远不及的敏锐秩序感，他不单只能认识每一事物的个体，而且还能直觉地领会事物与事物间的关系。很显然，这与幼儿各种能力的发展有着密不可分的关联。

无论是在家里，还是在外面，我都注意给卡尔营造一个适合的环境，无论是各种颜色和景观的刺激也好，还是这种独特的秩序感的构筑也好，都充分地让卡尔在这一时期得到了能力的培养。

第三章
从儿子出生就开发他的智力

chapter 3

> 做父母的对子女的早期教育绝不是一种无效劳动。虽然在某些年月里,好像被教育者处于沉睡状态;但是,到后来终有一天,会看见大有好处的。

尊重他的胃口

人们常说"吃饭才能长大",而且由此衍生了不同的说法,如"喝奶能够长出漂亮的牙齿""吃鱼可以变聪明"等,但人们并不了解饮食在儿童成长的其他方面所具有的巨大作用。在介绍饮食数量、维生素和时间表之前,让我们来看看饮食是怎样发挥作用的。

吃饭首先是一种乐趣,能使孩子精神愉悦:当我们了解到儿童成长过程中心智发展的重要性时,就会明白吃饭的重要意义了。精神分析学家甚至说宝宝们从吃奶的过程中得到了一种真正的享受。

给孩子喂饭有时是很困难的,这就如同家长在同孩子做游戏一样:孩子拒绝吃某种食物,即使这是他平时很喜欢吃,甚至嚷着要吃的,他会反抗(我们想要强制他,他知道说不)。因而,吃饭可能会出现要挟的情况,这可能会使父母和孩子都产生犯罪感。

独立吃饭需要多种能力,如体能、运动能力。它还是智力提高后综合运用的表现:独立拿着奶瓶,使用勺子,然后不用任何帮助自己吃饭,给他的玩具娃娃喂饭,直到他可以独自做饭。

孩子拒绝喝水、吃饭并不是必须让医生出急诊的症状。但是,有一种情况下则需要这么做,即孩子突然完全拒绝喝水(宝宝拒绝喝奶或是很小的一勺食物),并且伴随着有规律的间歇性哭声,有时还会呕吐。在这种情况下,要请医生,因为宝宝可能是得了绞窄性疝、肠套叠等疾病,如果大便中有血,这种推断就更加得到证实。

当孩子没有胃口时,父母们会很担心,尤其是母亲。孩子如果生病了还算正常,但是如果孩子看上去很健康却没有胃口就有些奇怪了,不然是不可能这样的。

第三章 从儿子出生就开发他的智力

没有胃口可能还会伴有其他症状或者单独出现。

当孩子拒绝吃饭时,首先应该看看有没有其他症状。从体温开始,然后记录下所有不正常的情况,包括流鼻涕、咳嗽、出疹子、腹泻、便秘、呕吐等,对于更小的孩子还包括体重增长曲线等。

如果存在这些症状之一或者其他症状,你就要咨询医生了,他会找出孩子没有胃口的原因,最常见的情况是得了传染病。所有的传染病,哪怕是最轻微的(比如鼻咽炎)都可能会影响到孩子的胃口。而婴儿感冒时,没有胃口还有些功能上的原因:当鼻子塞住的时候,宝宝要用嘴呼吸,当他想喝奶时,就会呼吸困难而且很难喝奶,这样他就会拒绝喝奶。

饮食搭配的错误也可能影响到胃口:搭配的食物量太大或者不足,食物太浓或不够浓;他不再适应牛奶,不喜欢米粉;他对某些食物有排斥反应;缺乏维生素或铁;等等。要一下子就制定好孩子理想的饮食搭配不总是那么容易的。

恳切建议:如果你的孩子因为得了传染病或者饮食搭配不适合他而不想吃东西,请不要强迫他吃。这种反应很正常,生病会降低食欲,因而要顺其自然。当他的病好一些时,也不要太早强迫他吃东西,哪怕他瘦了。要有耐心,直到他能正常地消化吸收,食欲就回来了,之后的一两个星期,他会变得非常能吃。

别用惩罚来威胁孩子吃饭,要给他一些奖励,扮小丑哄他开心。当孩子发现他能够让爸爸把脚贴到墙上而只以一勺饭来作为交换,他会很开心,而吃饭也就变成了讨价还价的交易。

重要的是不要太固执，如果孩子不饿，或者不想吃饭，下一顿饭他就会补回来的。要尊重他的胃口。

不要总跟他谈条件，如："如果你不把汤喝完，就不能吃甜点"，这将强化甜食对他的吸引力，并且使他对父母推荐的食物产生抗拒。

吃饭时间不要超过半个小时，也不要把吃饭过程分成几部分，在他拒绝吃饭半个小时后又给他喂饭。因为这样会使他没那么饿，下一顿饭时也就没什么胃口。应尽量让每顿饭的间隔达到最大，必要时，可以每天只给他吃三顿饭。

如果早上你的孩子不饿，请给他喝一杯加糖的水以"唤醒"他的胃。这常常很有效，一般一刻钟后，孩子就会饿了。

请尝试平静地（我故意用这个词是因为有些父母确实对孩子不吃饭感到难以忍受）等待他恢复食欲，但是，在出现下列情况时要告诉医生：他的体重增长曲线在超过8天时仍然保持不变（对幼儿而言）；你发现他身上出现了可能表现为某种疾病初期的症状；在没有其他症状的情况下，他缺乏食欲的现象一直持续了一个多月。根据不同的情况，医生会进行补充检查。如果你没有发现任何不正常的地方，只是食欲的缺乏导致孩子拒绝吃饭，这可能是由心理原因引起的厌食。

保持儿子健康的心情

没有健康的生活，无论大人还是孩子都是很倒霉的。身体不健康，对大自然的美和人工的美都不能欣赏。因此，孩子的身体健康是非常重要的。对孩子的健康来说，最重要的是呼吸新鲜空气和喝新鲜的水。

有的母亲，孩子一哭，马上给东西吃，这个方法很不好。绝对不能让吃东西无定时。这样做，孩子其实并不好养活。有的母亲，孩子一要吃就给，这样做的结果，孩子长大后会成为无节制的人。

吃得过多，有害于孩子的健康。许多母亲给的糖果是有损孩子的胃口的，因为便宜的糖果用的是有毒的染料，孩子嚼的口香糖也是不好的。

有的人说："不同的胃，可以使人成为乐天派或是厌世派。"胃病能使孩子忧闷、不愉快、不幸福，胃弱者绝享受不到健康者的幸福。有一次，法国的路易十五世在外散步，讨乞者到他跟前伸出手说："先生，请帮帮忙吧。"这时，国王给他一些金子，并说："饿汉，我很羡慕你。"我们不可以把孩子变成路易十五世那样脑满肠肥懦弱温顺的人。消化不良使大人难受，尤其使孩子难受。胃健康的孩子性格坚强，胃弱者必然暴躁。为了预防消化不良，最好在吃饭时能愉快地吃。当然，快活并不只是在吃饭时，但是吃饭时尤其必须高兴。

心情好，消化得就快。有句谚语："早起能使人健康、富裕、聪明。"然而，笑也能使人健康、富裕、聪明。

人们见到我儿子时常说："这孩子体格太好，不像个天才。"看来他们仍在坚持"才子多病"的旧观念。然而，这是毫无根据的。有句谚语"健全的精神寓于健全的身体"，这是有根据的。

的确，有的天才体弱多病，但并不是天才一定病弱。那些病弱的天才如果健康，一定会是更加伟大的天才。而且身体健康的天才人物也并不少，如：韦伯斯特、布莱恩特、亨利·比卡、卡尔芬、珍妮·林德、阿德里娜·巴奇、萨拉·本哈兹、朱里亚·乌德·浩、约翰·卫斯里、路易斯·阿尔科克等。这些人不仅身体健康，而且体格魁梧，很有力气。

儿子的健康一再使人们惊异，这是因为我从婴儿期就对他进行体能训练。

愉快是健康的关键。我首先把儿子周围的环境布置好。周围的气氛阴郁，孩子必然会消化不良，身体不健康。因此，孩子居住的房间从最初起就应是令人心情愉快的。

天气晴朗时，我和妻子把儿子带到田野里，让他眺望绿色的原野。我注意让他的身体能自由自在地活动，不把他包起来，以免妨碍他的手脚自由活动；也不给他围围巾，以免把嘴和脸弄歪。天气好时经常让他在屋外睡觉，以便接受阳光沐浴，呼吸新鲜空气。当他在屋内睡觉时，在洁白的床上铺上鸭绒褥，便于他的手足自由活动。因为这种活动就是婴儿的运动。所以婴儿睡觉时，绝不能像布娃娃那样把他裹得紧紧的。

卡尔6周时，长得很大，像4个月的孩子。这是我们让他经常呼吸新鲜空气、进行运动的结果。这儿所说的运动是从他两三周时开始，让他在光滑的木棍上做悬垂运动。生物学的理论说："个体发育是整体发育的短暂重复。"所以，婴儿是可以像猿猴那样在木棍上做悬垂运动的。当然，不可勉强地做。

还有一种训练是让儿子抓住我的手指，由于婴儿与生俱来的"把握反射"，他就像吊单杠一样用力拉起自己的上身。等到两个月大反射消失时，他的胳膊已经练得相当有力，为提前进行爬行训练创造了条件。

我还培养孩子喜欢洗澡的天性。如果水温过高或过低，孩子就不愿洗澡，所以，我一开始就注意调节水的温度。我和妻子每天都给儿子洗澡、按摩手脚，这样既能发展他的触觉，又能促进血液循环和肢体的灵活。从儿子1岁时起，我就教他洗脸、洗手、刷牙，一天要洗几次，早起和晚上睡觉之前都要刷牙。他吃完干面包后，也让他刷牙，并且从小时起就教他用手绢擦鼻涕。

不应往孩子的头脑中灌输恐怖、担心、悲伤、憎恶、愤怒、不满足等思想和感情。因为这些都对孩子的精神有刺激，易引起身心虚弱、生病，阻碍他们的发育和成长。

　　根据某一科学家的理论，人的寿命是150岁。因为动物的寿命是它们成熟期的5倍。人类的身体发育到30岁才能完成，因此，人的寿命应是150岁。然而，有半数人由于恐怖和忧愁等原因，连寿命的四分之一也活不到。

　　有的母亲在孩子睡觉前，常常用斥责、鞭打作为一天的总结，这是不好的。应使孩子面带笑容入睡。无论大人还是小孩都应抱着对明天的欢乐期望而入睡。同时，也以愉快的心情早起，这是人的长寿的秘诀。

　　在卡尔很小时，我就教他深呼吸的方法，教他唱歌，这都是为了增进他肺部的健康。散步、玩球，是我们功课表中的一项内容，天天进行。不让孩子运动，他的精力就不知用到何处，就会淘气、损坏东西。

　　发现孩子心情不好、发音不清晰、张着嘴睡觉时，应当请医生看看，是否病了。但是，孩子胡闹、故意破坏东西时，主要是由于没有把精力用到正确的地方。所以，应当引导他把精力用到运动和学习上去。

　　我不让卡尔把手指放入口中。只要从小注意教育很快就会养成习惯，不往嘴里放手指或别的东西。但是，为防备万一，我不给他买危险的玩具。

　　我在院子里修了个运动场，有各种运动器具，如：跷跷板、滑台和梯子。儿子从3岁起就练习骑马，至今还最喜欢这一运动。他会游泳，又会划船。有时玩棒球，有时玩网球，有时爬树，有时去登山。伏尔泰曾说"忙是幸福的秘诀"，这也适用于孩子。总有事儿干的孩子是幸福的。

　　这样，经过营养和体能两方面的精心培育，卡尔从出生时体弱多病的婴儿长成了一个健康活泼的孩子。

让儿子的五官与四肢一起发展

孩子在婴儿时期的一切能力，如果不利用与开发，就永远也不会得到发展。因此，我决定从训练他的五官(耳、目、口、鼻、皮肤)、刺激大脑发育开始。因为听觉、视觉、味觉、嗅觉、触觉，是人类感知外部世界的生理基础。充分刺激孩子的感觉器官，能够促使大脑的各部分积极活动。如果孩子大脑的各个功能区都能发挥出最大效能，就会成为一个聪明伶俐的人。

寂静是孩子听力的天敌

在五官中，首先要发展耳朵的听力，因为婴儿的听力比视力发展得要早。训练听力时，母亲的悦耳歌声是极其重要的。在这方面我的儿子很幸运，他的母亲拥有很不错的嗓音。从他未出生的时候起，就经常听到母亲唱美妙动听的民间歌曲。我虽然不会唱歌，但却经常给他朗诵诗歌。

在他出生6周后，我就对他轻轻地朗读威吉尔的诗《艾丽绮斯》，效果非常好。每当我朗读这部诗时，他便能马上静下来并很快入睡。随着诗的语调的变化，他的反应也在变化。当朗读马克利的《荷拉秋斯在桥上》时，他就兴奋起来；朗读坦尼森的《他的梦想》时，他又安静下来。用上述方法进行教育，他满一周岁时就能背诵《艾丽绮斯》第一卷的前10行和《他的逝世》了。

在此我要强调，让儿子背诗绝不都是强制性地硬灌，而是让他顺其自然地学会的。以《他的逝世》为例，由于儿子非常喜欢，他每天晚上都像做祈祷似的背诵它，因而很快就能熟练记住了。

为了使儿子形成音乐的观念，我还为儿子买来能发出乐谱上7个音的小钟，分别拴上红、橙、黄、绿、青、蓝、紫色的发带，给它们分别起名叫红色钟、橙色钟、黄色钟等。每当儿子在喂奶前醒来，我就敲这些钟给他听，并把钟慢慢地左右移动，吸引他的注意力。儿子还不到6个月时，就能按我说的名称——青色钟、紫色钟等准确地敲了。我以为，这是同时形成声音和颜色观念的有效方法。

小摇篮边最好五颜六色

有效地训练眼睛，也是开发孩子智力的重要一步。儿子出生两三个星期时，我为他买了一些五颜六色、鲜艳夺目的布艺小猫、小狗、小鹿，我把它们都摆放在儿子四周，时常移动玩具来刺激他的视觉。我还经常让儿子看用三棱镜映在墙壁上的彩虹。儿子非常喜欢看，当他哭时，只要看见彩虹就不哭了。

食物清淡使他味觉灵敏

在味觉方面，除给儿子各种味道的刺激之外，考虑到糖和盐吃多了对身体没好处，我们始终坚持吃清淡的食物。这样既可以保持他的感觉灵敏度，又可以避免养成多吃糖和盐的坏习惯。

翻身抬头满月即做

儿子满月之后，在床上能够抬起头来了，我就用手推着他的脚丫，训练他爬行。父母一定要让孩子尽早学会爬，因为俯卧是最适合婴儿的活动姿势。婴儿爬时，其颈部肌肉发育快，头抬得高，可以自由地看周围的东西，受到各种刺激的机会也增多了，这就会大大促使大脑发育，使孩子变得聪明。

解放他的手

此外，尽量让孩子的手发挥多种功能，对于培养孩子的观察能力是有重要意义的。婴儿认识自己的手也要花费较长的时间。为了让孩子尽早发现自己的手，只有让他的手有事可做才可以办到。

每次当儿子醒来，小手张开的那一刻，我和妻子赶紧让他抓点东西，平时经常活动儿子的手指，经常让儿子抚摸东西和拍手掌。

另外，我总是引诱儿子观察我的手，让儿子了解许多手的功能。比如我拿着小摇铃摇动，儿子就会甩动胳膊发出响声。他八九个月时我给他一支蜡笔和一张纸，我也拿着一支蜡笔和一张纸。我在纸上画画，儿子也在纸上乱画。他其实什么也画不出来，但他通过观察已经开始发挥手的功能了。

应该着重指出的是，我对儿子进行这样的训练时，绝不强迫他去做什么。孩子是活物，自然要不断地发挥他的能量。我只是为了不让他的潜力白白地浪费掉，才努力进行各种有效的引导。由于实行了这样的教育，使儿子总有事干，他也绝不会因无事可做而去吃手指头，因无聊而沮丧，甚至哭泣，相反，他从一开始就向着健康的方向成长。

一个正常的婴儿，再假设我们把他的右手捆起来，直到他4岁为止。如果我们这个时候让他用自己的右手，但他的右手已经无法使用了。相应地，他的左手将发育良好，这个孩子也就会变成左撇子。4岁之前不去培养孩子手的能力，就好像把他的手捆起来一样。

从我们身边的实物开始

观察力是一切灵感的源泉

孩子的视觉发达起来以后,就要培养孩子的观察能力。这有两个方法,一是通过丰富多彩的色彩来培养孩子的观察能力。我在儿子房间的四周挂上了各种名画的摹本,还陈列了大量著名雕刻的仿制品。从儿子小时候起,我就抱着儿子识别屋中的各种物品,如桌子、椅子等,并把这些物品的名称念给他听。儿子起初只注意画的颜色,渐渐地也懂得了画中的含义。

让他从小就信手涂鸦

在儿子智力的开启中,画的功能是非常重要的,能在善于绘画的父母的培养下成长的孩子是非常幸福的。由于我懂得一点绘画,就准备了许多美丽的花草和鸟兽的画给儿子看,还让他看有美丽图画的图书,并读给他听。他总是能安静地听。这表明儿子尽管什么都还不懂,但已对我的声音和画的颜色开始感兴趣。此外,我还经常把同儿子谈话的内容绘成图画,用这种方法增长儿子的知识。

为了发展儿子对色彩的感觉,我买来五颜六色的美丽的小球和木片,

以及穿着鲜艳的布娃娃，经常用这些玩具跟他做游戏。这很重要，因为男孩与女孩相比，感觉灵敏而色彩的感觉却很迟钝。所以，男孩子不从小时候就开始发展色彩感觉，那以后对色彩的感觉将会非常迟钝。

蜡笔也是孩子的好玩具。我经常利用它同儿子进行颜色竞赛游戏。我预备好一张大纸，从某点开始；先由我用红色蜡笔画一条3厘米长的线，尔后，儿子也用红色蜡笔画一条同样长度的平行线。接着，我在我画的红色线之后，用青色的蜡笔接上一条长短一样的线，儿子也得用青色的蜡笔在他画的红色线后边画一条青色的线。这样连续画下去，假若儿子使用的蜡笔与我所用的颜色不一样，这一游戏就不再继续，儿子就输了。

每天都要散步

卡尔一学会走路，我就每天带他去散步，并让他注意天空的颜色、树林的颜色、花朵的颜色、原野的颜色、建筑物的颜色和人们服装的颜色等等，这都是为了发展他的色彩感觉。

还有就是让孩子专心注意某些事物，以养成敏锐观察事物的习惯。我通过和儿子玩一种叫"留神看"的游戏来达到这一点。每当路过商店的门前时，我就问儿子这个商店的橱窗内陈列着的物品，并让他在记忆中搜列这些物品。儿子能说出的物品当然越多越好。如果儿子记住的物品还没有我记住的多，就要挨批评。

这一游戏对发展孩子的记忆力也十分有效。由于坚持这样的训练，儿子还只有两岁时，一次我带他到卖雕刻仿制品的商店去，他就对店员说："你这里怎么没有《维纽斯·得·未罗》和《维纽斯·得·麦得衣齐》？"如此小的孩子居然知道这两幅名画，使店员大为吃惊。

注意力不集中是因为无趣味

鉴于婴儿的注意力不易集中，我通过鲜活的物品教会儿子各种形容词。在儿子出生后第6周，我曾给他买了些红色气球，把气球用短绳扎到他的手腕子上，气球便随着他手的上下摆动而上下摇动。以后，又每周给他换一个其他颜色的气球。通过这一游戏，我便能轻而易举地教给他红的、绿的、圆的、轻的等形容词，而且儿子对这一学习方式非常乐意。

在尝到这种学习的甜头之后，我还让儿子手拿贴有砂纸的木片和其他种种物品，教给他粗糙、光滑等形容词。当然，这种教育方式也有一些负面效果，如婴儿往往爱把手上拿的物品往口里放。不过，父母只要多加留心，孩子就不致养成这种习惯。

大自然是小孩子学习的宝库

对于出生后对世界表示好奇的婴儿，并不能只满足于家里各种好玩的玩具。从儿子的表情我可以看出，他似乎觉得仅有这些玩具还刺激不够。甚至对偶尔飞来的苍蝇，卡尔都会显示无比的兴趣。哪怕是看见一只爬到眼前的蚂蚁，他也会用眼睛追踪蚂蚁的动态。当然，光给儿子看蚂蚁、苍蝇是不够的，我常常尽量多地带他到可以看到猫、狗、牛甚至鸟、车的自然中去。

我发现，走出户外的婴儿，都会惊奇地注视路上的狗或猫儿，对川流不息的来往车辆，也会始终看个不停；看到菜摊上摆放的各色各样蔬菜，更是瞪大着眼睛欣赏。通过这样接受在家中所得不到的新鲜刺激，婴儿的智能也自然会发达起来。

正如一句名言所表达的："大自然是小孩子学习的宝库。"外界与大自然之中，有无穷的力量可以吸引孩子的兴趣，如果不把孩子带到那种学习场所去，这不是父亲的怠慢与失职，又是什么呢？

因此，做父母的一方面必须对婴儿的健康与安全予以最大关注，这也是做父母的责任，但我们也切不可因此而限制了孩子的学习场所。

置身于美丽的大自然中，婴儿才能使自己的身心更加活泼与健康。注意这个事实，也是做父母不可忽视的责任与义务。

儿子学习语言的奥秘

15天起就给他灌输词汇

根据儿童潜能的递减法则,一个人在成长过程中,是有某种智力发展最佳时期的。幼儿在3岁以前,是语言发展的最佳期,尽早教孩子语言这一点非常重要。因为语言既是进行思维的工具,也是接受知识的工具,没有这个工具我们就得不到任何知识。我们人类之所以优于其他动物而取得今天的进步,就是因为使用了其他动物所不具备的语言。因此,如果孩子不及早掌握语言,就不能很好地发挥其能力。而若能在孩子6岁以前掌握准确的语言,那么这个孩子的发展就一定会很快,而且其速度是其他孩子无论如何也赶不上的。

许多父母千方百计地注重孩子的身体发育,可是当我提出采取措施发展孩子的头脑时,他们却感到惊异,认为不可行。其实,做父母的只要稍加留意就会发现,婴儿从小时起就对人的声音和物品的响声非常敏感。这表明,早期开始教孩子语言是可行的。那么,早到什么时候呢?我主张从孩子出生15天就开始灌输词汇,在孩子刚会辨别事物时就教他说话。

儿子出生15天时,我们在儿子的眼前伸出手指头,儿子看到后就要捉它。刚开始时由于看不准,所以总是捉不到。最后终于捉到了,儿子非常高兴,把手指放到嘴里吃起来。这时,我就用和缓而又清晰的语调反复发出"手指、手指"的声音给他听。

就这样,在儿子刚刚有了辨别能力时,我们就拿很多东西给他看,同时用和缓清晰的语调重复东西的名称。没多久,儿子就能清楚地发出这些东西名称的音来了。

抓住一切机会跟他说话

孩子学习语言离不开说,同样也离不开听,父母要为孩子提供听的环境，提供说的机会。父母应该尽早与孩子交谈，因为6周大的婴儿就会对谈话的声音有所反应。这一阶段，如果照顾婴儿的人不爱说话，不去理会他或者和其他大人说话，那么这个孩子说话的时间就减少了。孩子也并非与大人说话时他才说话，有很多时候他都会"自言自语"。父母应该抓住这个关键时期尽量跟他交流，让他的听力更上一层楼。

只要儿子醒着，我们或者跟他说话，或者轻声给他唱歌。当他的眼光停留在床上吊着的彩色纸花上时，我会不厌其烦地重复着："红纸花、黄纸花……"如果我在做事，我也会用亲切的语调对他说话，告诉他我正在干什么。

应该注意的是，父母的语言要准确、清楚、缓慢，要科学地重复和再现。一旦孩子有所表示，比如微笑、踢脚或摇手，父母应该马上给予鼓励，及时回应。孩子一旦开口叫出"爸爸""妈妈"，父母就应该乘胜追击，让孩子保持说话的热情，全力鼓励孩子说话，为孩子制造说话的环境和材料。可以引导孩子念儿歌、讲故事。到了孩子能说双音词、短语时，父母要尽量说简短的句子，让孩子去理解体会。

教语言的8个诀窍

在教儿子语言的过程中，我总结了一些十分有用的方法，我现在将之归纳在下面奉献给诸位：

1. 要发纯正的语音

从儿子发出第一个"Fa"开始，我就不厌其烦地教他"Fa—Fa—Fa""ma—ma—ma"等。当儿子发出一个声音，比如"ka—ka—ka"，我立即回应，跟着他"ka—ka—ka"。而当我教儿子发"ma—ma—ma"时，如果儿子回应了，尽管不是很清晰，我仍给予了充分的鼓励。不过，使用这个方法必须听清楚孩子的发音。比如孩子发"脚—mo—mo"，你却听成了"ma"并加以鼓励，久而久之，孩子会出现发音上的混乱。

我与儿子玩这种游戏，总是在他睡醒后一小时进行。因为这时候他情绪最好，效果也更好。所以，要注意选择时机。同时，发音时要跟孩子充分交流，我和他母亲发音时，都让孩子看着我们的脸，当然最好是能够看到嘴的动作。

教孩子发出纯正的音一定要简洁明快，千万不要啰唆。比如，教孩子发一个音"a"，直接教就行了，完全没必要说上一大段话，那样孩子听不清楚，就容易读错。

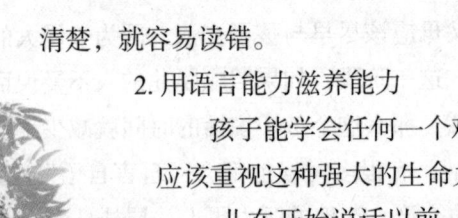

2. 用语言能力滋养能力

孩子能学会任何一个难度很大的发音。教育应该重视这种强大的生命力。举个例子来说，幼儿在开始说话以前，听到过多少遍"doctor（医生），doctor"这个词，而在他学会另外一个词语之后，如"妈妈""爸爸"，他学习词汇的能力会大大增强，以致他学会了"妈妈"和"爸爸"，从而使自己的词汇量增加到3个。在练习这3个词的过程中，他的语言学习能力继续不断增强，从而学会更多的词。从这个例子中我们可以看出，语言学习能力能够滋养能力。

这样解释可能把人弄得更糊涂了，因此我将用另外一种方式来介绍这一过程：

"这个问题你明白了吗？"

"明白了。"

"那好，我们继续吧。"

假设孩子用同样的方法来学习语言会怎样？

"如果你今天会说'doctor，doctor'……没错，那么明天……"第二天他将学会说"妈妈"，第三天他就会说"爸爸"。而如果有一天，孩子想不起前一天学会的词语，他就只能说当天学会的词了。可见，这种方法有很大的弊端。

事实上，学习语言并不意味着零星地来学习。它还意味着与此同时培养了学习语言的能力。现在的大多数家长还没有意识到语言教育的能力。教育方法还仅仅侧重于零零星星地来教，而不是培养能力。

如果每个父母都使用这种奇妙的语言教育的方法，一定会大有收获。这就是"能力滋养能力"的方法。

每个孩子都有潜能。能否将潜能挖掘出来并使之成为卓越的才能，取决于如何培养它。

3. 在他耳边不停地说

我们都有这种经验，学习外国语，不多记单词是不行的。但是想要多记，却往往劳而无功，很快就忘了。有一个时期，为了以后教儿子，我下决心要学好英语，就把韦伯斯特的袖珍小词典揣在怀里从头背下去，但是随记随忘，并没有多大效果。以后，我在学的过程中总结出一个道理：要多记单词，还是应当多读有趣的书，在阅读中记住书的单词。同样道理，为了丰富孩子的词汇，只是填鸭式地硬灌，非但达不到目的，反而有害。

教儿子说话，确实是很难的，如果不很好地下点功夫就教不好，我通过与儿子谈论有关饭桌上的器具，室内的摆设，院子里的花、虫等，巧妙地教他新单词的发音和词义。

在儿子稍大一点以后，我和他母亲就抱着他教他饭桌上的餐具和食物、身体的各个部位、衣服的各个部分、室内的器具和物品、房子的各处、院子里的花草树木及其各部分等所有能引起儿子注意的实物名称。总之，看到什么就教什么，也教他动词和形容词等，使他的词汇渐渐丰富起来。

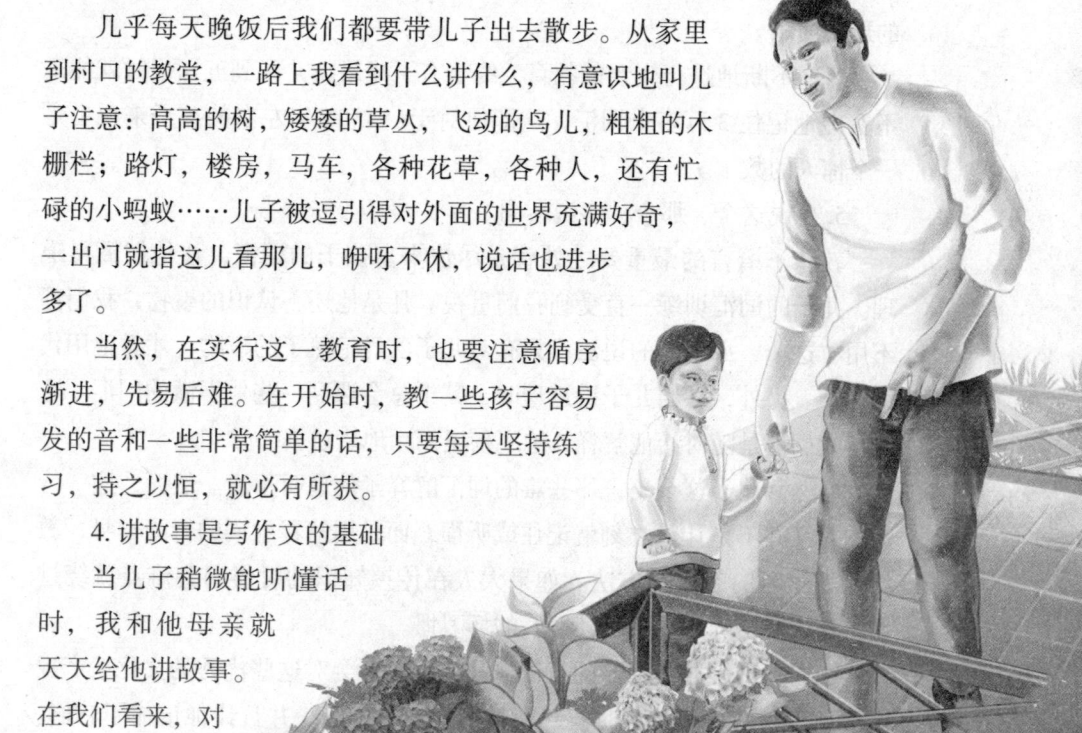

几乎每天晚饭后我们都要带儿子出去散步。从家里到村口的教堂，一路上我看到什么讲什么，有意识地叫儿子注意：高高的树，矮矮的草丛，飞动的鸟儿，粗粗的木栅栏；路灯，楼房，马车，各种花草，各种人，还有忙碌的小蚂蚁……儿子被逗引得对外面的世界充满好奇，一出门就指这儿看那儿，咿呀不休，说话也进步多了。

当然，在实行这一教育时，也要注意循序渐进，先易后难。在开始时，教一些孩子容易发的音和一些非常简单的话，只要每天坚持练习，持之以恒，就必有所获。

4. 讲故事是写作文的基础

当儿子稍微能听懂话时，我和他母亲就天天给他讲故事。在我们看来，对于幼儿，没有比给他讲故事更为重要的了。因为孩子是这个世界的生客，这个世界对他是一个一无所知的世界。所以，应该尽早让他知道这个世界，越早越好。为了培养儿子对这个世界的亲和力，最好的做法当然就是讲故事了。讲故事还可以锻炼儿子的记忆力、启发想象、扩展知识。传授知识，死死板板地教，儿子不易记住。用讲故事的形式教，儿子就喜欢听，并且容易记住。所以，运用讲故事的方法教育孩子是最有效的。

除了给儿子讲故事，我还选择好书，清晰而又缓慢地读给孩子听。我在这方面给诸位的建议是，给孩子读《圣经》。《圣经》是举世无双的，大家都公认，像这样的名著实在罕见，所以把它读给孩子听是最好不过的了。由父母清晰地读给孩子听，这是教孩子语言的最佳方法。此外，也有助于培养孩子的优秀品质。

还有，讲故事不能只让孩子被动地听，应该要他复述。如果不让孩子重复，就不能完全达到讲故事的效果。在儿子还不会说话时，他母亲就给他讲希腊、罗马、北欧各国的神话和传说。等他会说话以后，母子两人就表演这些神话。我们向儿子讲述《圣经》故事时，有的还用戏剧的形式演出。

这样不断地进行生动的教育，终于有了成果。儿子到五六岁时就能毫不费力地记住3万多个词汇，这即便对于一个15岁左右的孩子来说也是一个惊人的数字。

5. 少说这个、那个，多说新词

教孩子语言的最重要之处就是尽快丰富孩子的词汇，让他们懂得道理。儿子的词汇训练一直受到我们重视。凡是他还不认识的事物，我们都不用"这个、那个"的说法，只有对儿子已经记熟了的事物，才教他用代词称呼。另外，在给儿子讲道理时，其中总会遇到一些他不懂的词汇。这时，我们都是随时给他解释，绝不稀里糊涂地绕过去。

当然，儿子这么小，那些难的词汇解释了他也听不懂。然而，这一行为的意义并不是让他立刻就记住或听懂，而是用解释生词的行为本身，教给儿子学习的态度和方法。如果大人在传授知识的时候遇到难点就绕过去，孩子就会养成"不求甚解"的坏习惯。

德国有许多通俗易懂的童谣，我们当然不会对这些优秀的文化遗产视而不见。我们从儿子小时候起就教给他这些童谣，并且让他记住了它们。

因为这些童谣的语调好听易记,所以大大有利于丰富儿子的词汇。不仅如此,儿子的智力也在阅读这些童谣的过程中很快地发展起来。儿子不到4岁就开始读书,这些书主要是以歌词形式写成的。

6. 不让他遭受方言和粗话的污染

我反对教给孩子不完整的话和方言,比如教孩子"唖唖"(吃奶)、"丫丫"(脚)、"汪汪"(狗)之类的。这些语言对孩子语言的发展有害无益,这一点要特别引起父母们的注意。诚然,孩子学不完整的话和方言会更容易一些,因此许多父母也就认为孩子的语言从这些半截子话学起并无大碍,但是我经过试验发现,孩子在两岁左右时,如能缓慢、清晰地教他说正式的语言,一般来说孩子都可以发出音来。

如果儿子本来可以学会的东西,我都故意不教给他,这在教育上就是极其愚蠢的了。正如雷马克所说的那样,一个东西如果不使用,就难以评价它的作用,同样,如果不教给孩子他们本来能够学会的东西,那么,他们的那种潜在能力也就得不到发展。世界上再也没有比这更愚蠢的事了。

事实上,对幼儿来说,单会说"汪"或"丫"等词汇,虽然相对要容易一些,但这也同样会给他们造成负担。对孩子的语言学习来说,完整规范的语言是他们迟早要学的语言,而那些半截子语言却是他们不久就要抛弃的语言。让孩子学两套语言,这势必给孩子造成双重负担。世上确实再没有比这更不经济的事了。孩子本来可以用那些白白浪费掉的精力去学习一些知识的,但他们在这种错误的教育下,只得付出如此宝贵的光阴。因此,做父母的,绝不应当教给孩子一些不完整的话,以免浪费时间。

也许有人说,教给孩子说这种话非常有趣,但你们为了有趣而让孩子付了高昂的代价还是否值得?教给孩子不规范的语言的害处还不止于此。社会上有许多孩子,到了十四五岁(甚至已长大成人),有的话还发音不清楚,这就是父母教育不当的结果。在今天的学校里,教师为纠正学生的这些发音毛病所付的消极劳动,往往比他们用于积极劳动所花的时间还要多,这实在可悲。不用请教心理学家,就连任何一个普通人都知道,教师用在纠正学生已经养成的毛病上所花的时间比起教他们新的知识所花的时间还要多。

但是,社会上竟有这样的父母,他们以孩子发出的错音、说出的错话为乐。他们不仅不去帮助孩子纠正,反而将错就错,随声附和,这是大错而特错的。因为这样将使孩子永远无法发觉自己的毛病，以致习惯成自然，难以纠正。

能正确运用语言意味着能正确地思考。如果让孩子从小就使用似是而非的语言，那么孩子的大脑就难以被训练好。

我从儿子出生时起，就尽可能地对他说准确而漂亮的语言。在向他灌输语言时，我认为俗语也很重要。因为有的意思，不用俗语就不能表达得很完美。我们的思想在发展着，新观念也在不断地产生着，表现这些新观念的俗语也必然增加，所以排斥俗语就会落后于时代。

然而，我绝对不教给儿子不完整的话。这种完整的语言教育从一开始就起到了很明显的效果。儿子还不到一岁时，有位朋友对他说："卡尔，我想看看你的汪汪。"他纠正说："这不是汪汪，是狗。"这位朋友对此大为惊讶。

7. 力求措辞严谨，语言生动

在语言教育中，我非常强调从一开始就要让孩子学到标准的语言。为此，我总是反复清晰地发音给儿子听，耐心地教他标准德语。只要儿子发音准确，我就摸着他的脑袋表扬道："说得好，说得好。"当儿子发音不标准时，我就对妻子说："你看，你儿子不会说什么什么……"于是妻子就回答说："是吗？我儿子连那样的话都不会说？"这样一来，尽管儿子还很小，也激起了他拼命学标准语音的劲头。经过我们的不懈努力和执着坚持，儿子从小发音就非常准确。

在词汇学习上，我的信条是：要想有清楚的头脑，首先必须有明确的词汇。为此，我不是只让儿子停留在孩子式的表现方法上，而是教他逐步了解和使用复杂的措辞，并且力求措辞生动准确，绝不使用暧昧的措辞。为了要做到这一点，我认为家人一定要相互配合，不要一个在严格要求，一个却纵容孩子。为此，我和妻子默契配合，而且以身作则，在平时坚持力求发音标准，语言规范，精选恰当的词汇。

我不仅对妻子，对女仆和男仆都严禁他们说方言和土话。因为儿子与仆人们的接触非常频繁，易受他们的影响。我只许儿子记标准德语，因为只要能记住标准读法，就可以让儿子不费力气地读懂书上写的东西。

8. 别让语法败坏了孩子的胃口

在教儿子语言时，语法不是最重要的，特别是对孩子来说，更没有

第三章 从儿子出生就开发他的智力

多大必要。因此，在儿子8岁前我并未专门教过他语法，而是通过听和说来教。

孩子其实都喜欢说话，从小时候起，他们就常常一个人把学到的单词反复地说着玩。我就利用孩子的这种倾向，把儿子能理解的有趣的故事，用精选的词句组成短文，让儿子记住。他不仅能很快地记住，并总是高兴地复述着。以后，我把这些短文翻译成各种外国语让他说，他也能很快记住。根据我的经验，在人的一生中，1~5岁可能是最有语言才能的时期了，父母千万别让这种才能白白枯死。

与儿子的心灵相接触

爱是与孩子沟通的最重要途径。当然，仅仅有爱是不够的，在人生中我们花掉很多的时间来学习怎样表达爱，为人父母之后也需同样注意这一点。

说服和教训所起到的作用是有限的，我们之中又有谁乐意听取别人喋喋不休的说教呢？但有的父母却固执地对着孩子这样做，直到有一天发现原来孩子一直在敷衍自己，甚至暗暗滋生了仇恨心理，才深深体会到教育的失败。

想要与孩子有效沟通，最重要的莫过于用心去爱孩子了。认真去感触他的世界，耐心倾听他的心声，然后加以适当引导而不是强行更改。需要强调的是，这里的"爱"是"理解"而不仅仅是"满足"，意味着"包容"而绝非"纵容"。

"我不明白，我给他吃，给他穿，他想要什么就买什么，他却在昨天说恨我！"村里一个妈妈痛哭流涕地说道。这位母亲把整个身心都给了孩子，哪里想到会是这样的结果呢？

"妈总想管着我，不让我去这里不让我去那里，还动不动就哭着说是为了我好。她用来跟我做比较的孩子足够开出一个长长的单子！"儿子愤愤不平地抱怨着。在他看来，妈妈忽略，甚至轻视了他作为人的权利。

要知道爱孩子并不是只满足孩子的物质需求。对孩子来说，真正理解父母为抚养他，供给他的生活所付出的辛劳还为时过早，他更为敏感的是父母对其心灵的关注程度，对他所享有权利和自由的尊重。在与孩子沟通的时候，父母有必要让孩子感受到理解和尊重，感受到浓浓的亲情之爱，爱将化解所有的误会和不愉快。

我相信，没有父母不爱自己的孩子，可由于缺乏爱的技巧，不会爱孩子，造成了无数家庭亲子之间的隔阂，这实在是一件值得反思的事情。

曾有位父亲写了一封信给孩子，忏悔自己不适当的爱给孩子造成的伤害。

孩子：

在你睡着的时候，我要和你说一些话。我刚才悄悄地走进你的房间。几分钟前，我在书房看报纸时，一阵懊悔的浪潮淹没了我，使我喘不过气来。带着愧疚的心，我来到你的身旁。

我想到的事太多了。

孩子，我对你太粗暴了。在你穿衣服上学的时候我责骂你，因为你洗脸时只在脸上抹了一把；你没有擦干净你的鞋时我又对你大发脾气；你把东西不小心掉在地上时我又对你大声怒吼。

吃早饭的时候，我又找到了你的错处：你把东西放在地上，你吃东西狼吞虎咽；你把手肘放在桌子上，你在面包上涂的奶油太厚……

在你上学我去赶汽车上班时，你深情地向我高呼："爸爸再见！"我却皱着眉头对你嚷道："怎么又驼背了，把胸挺起来！"

晚上，一切又重新开始。我在下班路上看到你跪在地上玩弹子，袜子破了好几个洞，禁不住又大发雷霆："袜子是花钱买的，你怎么一点也不知道心疼……"并在你朋友面前押着你回家，使你当众受辱。

孩子，你还记得吗？晚饭后，我在书房看报，你怯怯地走了过来，眼睛里闪着委屈的泪光。我对你的打扰极不耐烦。你在房门口犹豫着，我终于忍不住地吼了起来："你又来干什么？"

这时你没有说话，却突然跑了过来，抱着我的脖子吻我，眼里含满了泪。我简直不敢相信我如此粗暴也削弱不了你对父亲的爱。接着，你用你的小手臂又紧抱了我一下，就走开了，脚步轻轻地走开了。

孩子，你知道吗？你刚离开书房，报纸就从我手中滑落到地上，一阵强烈的内疚和恐惧涌上心头。习惯真是害我不浅。吹毛求疵和训斥的习惯几乎成了我父爱的象征。孩子，爸爸不是不爱你，而是对你的期望值太高。我是用成年人的尺度衡量你，而且拿很多成年人也难以做到的标准来要求你。细想起来，多么可笑！

而你本性中却有那么多的真善美，你小小的心犹如照亮群山的晨曦——你跑进来吻我的自发性冲动显示了这一切。今晚，一切都显得不重要了。孩子，我在黑暗中来到你床边，跪在这儿，心里充满着愧疚。

这也许是个没有多大效用的赎罪。等你醒来后告诉你这一切，你也不会明白，但是从明天起，我要做一个真正的爸爸——做你最要好的朋友，你受苦难的时候我也受苦难，你欢笑的时候我也欢笑。我定会把不耐烦的话语忍住。我会像在一个典礼中不停地庄严地说："你只是一个孩子，一个小孩子。"

我以前总是把你当作大人来看，但是孩子，我现在看你，蜷缩着熟睡在小床上，仍然是一名婴儿，你在你母亲的怀里，头靠在她的肩上，仿佛只是昨天的事。我以前对你要求得太多太多了。

这封使无数父母再也不愿训斥、指责和抱怨孩子，使无数父母动容和深思的信同样教我们明白：要爱孩子，而且一定要学会怎样去爱。无论何时，父母与孩子无法泯灭的亲情之爱都是彼此间沟通交流的最好的途径，是一座永远存在的桥梁，我们应当小心地通过，而不要让粗暴、偏见、忽视等东西不经意间阻塞这座桥梁，也不要让它被骄纵和溺爱毁坏。

第四章
教育孩子需要正确的方法

chapter 4

> 如果不是用强制和严格的手段来训练少年们的学习,而是引导他们的兴趣,那么他们将发现自己的志气。

培养儿子多方面的兴趣

经过从婴儿期就开始的教育,卡尔显得比同龄的孩子更聪明,更机灵,反应更快,各方面的能力也更强;我认为他在智力上已经准备好了,所以从他两岁时就开始教他认字,但这绝不是强迫性的。"不能强迫施教",这是早期教育法的一大原则。

我认为不管教什么,首先必须努力唤起孩子的兴趣。只有当孩子有了兴趣时,才能取得事半功倍的良好效果。卡尔的生活过得丰富多彩,就是因为我一直注意引导他在多方面获得乐趣。

在孩子的乐趣中,最重要的是读书。不过应特别注意书的选择,一个人喜好什么样的书,往往决定于他第一次读的是什么书,而且幼年时期读的书往往能左右这个人的一生。

在引导儿子读书上,我采用了一些小伎俩。孩子们最喜欢听人讲故事,特别是年龄较小的孩子。我发现讲故事的重要性,它不仅能丰富孩子的知识,而且能够成为引导孩子看更多书的桥梁。我在讲故事的时候,总是绘声绘色,运用夸张的表情、形象生动的语言,并辅之以变化不定的手势,甚至有时候站起来模仿故事人物的身形以不断推动情节发展。儿子听得如痴如醉,常常也禁不住跟着我手舞足蹈。但我总是讲到最有趣的地方就打住,并告诉儿子这个故事在哪本书中,鼓励他在阅读中寻找乐趣。

卡尔的乐趣不止于此,他的乐趣还可在音乐中找到。

诗人歌德曾说过:"为了不失去神给予我们的对美的感觉,必须天天听点儿音乐,天天朗诵一点儿诗,天天看点儿画儿。"因此,让孩子接触音乐是很重要的。有人说,善于唱歌的人比不会唱歌的人寿命长,这是由于善唱者心情总是快活的。神经质的孩子养成唱歌的习惯,都一样会快活起来。

我们不能使每个人都成为音乐家，也没有这个必要。然而，人生在世，完全不懂音乐则绝不是幸福的。即使自己不会，起码也要会欣赏。因此，应设法教给孩子一些音乐。有人认为，既然不想使孩子成为音乐家，教他音乐就是浪费时间，这种认识是错误的。没有任何艺术的生活，就如同荒野一样。为了使孩子的生活幸福，生活内容丰富多彩，父母有义务使他们具有文学和音乐的修养。据说俾斯麦退职后曾慨叹过：假若在年轻时学会一种乐器的话，自己的生活就不会这样寂寞了。

我个人认为，人生在世懂得音乐是非常幸福的。我从儿子小时起，就努力使他形成欣赏音乐的观念。前面已经介绍过，在儿子出生后不久，我就买来能发出1、2、3、4、5、6、7七个音的小钟敲给他听，并让妻子唱给他听。

在儿子刚出生以后不久，每当哭泣时，我就让他听海顿交响曲的唱片，于是儿子的哭泣立刻停止而静静地听起来。每天只要一哭就让他听这个曲子。另外，还经常让他听两三首巴赫或贝多芬的曲子。这样过了一年左右，当让他听着巴赫或贝多芬的曲子时，一旦改换为海顿的交响曲，儿子整个上半身就晃动起来，高兴得像是正合着节拍。到了1岁零3个月时，儿子自己就开始选择曲子，对不喜欢的曲子，就摇头表示不愿意。

当儿子学会ABC的读法后，我便教儿子乐谱的读法，并常常做这方面的游戏。具体的玩法，就是在屋中把东西藏起来让他找。这是儿童常玩的游戏，不过我在此还利用了钢琴，这样就使游戏变得更加充满欢乐色彩。例如：当儿子一走近藏东西的地方时，我不是说"危险，危险"，而是渐渐弹出低音。若是走远了，就渐渐弹出高音。儿子如果不注意声音的高低，就很难找到藏起来的东西。这一方法对训练孩子的听力很有效。

孩子都喜好节奏，我就从这方面开始训练。

我从儿子尚不会说话时起，就用拍手的方式打拍子让他看。不久，买来了小鼓，教他按照拍子敲打。过了一段时间又买来了木琴，让他敲打，并且开始做弹琴游戏。我用手指出墙上的乐谱，他按乐谱摁琴键。不久，他已能用钢琴单音弹奏简单的曲调了。

儿子从小就爱好摆弄钢琴等乐器，我抓住这个机会鼓励他练习。同时，他只要得到我的一些帮助，就能自己编出各种曲调。儿子把自己创作的许多曲子记在笔记本上，这和幼年时代的日记一样，将来拿出来看看，也是很有乐趣的。

在教儿子练琴时，我反对只注重技巧的方法。我的一位朋友，曾为孩子聘请过一名小提琴教师。一年之中他只教孩子练习技巧，致使这个孩子不仅没有学会音乐反而开始厌恶音乐。而教儿子小提琴的教师则没有沿用这个教法。儿子练习小提琴时，我总是用钢琴给他伴奏，所以他能很高兴地学。因而，他弹钢琴、拉小提琴都很出色。

和很多上幼儿园前的孩子一样，儿子也很喜欢画画，并且在画画中得到了很大的乐趣。儿子的画实在是栩栩如生。一条线、一个点，都洋溢着他跳动的生命和活力。哭也好、生气也好、笑也好、害怕也好……卡尔每时每刻的心理状态，都与线或点息息相关。

孩子的心理活动都原原本本地反映在画里的点或线上。因此，不能评价这个画的好与坏，而是要看是否充分表达了心理活动，我就站在这个角度欣赏儿子的画。

如果儿子拿着铅笔或蜡笔对写写画画开始表现出有兴趣，我知道这是开始早教的好机会。

画线练习可以锻炼儿子的注意力集中，同时，通过随便画曲线或直线的练习，也可以为将来写一手好字或画好画打下良好的基础。

给儿子一双发现问题的眼睛

孩子的好奇心比较重，凡事都要问个为什么。心理学家认为，好奇心是由新鲜事物引发的一种注意，是对外界新鲜事物的探究及反射，提出问题是思维活动的起点，而人的思维活动则是在外界事物的刺激下不断地提出问题、解决问题的过程。随着孩子年龄的增加，他们的阅历逐步增长，思维能力加强，提出的问题也日渐复杂化。通过提出问题、解决问题，孩子实现了知识的积累和经验的总结，这是成长过程中不可缺少的。但是，并非每个父母都能意识到孩子提出问题、解决问题的重要性。

发生在同村的马克和他的儿子身上的事就说明了这个问题。

吃过晚饭，马克带着6岁的儿子来到公园散步，儿子眼尖，认出了邻居的华尔叔叔，他正和一位漂亮的姐姐并排坐在长椅上，于是有了这样的对话：

"爸爸，华尔叔叔在那边，他为什么和那位姐姐坐在一起呢？"

"因为他们正在谈恋爱。"

"他谈恋爱为什么不找自己的妹妹，她比那位姐姐还要漂亮呢。"

"小孩不懂，怎么能和自己的家人谈恋爱呢？"

"那昨天晚上你和妈妈不就提到你们谈恋爱吗？难道你和妈妈不是

'家人'？"

"哪来的这么多问题？你能不能安静点儿？"

马克不耐烦的态度使儿子闭了嘴，但是孩子还是不明白为什么不能和自己的家人谈恋爱，更不明白爸妈明明是家人，却又能谈恋爱这一问题。

对孩子而言，展现在他们面前的是一个新奇而又多彩的世界，自会走路起，他们就没有一刻是清闲的，这儿动动，那儿摸摸，无数的东西、现象都是他们急于了解的，好奇心和求知欲使他们勇于提出各种各样的问题。如果家长不能准确、巧妙地回答孩子的问题，出现无言以对的尴尬局面是很常见的。胡乱回答孩子的问题，或者因孩子提问多而训斥孩子的情况也不少见。

孩子的究理精神从两三岁起就已经萌发了。具体表现就是他们开始向大人提问，提出的问题越来越多，而且千奇百怪。这是值得高兴的事，说明孩子开始对世界进行思考了。然而，可惜的是大多数父母不仅不为孩子的提问感到兴奋，反倒觉得厌烦不已。他们对孩子所提出的问题大都是随随便便敷衍一下，并不给予耐心的说明和解释。

这是大错而特错的。这种态度实际上是在压抑孩子的究理精神。要知道，在孩子的智力刚开始萌芽时，如果不向他们提供适当的对象供他们玩耍，他们这种已经萌发的究理精神就会白白枯死，而智力也将得不到进一步发展的动力。相信这种状况是每个做父母的都不愿意看到的。但是在现实中，正是他们自己使孩子的潜在能力枯死，到孩子上了学才大惊小怪地嚷："为什么我的孩子成绩这样糟糕呢！"这些父母只知道一味埋怨孩子，却从来没有对自己的行为进行过反省。

正确的态度是，做父母的不管有多忙多烦，都应该做到孩子问什么，就回答什么。在向孩子传播知识和方法时，决不能嫌麻烦，敷衍塞责，应付了事，一定都要真实合理。只有这样教育，才能使孩子成为对社会矛盾和缺陷有辨别能力的人；也只有这样，才能发挥出孩子的潜在能力——天才。如果培养出来的人辨别不出人间的好坏和善恶，对世界没有思考和认识，这类人越多，就越成为社会的累赘，也不会给人带来任何益处。

让我们做一个试验，假如对某个人施行催眠术，给他一种所谓消极的幻觉暗示，那么他就会连眼前的人和物都看不真切。如果我们的教育是这种催眠术式的教育，那将多么可怕！也就是说，我们的教育绝不能使孩子陷入这种消极的幻觉状态中。我们教育孩子的真正目的，就是要为他打开智慧的天窗，使他能够敏锐地观察到社会上的坏事，洞察出社会上的矛盾和缺陷。我们人类的理想，绝不应当像亚当和夏娃那样，仅仅满足于在不知自己是裸露着身体的情况下过快乐的天堂生活。为此，绝不能让孩子成为精神上的盲目乐观主义者。

要做到这一点，就必须重视孩子最初对世界的看法，积极回应他们的每一个问题。同时，父母还应该注意一个问题，那就是不能以权威来压抑孩子的天性。

我不会按照大人的想法打造孩子

　　虽然大多数父母都很喜爱自己的孩子，但他们并不尊重孩子，总是把孩子看作可以被他们任意加工改造的原材料，以为孩子什么事也不懂，想把他们培养成什么样就能培养成什么样。因此为孩子设计一个未来，或希望孩子成为一个音乐家，或希望孩子成为画家、文学家，然后按自己的想法去开发孩子的智力，他们甚至不惜花钱买各种昂贵的学习用品，买各种营养补品。当孩子稍有越轨之处，就进行呵斥，甚至打骂，恨不得孩子在一天之内就变得聪明起来。其实，父母的这种心情是可以理解的，但是这样的做法却往往是失败的，而且会对孩子的心灵造成伤害，因为它违背了智力开发的根本规律。

　　智力开发的第一个重要方略就是尊重孩子的主体性，即每个孩子都是他们自己的主人，他们有着与成人不同的认识世界的方式，他们有自己的爱与恨，比如在童话里，各种小动物都像人一样会说话，有自己的感情，这在成人看来，完全是虚构的。但对于孩子来说，这完全是正常的，而且他们会随着小动物感情的变化而变化。这就是孩子与成人对外部世界感知的不同之处。因此，父母要把孩子放在一个与自己平等的地位去尊重他们，理解他们。在进行智力开发时，不能把自己的想法强加在孩子身上，进行硬性的灌输。正确的做法只能是对孩子进行一种引导、启发，从而使他们潜在的未表现出来的能力充分展现出来，不要强迫孩子做这做那，而应该根据孩子的兴趣、天赋，因势引导。只有这样做，才能收到事半功倍的效果，孩子才能在轻轻松松的气氛中，一天一天地变得聪明起来。

　　对于卡尔的教育，我首先是考虑发展他先天的个性，培养他的独特见解和首创精神。只有这样，才能让他成为有鲜明特点的人，才能让他在成年之后拥有新的观点和思想。这样，他才能够为这个社会做出一些应有的贡献。

我的一些朋友，自称为高明的教育家，他们给孩子制定出各种清规戒律。戒律多得令人可怕，容不下才华出众的孩子。很多孩子因受到条条框框的限制，不能够自由发展。

我听说过很多才华出众的孩子在触犯那些清规戒律而受到非难，在他们与众不同时而遭到指责。

我们想要把我们的孩子培养成什么样的人才呢？仅仅是一些处事圆滑的店员或灵巧但没有思想的手艺人吗？如果是这样的话，世界上还会有真正的科学家、哲学家、艺术家吗？

正像某个大学教授平时对学生所说的："你们只要能学会希腊语和拉丁语就足够了。所谓科学和本国语一边喝茶一边说着话就能够学会。"他们就是这样一群偏见家。我怎么能把儿子培养成这样的学者呢？

我培养儿子的辨别能力、求知欲望以及对美术、文学等的欣赏能力，正是为了避免让他成为那种所谓的学者。

完美的人，应该是心胸宽广、富于献身精神、充满仁爱之心的人；完美的人，应该能够看到矛盾和缺陷，并立志去解决它。

我从卡尔很小的时候就去培养他辨别真伪善恶的能力。因为如果没有这种能力，知识将会显得苍白无力。

不能培养孩子辨别能力的学校，只能成为庸人汇集的场所。那样的学校只不过是一个个兜售学问的零售店，教员仅仅是其中的一个店员。尽管他们大多数都在尽职尽责地销售教育学、语言学、博物学等知识，但你从这些授课中丝毫感受不到创造力。

我时常告诫卡尔，一个人如果没有创造力，即便他能懂得全世界的各种语言，看完了世上所有的书，那也丝毫没有价值。

很多学校的管理者，他们只管制定出严格的规划，并以此准则培养了一大批中规中矩的人来。这样的学校只能培养出"平均"的人才，从他们之中很难发现有特点的人。这些学生和他们的老师一样，没有思想，也没有新颖的观点。

完全清一色的庸人，数量再多也没用。

我们应该记住，雅典时代希腊文明的伟大，是自由教育的结果；相反，拜占庭时代希腊文明的贫乏，正是清规戒律的结果。

对于儿子，我最大的愿望是让他成为对社会有所贡献的人，而不是那种只会读书的所谓学者，更不是所谓的一鸣惊人的神童。

我希望卡尔是一个完美的人，这比其他的都更加重要。

求知欲望强烈的孩子，思维活跃，爱提问题。正处于见到什么都想问"为什么"的时期。卡尔后来在追忆自己少年时代时有这样一段叙述："我在儿童时代喜欢仰观天象，并且喜欢追究天象的根源，当万里无云的时候，我总喜欢月亮。我每天晚上看月亮，竟看得发狂。有一次在月亮底下拼命追赶它，但终是徒劳。又有一次我登上桌子开窗，拿着一根手杖去敲月亮，但仍是落空！因此我向长辈发出许多疑问：月亮是活的吗？月儿生在哪儿？有的时候，我又要问：为什么只剩一半了呢？那半个哪儿去了呢？"孩子爱提问题，而好问才能真正学到知识，也能促进大脑的发展和思维能力的提高。孩子通过不断提出问题和探索问题的积极思维活动，促使了其大脑神经细胞的发育，提高了脑的功能，促进了智力的发展。

对事物强烈的求知欲，对事物的好奇心和探索是开启智慧之门的钥匙。许多大科学家的发明创造都起始于对事物的好奇和探索。总之，求知欲和探索精神是创造成功的开端和必要的条件，是儿童智力发展的内在动力。

我绝不剥夺儿子玩的权利

通过对儿子的教育，我发现玩对于孩子来说不仅仅是兴趣，更重要的是在玩的过程中可以逐步开发孩子的智力。

父母总是把孩子玩泥巴、玩水、玩沙、玩石子，看成是一种没出息、没教养的行为，认为这样的孩子成不了大器。这是一种错误的观念。孩子与成人不同，不可能像大人那样可以坐在那儿静静地思考问题，孩子必须在玩的过程中通过触摸事物，实际地摆弄和操作来认识世界。对孩子来说，周围的一切环境都是学习的对象，他们往往在各种活动中发展他们的智力。

只要有空，我就带儿子去参观所有的博物馆、美术馆、动物园、植物园、工厂、矿山、医院和保育院等，以开阔他的眼界，增加他的见识。在参观前，儿子都要先阅读大量有关的书籍以便大致了解，然后再通过自己的眼睛实地接触这些事物，获得了大量与直接感知相一致的信息与知识。在这时，儿子的脑子总是转动得特别快，心里充满着寻根究底的疑问。面对儿子源源不断的问题，我总是尽我所能给他说明和解释，并做到深入浅出，绝不敷衍。因为我知道，这样教授知识最自然而且有效。

只要能满足儿子的求知欲望和追求真理的精神，我绝不吝惜体力和金钱；为了向儿子公开魔术的秘密，我就曾不惜重金，请魔术师现身说法。类似这样的事情还非常多。儿子生长在内陆地区，但他总在书中看到对大海、大洋的描述。他很喜欢看这一类的书，在看了麦哲伦、哥伦布等航海家的传记以及《马可·波罗游记》这些书以后，他非常想去看看大海。于是，我就带他去了地中海海岸。平生第一次看到大海，儿子兴奋极了。我们在那里拾贝壳，采集海藻，拾水母和海星，等等。我对他讲述了这些

海洋生物以及海底生物的各种知识，他对神奇的海底世界十分向往。我们又在沙滩上做各种游戏，比如堆山、凿河、开湖、垒岬、修湾、筑岛和封岛等。

要使孩子形成地理概念，海边真是最有利的地方。我把地球仪带到海边，告诉他地中海就在这里，越过地中海就能到达非洲，非洲大陆的两边是太平洋和大西洋，越过太平洋就可以像马可·波罗那样到达中国，而越过大西洋就可以像哥伦布那样到达美洲。就这样，儿子逐步了解了地球的概念，学会了世界地理。

光参观还只是这类教育的一部分。每次参观归来，我还让儿子详细叙述见到过的一切，或者让他向母亲汇报。由于有这一功课要完成，儿子在参观中总是用心观察，认真听取我或者导游的介绍与讲解。这样一来效果就更为显著，儿子能记住更多的东西。

儿子3岁以后，我不再局限于哈勒地区，开始领着他到各方周游。5岁时，儿子就已经在我的陪伴下，几乎周游了德国的所有大城市。在旅途中，我们既登山，也去游览名胜；既去寻找古迹，也去凭吊古战场，还参观了无数的古堡、宫殿、园林、教堂。回到旅馆后，我就让儿子把所看到的一切写信告知他的母亲和熟人。回到家中，他还要向亲人们口头讲解旅途见闻和切身体会。

6岁时，儿子已经成了洛赫附近最见多识广的孩子。他的见识甚至超过很多大人。人们在地理、历史方面有什么想知道的都去问他，或者想听听其他地方奇闻轶事的，也会来找卡尔。后来儿子干脆写了一本游记，将自己旅途中的所见所闻全部写了下来，大家都看得津津有味。

儿子丰富的知识得益于他在玩的过程中通过接触实际环境的切身体会。通过各种玩乐，儿子不仅熟练地掌握了各种常识，也培养了不同于一般孩子的生活情趣。我从来不想把儿子培养成所谓的学者，他们只懂得自己的一点专业，为了显示他们有高人一等的学识，不论对谁，走到哪里，总是一味卖弄他们的专业，不管人家是否愿意。对于专业以外的东西，他们一概不知，也毫无兴趣。比如，他们非常缺乏常识，就像一些不食人间烟火的人。他们对时事等问题发表的拙劣看法，时常成为人们的笑柄。

带有偏见的人们认为我儿子除了坐在书桌前面，其他什么也不干。他们甚至认为，他可能除了学究式的知识外，还会点外语，其他就一概不懂了。

但是，了解我儿子的人都知道，他坐在书桌前的时间比任何一个少年都少。事实上，他把大量的时间尽情地花费在了玩耍和运动上，是一个非常健康活泼的孩子。

抓住儿子的兴趣教儿子学习

诸位一定想知道我到底使用了怎样独特的教育方法，才能使孩子能这样既轻松愉快又学到如此丰富的知识。其实很简单，我的教育秘诀在于：唤起孩子的兴趣和让孩子提出问题。

可以说，发展智力的关键就是激发孩子的兴趣。一种是从孩子乐意接受的方式着手，使他产生了解这一事物的兴趣，然后因势利导地教给他相应的知识。还有一种则是用问题来引起孩子的好奇心，当他迫切想要知道问题真实的答案时，他就必定会自觉了解更多有关这一问题的知识并有意识地加以分析判断。这时，若再辅以父母的点拨，孩子就能既提高分析判断事物的能力，也增加了在该问题方面的相关知识。

在教儿子认字时我就采用了这一套方法。

首先，为了唤起儿子识字的兴趣，我施用了一些小孩还无法识破的小伎俩，我给儿子买来很多儿童书和画册，非常有趣地讲给他听，用一些带鼓励的话语来激发他幼小的心灵，像"如果你能认字，这些书你都能明白"之类的话语。有时，我则干脆就不讲给他听，故意对他说："这个画上的故事非常有趣，可爸爸现在很忙，没有工夫给你讲。"这样一来，反而激发和唤起了儿子一定要识字的想法和心愿。待到他有了这种强烈的认字欲望以后，我这才开始教他识字。

接着，我就用前面用的那种方法教他。我先去打字行，买来10厘米见方的德语字母印刷体铅字、罗马字母和阿拉伯数字各10套，再把这些字都贴到10厘米见方的小板上，以游戏的形式教学。先从元音教起，接着以"拼音游戏"的形式在玩耍中教儿子组字。具体教法是这样：首先用画册让他看猫的画，同时教"猫"这个词的拼法，然后指着墙壁上的词，反复发"猫"的音给他听。接着从文字盒中选出组成这个词的所有字母，用这些字母拼写出"猫"这个词。当然，这些游戏都是由我和儿子一道以游戏的方式进行的。在儿子学习时，我在旁边给他以表扬和鼓励，而且要学会这些单词也让他适度地、循序渐进地反复练习了好几天。

我还制作了许多小卡片，在上面我画上憨态可掬的小动物、房子、树木等，在画面下标出名称。我把这些卡片贴在餐厅、厨房、客厅和儿子卧室的墙壁上，让儿子可以常常看到，以加深印象。我们还常常利用这些卡片和儿子做游戏、编故事。每次出外散步，不论看到什么，马车、教堂、河流等，我看到什么就要儿子说出该怎么念，怎么拼。这些方法很有效，儿子认识的字越来越多。

儿子很快就学会了读，也就是说，他在没有学习所谓读法之前就掌握了读法。而一掌握了读法，他就能掌握更多的词汇，再加上他学的是标准德语，所以他很容易就能读书了。

儿子长到三四岁时，我每天早晨开饭前都要带他出去散步一两个小时。但是这不只是四处走走，而是一边谈话，一边散步。比如我总要抓住几个有趣的问题，讲给儿子听。他的思维活跃，想象力也特别丰富，能够顺着我的话音，一会儿谈航海去印度和中国；一会儿逆尼罗河而上；一会儿到白雪皑皑的北极探险；一会儿又在芳香浓郁的锡兰森林中徘徊。有时，还追溯到几千年以前，跟随斯巴达人攻打特洛伊城；有时坐在奥德修斯的船上，在未知的海洋上远航；有时又跟随亚历山大的军队远征西洋。儿子的地理与历史知识就是在散步中打下了基础。可以说，除了带孩子在实地的旅游中增加孩子的各种见闻，通过接触实际环境来增加儿子的知识之外，儿子的地理和历史知识更多地是来自这段时间。在清晨清新的空气中，儿子无论学习什么都趣味盎然。

更多的时候我们走在植物繁茂的山间小道上，不时从草丛里挺出一些不知名的野花。我顺手掐起一朵野花，叫道："小子，快过来，我们一起看看这朵花。"儿子好奇地凑近。我一边解剖这朵花，一边向他讲解花的生长特点和作用。我告诉他："这是花瓣，这是花蕊、花萼，还有随风飘洒的花粉，没有它，花儿最后便结不出果实……"有时草丛中会突如其来地蹦出一只蚱蜢，我眼疾手快地一把逮住它。这时候，我们两个就蹲下来，头碰头一起研究这只昆虫。我会把蚱蜢的身体结构、习性、繁殖等知识尽可能

地传授给儿子。就这样，我通过一块石头、一草一木等实用素材来对儿子进行最生动的教育，这比学校里那些死板僵化的动植物课程直观多了。

其实，只要有心，自然界的一草一木都可以随时成为教育的素材，自然界新诞生的一切都可以成为孩子认识与注意的对象。世界再没有比大自然更好的教师了，它能教给人无穷无尽的知识。可是，非常遗憾，大多数的父母和孩子却未能好好利用它。

每逢节日，我都要带儿子到田野里去，摘下一朵花，拔下一棵草，窥视小鸟的窝，观察小虫的生活状况，等等。我利用这些实物向儿子讲述各种有趣的故事，涉及动物学、植物学、矿物学、物理学、化学、地质学、天文学等几乎所有的科学领域。卡尔非常喜欢植物，采集的标本堆积如山，他还用显微镜观察各种东西，同时，还写出有关各种事物的极其有趣的散文。

开始时他非常害怕青虫。自从告诉他青虫会变成美丽的蝴蝶后，就不害怕了。我还向他讲述蚂蚁和蜜蜂的生活规律，卡尔对它们的集体生活很感兴趣，专心研究了黄蜂和蜜蜂的生活，写了一篇不错的论文。

在用写有字母的小木板和做游戏的方式教会儿子拼音后，我又开始教他拼写。由于孩子什么都要模仿大人，当儿子也模仿我要用笔时，我就知道儿子对用笔写字产生了兴趣。我便抓住这一机会，教他写字。因此，我努力教会儿子使用笔的方法。孩子刚开始用笔时是笨手笨脚的，甚至要打翻墨水瓶，我往往因此而不耐烦。一段时间后，我的耐心终于有效，孩子很快就学会了。

卡尔第一次提出要用笔写字时，我没给他，而是给的炭笔，并鼓励他好好写出自己的名字。他将名字写出后，他母亲看了大吃一惊。卡尔看到这个效果也非常高兴，拼命练习写字，这说明雄心大志对于孩子来说是一种极大的力量。经过几天的努力，他终于能够以漂亮的笔法写出自己的名字。那时他才4岁。儿子5岁时，有一次我们全家出外旅行住旅馆，我让他自己在登记簿上签名，这让旅馆老板惊讶不已。

儿子刚一学会简单的句子，我就让他天天写日记。这样，卡尔从4岁开始就能记日记了。每当下雨刮风不能在室外玩时，他就拿出日记，回想幼年时代的情景，感到很有乐趣。

很多时候，我都纳闷孩子在丝毫没有兴趣的情况下学习能否坚持下去。"去学习"，有很多父母认为，这种唠唠叨叨的催促就是教育。在我看来，这种方法可以称为"怎样才能培养不出能力"的方法。

如果受到责备，孩子们就会去做他们不喜欢做的事情。但是，如果他们没有做这件事情的兴趣，他们的能力也就得不到培养。相反，如果一个孩子有做某件事情的兴趣，他就会进而培养出这种能力。他的生命力将释放出来，并把这种能力变成自己生活的一部分。

培养植物也是这个道理。真正的园丁知道，一粒种子需要足够的肥料、阳光和水分才能发芽。如果你只是把一粒种子放在手心里，然后大声对它喊："发芽！发芽！发芽！"那么你对这粒种子也太残酷了。种子只有在适当的条件下才会发芽。

但是，成年人往往都是这么做的。我经常对母亲们说："孩子们多听话啊！相比较之下，成年人实在太残忍了。尽管心怀不满，孩子们还是坚持每天读书、学习，直到慢慢地学会为止。但是，如果成年人心怀不满会怎样？如果你们受到同样的责备，你们会转过身去，用责备的语气回击。而孩子们尽管受到责备，还是照样去做。你们为什么不能让他们快乐地去做一件事呢？"

如果父母懂得适时地抓住孩子的兴趣，孩子的生活也会跟着变的。这样他就能选择释放出自己的生命力，更加茁壮地成长。

记忆力、想象力和创造力发展并重

我在前面做了那么多,都是为了能尽早开发儿子的记忆力、想象力和创造力。儿子今后取得成就与否,跟这三方面都有重大关系。但是对孩子切忌进行机械的训练,那样不会有任何效果,而应该采取一些灵活有趣的办法。

一位科学家说过:一切智慧的根源在于记忆。

早期教育可以使记忆力发展的时间大大提前。尤其是婴儿时期,每天重复输入相同的词汇,不断地刺激孩子大脑里的词汇库,可以促使孩子的记忆力迅速发展。

抓住孩子智力发展的关键时期提高孩子的记忆力也十分重要。

在我们采用"硬灌"教育法让孩子记住大量语言词汇、刺激其记忆力的发展以后,就可以开始让他逐步接触文学、历史等方面的知识了。这时候,拓展孩子记忆的内容固然是重要的,但更为重要的是使孩子掌握一些行之有效的记忆方法,并使之融会贯通到他的意识深处。

为了使儿子牢记神话中的故事,我常常把有关内容编写在纸牌上。后来教他各国的历史时,也采用了同样的方法。这一方法概括起来就是,起初用讲故事的方法教,而后把它们编成纸牌,采用游戏的方式教。有时我们还一起读一本有趣的书,并写出要点。

儿子很小时就把各种事情写成韵文来记忆,因为韵文比散文容易记。在儿子8岁时,我曾用骸骨教他生理学。一次,他趁我外出旅行之机,就用韵文写下了已记住的骨、筋肉和内脏的名称。我回来时,大为惊奇。

对历史上事件的教育,我多在儿子读过之后再用戏剧形式演出,这样就容易记住了。而学校教的历史课,完全是照搬年代表,味同嚼蜡,毫无趣味，学生厌恶它，从而根本记不住也就是理所当然的了。

想象力是孩子自然生成的一种最重要的能力，当他们幼小的心灵对世界不能充分了解的时候，想象力便帮助他们寻找答案。想象力使他们的思维丝毫也不被陈规陋习所约束和局限，而延伸到人类理性认知难以触及的各个角落。倘若想象力不随着孩子的成长而泯灭的话，那么在那些健康适当的个性中它就会表现为纷沓而来的灵感和自由、发散的思维特征，为创造力提供动力，并成为诗歌、小说、建筑、雕刻艺术乃至数学、物理、化学等各种学科革新的源泉。

然而，可惜的是，由于教育失当，许多孩子的想象力没有得到合理开发，甚至被扼杀，致使大批孩子在经历了一小段彩色人生后，很快就被大人们僵硬、单调、枯燥的生活方式和思维方式所笼罩，而逐渐丧失掉因想象力带来的无尽乐趣和创造力。

有些父母对孩子表现出的想象力不屑甚至不满，是因为他们不懂得想象力的重要性，他们的想象力在童年时被扼杀了，现在他们如法炮制，来扼杀孩子的想象力。他们会说："想象就是不切实际、胡思乱想，与其让孩子不切实际地幻想，那还不如让他多学习一个单词。"

我们的幸福有一半以上靠的是想象。不会想象的人是不会懂得真正的幸福的。贝鲁泰斯曾说过："想象是人生的肉，若没有想象，人生只不过是一堆骸骨。"

那种没有风趣的人干什么都只论事实，排斥想象。他们甚至把圣诞老人和仙女从家里撵走。他们这种干巴巴的生活态度也传染到对孩子的教育中。他们认为，历史上的传说和不合情理的儿歌对儿童有害无益，他们更不懂得传说和儿歌能够陶冶孩子的品德。事实上，即使大人的生活，没有想象也是无趣的，何况孩子们！因此，从家庭里撵走圣诞老人和仙女，就如同撵走伴侣和抛弃玩具一样，对孩子来说是残酷无情的。何况，孩子之所以懂得爱惜鸟兽，具备了有关道德的一些初步知识，从小就立志要具有远大的理想，都是受传说和儿歌的影响所致。

如果一个人在小时候想象力得不到发展，那么他非但不能成为诗人、小说家、雕刻家、画家，而且也成不了建筑家、科学家、数学家、法学家。尽管有人认为当数学家和科学家用不着想象，但这是不符合事实的。想象对于任何人都是必要的。

因此，凡是年幼时充分发展了想象力的人，当他遭到不幸时也会感到幸福，当他陷于贫困时也会感到快活。

有人认为神话没有任何价值，予以排斥，但我却非常欢迎它们。据我观察，同样是眺望天空的星星，懂得神话的孩子的感触和不懂神话的孩子就完全不一样。另外，由于孩子缺乏社会生活经验，不懂得善恶的区分，为了让他们分清善恶，最好的方法就是给他们讲述传说和儿歌。

我的家中从不排斥仙女，我经常给儿子讲传说和唱儿歌，使他知道大自然是仙女居住的可爱世界。因此，他从小就爱大自然。同时，他还从传说和儿歌中学到了许多优秀的道德和品质，如正直、亲切、勇敢、克己等。

为了发展儿子的想象力，我不仅向他讲述已有的传说和儿歌，还讲述自编的故事，进而让他自己讲述自编的故事，并鼓励他把故事写成文章。

有的父母因不了解孩子们的想象世界，当孩子用木片和纸盒建造城市、宫殿玩时，他们为了收拾屋子，就往往不跟孩子打招呼就破坏了孩子的游戏。这就无情地摧毁了孩子的精神世界。

这一举动的严重性在于，这不仅剥夺了孩子的幸福和游戏的欢乐，而且有碍孩子将来成为诗人、学者、发明家……父母在教育中往往因为轻率的举动而毁掉天才。

在创造力方面我鼓励儿子多动手、多思考、多提问题。不论儿子提出什么样的问题，我都耐心地给予解答。

在儿子1岁多时，如果拿着某种材料或玩具聚精会神地玩，而不是拿起来就扔掉，我们就及时夸奖他，并和他一起，启发他尽兴地玩。如果儿子用了一种出人意料的方法玩玩具，我们不光夸奖他，还要鼓励他多想出几种方法来。

儿子2岁时，他母亲每天像上课一样讲故事给他听。他母亲还有一套吸引他不断听下去的办法，就像报纸上连载小说那样，每天讲到"且听下回分解"的地方就打住，下面的故事情节则让儿子自己去想象创造。儿子不得不为此而挖空心思，并对可能的情节做出各种猜想。第二天，他母亲在讲故事前，先让儿子说他是怎么想的，然后才接着讲。如果儿子自己猜中了，我们就高兴地欢呼。如果儿子没猜中，他母亲就夸奖说："哎呀，我儿子编得比故事本身还好呢！"儿子的创造力就在这种训练中不断培养起来。

不论是培养卡尔的记忆力，还是培养他的想象力，在这些过程中，都无法忽略思维在其中的存在和作用。关于这一点，我在教育小卡尔以及在卡尔上大学之后，我更加相信了。

思维是认识活动的核心，它参与到其他的智力因素之中，使其他智力因素更加具有理解性、概括性和深刻性。例如，孩子的观察活动，在幼儿年龄尚小时，由于没有思维参与，观察得很肤浅，只能把看到的表面特征堆积起来，缺乏理解和概括。年龄大的孩子的观察，有思维参与，就能将观察到的表面特征概括起来，进行理解，找出内部联系，使观察深刻化。

其实，心理学家早就认为人的智能结构一般是由观察力、记忆力、注意力、想象力、思维力、语言表达力以及动手操作能力构成，而其中思维能力则是智能活动的核心。

思维是人脑对客观事物概括的和间接的反映。在日常生活中可多次看到：在太阳照射的地面上洒水，水一会儿就干；洗好的衣服经太阳一晒，

也会变干；火炉上烧水，不仅水开了冒气，时间长了还会烧干。在这些经验的基础上，通过思维就能够概括地认识到水经加热之后的变化，即水加热到一定温度就会蒸发。所谓间接的反映，就是以其他事物为媒介，借助于已有的知识、经验来反映客观事物。比如，虽然未看见雨滴、未听到雨声，但早晨起来见房顶、地面潮湿，就能推知昨晚下过雨。

应该说，思维是人的高级认识活动。通过思维，人们可以认识感知所不能直接反映的事物，能透过现象看本质，掌握事物之间的规律性联系，并可借助于一事物了解其他事物，间接地预见和推知事物的发展。卡尔3岁时，有一次拿起笔在一个新本子上横七竖八地画起来：2-2=0，4-4=0，13-13=0，16-16=0。在好端端的本子上乱画一通，但卡尔兴冲冲地说："妈妈，同数相减等于零。"这一举动使我和他妈妈大为震惊和高兴。

思维超常的孩子还常常表现出良好的思维品质。卡尔2岁前就表现了思维的独立性。在玩积木时，每次均是花样翻新，5岁时造句从不抄袭老师示范的句式，在听过老师的解题方法之后，常常会试着用另一种方法去解题。所以，尽管他解题的结果有时与别人不相同，而解题的思路、方法、步骤却有其独到之处，而且思维的逻辑性十分出色。可见，发展孩子的思维能力十分重要。那么，如何掌握好孩子的思维特点呢？

父母们必须清楚孩子的思维与成人大不相同，孩子的思维活动一开始是以实物和活动为基础的，思维在具体的感知和行动中进行。孩子看见了布娃娃才会想起用布娃娃做游戏。如果妈妈拿走了布娃娃，孩子的思维也随着布娃娃一同消失了。当抱着心爱的布娃娃做游戏的时候，倘若没有看见奶瓶、小勺、小碗，他就绝不会想到给布娃娃"喂饭""喝水"。生活中还常常发生这样的现象：当你给孩子一套积木，要求他先想好怎样搭以后再开始玩时，孩子却愤愤不平地抗议："我不要想，我要搭！"当一块块积木累积堆高了，孩子会高兴地叫起来："啊，房子！我在造房子！"这种现象很正常，因为孩子不会先想好再行动，而只能是一边行动一边想，一旦动作停止或转移，思维活动也就停止或转移了。这种直觉行动思维的典型特征正是人类思维的初级形态，一般发生在3岁左右的孩子身上。

当长到了3岁以后，孩子的具体形象思维逐步发展起来。这一特点在5岁左右的孩子身上表现得尤为突出。这种思维主要是依靠具体形象和已有的表象来进行。当孩子思考"3+4=？"时，其头脑中思考的必然是"3根香蕉加4个苹果"或"3颗糖加4颗糖"。孩子6~7岁时，随着语言的发展和知识经验的增长，开始在孩子的大脑中出现抽象逻辑思维的萌芽，也就是说开始依靠概念、判断和推理进行思维了。最明显的表现是，他们对事物的了解不仅停留在现象上，而且常常是"追根究底"，提出的问题涉及事物的本质或事物之间的相互联系。卡尔有时会问："星星为什么不从夜空中掉下来？""下雨前蚂蚁为什么要搬家？"令人难以招架；此外，卡尔还能结合生活中的一些具体实例，理解和掌握"勇敢""认真""团结友爱""互相帮助"等一些抽象概念。当卡尔不慎重重地跌了一跤，他会强忍疼痛，竭力装得若无其事的样子，嘴里自我标榜："我很勇敢，我才不怕疼呢！"那副天真的模样让我忍俊不禁。

如何教儿子学习外语

对儿子的语言、识字教育都取得了成功，但我并不满足，我早已决心让儿子尽可能早地打下学会一门主要外语的基础。因为教给孩子多种语言，有利于孩子正确地理解词义和进行思考。从先易后难的原则出发，我决定让儿子在掌握本国语读法的基础上，学习相近的外国语。

孩子语言潜能无限

卡尔刚8岁，他已经能够读荷马、波鲁塔柯、威吉尔、西塞罗、奥夏、芬隆、弗罗里昂、裴塔斯塔济、席勒等德国、法国、意大利、希腊、罗马、英国6种语言的文学家的作品了。

一般人都畏惧学习外国语，会6国语言，这对他们来说是需要花上一辈子的精力才能完成的事。卡尔在这么小的年纪，用这么短的时间就做到了，这里面有什么秘诀吗？并没有什么秘诀，只是我在教授儿子外国语的过程中总结出了一些经验。

让他的耳边洋话连篇

学外语首先多用"耳"，以拉丁语为例。拉丁语是学生们的一项重要基本功，要想研究学习就离不开它。而且一旦学会拉丁语，就容易学会法语、西班牙语、意大利语。但学生们差不多都讨厌拉丁语。在我看来，之所以出现这种情况，是由于他们没有打下学习拉丁语的基础。鉴于此，我认为有必要尽早开始给儿子打好学习拉丁语的基础。

因此，在儿子的摇篮时期，我就开始教他拉丁语。

诸位一定认为我的说法前后矛盾，同时也奇怪我如何能够教导一个躺在摇篮里，除了吃和睡，什么也不懂的婴儿。其实很简单，就是让他听。由于婴儿善于用耳而不善于用目，所以我就利用听的办法教儿子拉丁语。

每当儿子睡醒以后情绪比较好的时候，我就用清晰而缓慢的语调对他朗诵威吉尔的《艾丽绮斯》，这是一部出色的叙事诗，同时也是一首极好的摇篮曲，儿子非常喜欢，每每听着听着就入睡了。因为有这样好的基础，所以儿子学习拉丁语时感到很轻松，并且很快就能背诵《艾丽绮斯》。

学生们之所以讨厌拉丁语，完全是学校里的那种用图表和规则教拉丁语的方法所致。这种机械的方法是应该受到批评的。有一次，卡尔同某位教拉丁语的教师交谈，结果那位教师一点都听不懂，而卡尔当时仅仅8岁而已。学校教拉丁语的弊病是，学过拉丁语的人只能看书却不会说话。

多实践比背诵更易掌握外语

我从不系统地教授语法，因为即使教给孩子语法，孩子也不会懂的。诚然，对大人来说以语法为纲来学习外语是有效的。但是对孩子则必须采用"与其背莫如练"的方法。因为，任何一个孩子，不都是用这样的方法学会了本国语言的吗？

教语言时，通俗易懂的诗最易于记忆，所以我总是先教些诗歌，使儿子熟悉这种语言的感觉。掌握了一些基本的东西后，我就要求儿子运用到日常生活中来。一旦教哪种语言，我平时就用这种语言跟他交谈。儿子若是遇上不会表达的地方，用德语跟我说话，我就不理会他，逼他自己想出表达的办法来。同时，我还要求他看所学语言的书籍，因为要学好一种语言的最好办法就是看懂该种语言的书，任何语言最精华的部分都在书里。遇上不懂的单词时，我就让他自己去查词典。由于开始儿子只学了一些常见的单词，因此频繁地查词典，后来查词典的次数越来越少，就表明他已经掌握那种语言了。

多与外国人交流

此外，我还鼓励儿子与外国孩子通信，起初是和一些外国朋友的孩子，后来范围渐渐扩大，到学习希腊语时，他开始给一个希腊孩子写信，不久，从希腊就来了回信，儿子高兴极了。从此，他对希腊很感兴趣，便读了许多有关希腊的书。接着他又和意大利、英国的孩子通信了。他对这些国家也很感兴趣，还兴致勃勃地研究起他们的地理和风俗习惯。就在通信的一来一往中，儿子的外国语长进了不少。

从与母语相近的语言学起

在儿子能用德语自由地阅读后，我又马上开始教他学法语，那时他才

6岁。由于运用了恰当的方法，只花了一年的时间，卡尔就能用法语自由阅读各种法文书籍了。当然，他之所以学得这样快，首先还是因为他的德语知识非常丰富。卡尔学完法语后，又马上开始学意大利语，只用了6个月的时间就学会了。这时我认为，可以教他拉丁语了。

学校里一般都规定学习外国语必须首先从拉丁语学起。但我觉得这样做过于勉强，只有从与德语最相近的法语开始学起才是合乎逻辑的，所以就采取了先易后难的顺序。学拉丁语对于十几岁的孩子来说也是相当难的，被视为所谓头痛的语言。因此，我是经过了相当的准备以后才开始教他的。为了提高儿子的兴趣，在教拉丁语之前，我先把威吉尔《艾丽绮斯》的故事情节、高超的思想、漂亮的文体等讲给他听。我还对儿子讲，如果要想成为一个卓越的学者，就一定要学好拉丁语。儿子的好胜心被激发起来了。

在他7岁时，我常常带他去参加莱比锡音乐会。有一次在中间休息时，儿子看看印有歌剧歌词的小册子对我说："爸爸，这既不是法语也不是意大利语，这是拉丁语。"我趁机启发他："不错，那么你想想看，它是什么意思。"儿子从法语和意大利语类推，基本明白了大意。他高兴地说："爸爸，如果拉丁语这么容易，我很想早点儿学。"

到这时我觉得条件已经成熟，才开始教他拉丁语，只用了9个月的时间卡尔就学会了。

然后，卡尔开始学英语，学完英语又学希腊语，前者用了3个月，后者用了6个月。

儿子学希腊语比较有意思，整个过程基本上就是一个阅读巨著的过程。他学希腊语是从背诵常见的单词开始的。我为他做了希腊单词的德译卡片，他首先从这些卡片中学会了常见的单词。

掌握了一些单词后，他立即转入译读。最初，他读的是《伊索寓言》，接着又读了色诺芬著的《从军记》。同教授其他几种语言一样，我并不系统地讲授语法，只是随时教他必要的东西。

当我工作的时候，我让儿子坐在自己桌子的旁边学习。当时德国只有希腊拉丁词典，没有希德词典。所以，儿子在学希腊语时，不得不一个单词一个单词来问我。虽然工作很忙，但我对儿子的提问，从不发脾气，一面耐心地教，一面从事自己的工作。

这样一路学下来，卡尔又读了希罗多德的历史学巨著，色诺芬著的《宝典》《苏格拉底言行录》，提奥奇尼斯和莱尔丘斯著的《哲学家列传》以及洛西昂的著作等。他7岁时，读了柏拉图的《对话集》。但是，他告诉我说《对话集》的内容没有看懂。

用不同的语言去读同一个故事

读过一遍小说，就不想再看了，而儿子却乐意反复多次地听相同的一个故事。我抓住这一秘诀，在教外国语时，让儿子用各种不同的语言去读同一个故事。比如，在读安徒生童话时，既让他用德语读，又让他用法语、意大利语、拉丁语、英语和希腊语读。这一方法行之有效，儿子将各种语言融会贯通，学习起来又轻松又快捷。

弄清词源

要学好外语，弄清词源是很有益的。为此，我让儿子从小就这样做，并写了好几本笔记。比如，为了记住某一个拉丁语单词时，我总让儿子去调查由此产生出了哪些现代词，并把结果记在笔记本上。这样，他既学会了那个拉丁语单词，又记住了由此派生的现代词，对语言发展变化的规律也有了直观的认识，可谓一举多得。

好玩才能学得好

我要在这里再次提醒父母们，孩子学习语言的能力是惊人的，关键在于是否运用了最有效的教学方法。我认为，最有效的办法是在学习中与孩子做各种游戏。

在儿子刚学会说英语时，我就把"您早"这句话用十三国语言教他，儿子很快就学会了。而且学习方法也很有趣，每天早起，我让儿子对着代表13个国家的13个玩具娃娃，用各国的语言说"您早"。根据孩子爱玩、好动的特点，我和他利用语言做各种游戏，比如讲故事、说歌谣、猜谜语、比赛组词造句、编动作说谚语、编故事等。如此生动地学习，卡尔怎么会学不好呢？

幼儿学外语应该及早，我认为，越早越好。因为在0~3岁时期，幼儿属于学习语言的零困难期，就是说无论多么拗口的语言，无论多么复杂的发音，他都毫不困难地能够掌握。由于这一时期幼儿的语言属于全盘吸收的阶段，家长输入多少原料，他可以照单全收，所以，应该尽可能多地跟他讲外语。有人认为，小孩外语学多了，会跟母语混淆。这是没有根据的。

绝不使用填鸭式教育

　　传统教育最大的弊端就是一味采用"填鸭式"教学法。这种灌输式教育就像给树浇水，只浇到树叶上，根本就没有浇及根部，树木怎么吸收得到水分呢？在一股脑儿的知识灌输中，学生的感知功能因而丧失殆尽，所接受的只是大量抽象的原理与公式，完全没有真正理解。就好比全家人喂养一只宠物，大家争先恐后地喂它，只好将它的嘴撑开，像填鸭一样把食物一股脑儿送进它的嘴里。这样使孩子既难受，又学不到任何有用的东西，成为只会背诵公式和定理的庸才。显然，这是用知识积累代替了智力发展，而实际上后者要远比前者重要。

　　若要真正做到发展孩子的智力而不仅仅把它变成越来越厚的字典，就要从唤起孩子的兴趣做起。

　　为了做到这一点，我从不对儿子进行系统性的教育，从小事先告诉他哪是植物学上的问题、哪是动物学上的问题等，或是先按照课本教给他一些基础知识。不，这些都与儿童的学习习惯不符，我绝不这样做。只要在散步时儿子对某种事物引起注意，我就教给他相应的知识。因此，当儿子后来阅读动物学和植物学的书籍时，他已对书上的内容并不感到生疏，而且很容易理解了。以我教他画地图为例。本来由于没有地理方面的知识，孩子是很难理解地图的概念的。但我从儿子很小的时候就带他到各个地方周游，尽管儿子没有系统地学习过书上的地理知识，但旅途中掌握的各种常识和每天早晨散步时打下的地理基础使儿子对地理课本上的东西并不陌生。只是我并没有局限于让儿子从地理书中形成这个概念。我的方法是，对儿子的地理教育一定要让他身临其境，这样可以对地理的概念有一个直观生动的认识。

第四章 教育孩子需要正确的方法

那时,我有空就带着儿子到周围村庄去散步,叫他注意观察不同的地形、地貌、河流的走向、森林的分布等。为了有个全面的了解,我们走遍了方圆几百里几乎全部的区域。儿子对这种边学边玩的远足很有兴趣,从不叫苦叫累,晚上回家时,他还要把当天的所见所闻一一向他母亲报告一遍,对地理环境的描述都相当准确。

这样实地勘察了一段时间,等到对邻村的情况有了基本的了解之后,我就让儿子拿着笔和纸登上我们村里的一个高塔。在塔上瞩目远眺,走过的地方一一呈现眼底,我还适时地向儿子提问有关周围的地名,他不知道的地方就给他说明。对全貌有了了解后,我就要求儿子画出周围的地理略图。因为准备工作做得比较充分,他画出的略图大致准确。然后,我又带着他循原路去散步,一边走一边记,在略图上添上道路、森林、河流、丘陵等。就这样,邻村的地图便画出来了。

待到这些工作做完以后,我们俩还去书店买来这个地方的地图,把自己画的与书上的地图进行比较,并对有误之处做出修改,最后儿子得到了他平生第一次由他自己制作的地图。我妻子很骄傲,将地图镶在镜框里,挂在客厅墙上,唬住了不少客人,他们都不相信这么精细的地图出自一个5岁孩子之手。

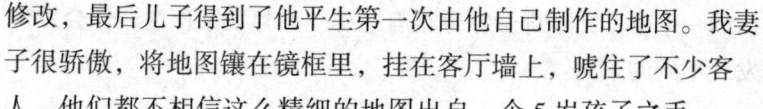

就这样，我循序渐进地教给了儿子难以理解的地图概念。并且制作地图还成了儿子的一大爱好，他以后不论去哪儿旅行，都要亲手制作当地的地图。

在教会了儿子动物学、植物学和地理学的一些基本知识后，我又用同样的方法教会了儿子物理学、化学和数学。天文学则是拜托梅泽堡的一个贵族塞肯得罗夫教的。之前，为了使儿子对天文学有兴趣，我让他多看神话书，同时带他去天文台，用望远镜观看天体，还和一些天文学者交上了朋友。他们告诉我儿子，天文学有多么奇妙有趣，鼓励他好好学习它。

儿子从四五岁的时候就开始注意天上的星星，这是他很自然的好奇心。我发现了这一点，开始给他讲天上的星星是怎么回事，并给他买一些有关天文的读物。再大一些的时候，我们就帮助他一起做自己的天文望远镜，我们买了图纸，订购了镜片什么的，就照着图纸一起做。第一个很简陋，但是我们都很兴奋，尤其是卡尔。之后，他就经常用来观察夜空，我们还要他记下每一次的观察结果。当然这只是业余的，但是我想他喜欢这个。在以后的一生中，儿子都会觉得很有意思。而且观察夜空，你会发现很多平时发现不到的东西。

第五章
给孩子游戏和成长的空间

chapter 5

> 游戏是人在儿童阶段中最纯洁的、最神圣的活动。游戏给人快乐、自由、满足，内心和生活的平静与整个世界的安宁。一个能够痛快地、有着自动的决心坚决地玩游戏、直到身体疲劳为止的儿童，必然会成为一个完全的、有决心的人。

我用游戏的方式教育儿子

游戏是动物的本能，所有动物都喜欢游戏。小猫戏弄老猫的尾巴，小狗和大狗互相咬架，这是为什么呢？根据动物学家的研究，小猫戏弄老猫的尾巴，是为了发展它将来捕捉老鼠的能力；而小狗和老狗互咬也是为了发展它将来能咬死野兽的能力。显然，动物训练下一代是在游戏中进行的。

我对儿子的教育几乎都是采用游戏的方式进行的。首先，当他满6个月时，我就在他的房间四壁大约1米高的地方贴上厚厚的白纸，白纸上贴上用红纸剪下的文字和数字。在白纸的另一块地方，有秩序地贴上简单的单词，如：猫、狗、老鼠、肥猪、兔子、帽子、席子、桌子、椅子等。请注意，这些单词都是名词。在另一处并列贴上从1到10的10行数字，在某处画上乐谱图。

因为婴儿的听觉比视觉发达，我决心对儿子从听觉入手教ABC。当我指出ABC字母时，我妻子就像唱歌似的唱给儿子听。当然，因为卡尔毕竟只是6个月大的婴儿，所以，他的感觉就像听耳边风似的。但我们不泄气，天天给他听，给他看。终于奏效了，儿子对字母有了深刻的印象，这使他后来学认字时非常轻松就学会了。

我通过游戏训练他的正确发音，让他准确地说出一些常见的同义词、反义词，很快地丰富词汇。像"动物怎么叫"，或让他"指出相同颜色的物品""说出正反词"等就是属于这类语言训练的游戏。

儿子的注意力、观察力、记忆力、想象力、操作能力都是通过游戏玩出来的。智力游戏就是这种玩的重要方式。

在对卡尔的教育里，我将知识融入他的游戏之中，把着眼点放在认识事物、传授和巩固知识上。儿子通过这些游戏，自然会加深对事物的认识、了解,并且巩固这方面的知识。像"哪儿错了?""什么动物吃什么?"等就属于这种情况。有一次,我把儿子带到豚鼠笼边,事先准备了奶酪、糖果和生菜,接着,我问儿子:"豚鼠喜欢吃什么?"儿子也不能确定,于是就自己把几样食物放进笼子里面,过了一会,儿子兴奋地得出了答案:"它喜欢吃生菜。"这个答案就是儿子自己发现的。我又问儿子:"豚鼠是看到生菜,还是嗅到的,还是听到的呢?"儿子摇头说不知道。我就让儿子把生菜嚼得"嘎吱嘎吱"响,可是豚鼠根本没有反应。我又让儿子把绿纸和生菜放在一起,但豚鼠还是辨别出了真正的生菜,于是结论是豚鼠是嗅到的。

如果我问儿子:"豚鼠喜欢吃什么?"儿子不知道,然后我念:"豚鼠吃生菜",儿子也跟着念三遍,儿子恐怕连豚鼠是什么样子都不知道,又怎么可能巩固和深化学到的知识呢?

有的游戏,我让儿子看清楚桌子上盘里放的东西,然后让他闭眼睛或用遮盖物盖住东西,悄悄地取走或调换物品,再让孩子仔细观察,说出取走或调换的物品。问他"什么东西不见了""什么东西变了"等。这类游戏能够训练和发展孩子的观察力、注意力、记忆力和思维能力。

有时我会让儿子闭上眼睛,让他仔细听我击掌、敲桌子等,然后叫他说出敲、击的数目。以这样的方法来训练他的注意力、记忆力和观察力。

我和儿子玩这些可以开发智力的游戏时,多从他的角度出发,从不急于求成。因为我知道,如果去做一些儿子不能接受的事,往往会得不偿失。

为巩固儿子的观察力,我经常和他玩"注意看"的游戏。游戏是这样的:

我用一只手抓住五六根彩色的带子在他眼前一晃而过,并问他有几根。开始时,我在他眼前晃过的速度比较慢,让他有足够的时间注意看它们,后来,速度越来越快,到最后,这个动作只是眨眼间的事。由于我对他循序渐进地训练,起初他还不能完全判断准确,但在后来他十有八九都能说对。

这种游戏,往往是我和他一起玩的。如果他说对了,就由他来考我。最初他输的时候比较多,可到了后来,输的便总是我了。每当这时,我的童心大起,并开始责怪我自己的父亲,为什么他在我小时候不这样训练我呢;否则的话,我也不会常常输给儿子了。

有一次,我手中拿着8根带子。由于数量较多,开始时儿子总是说不

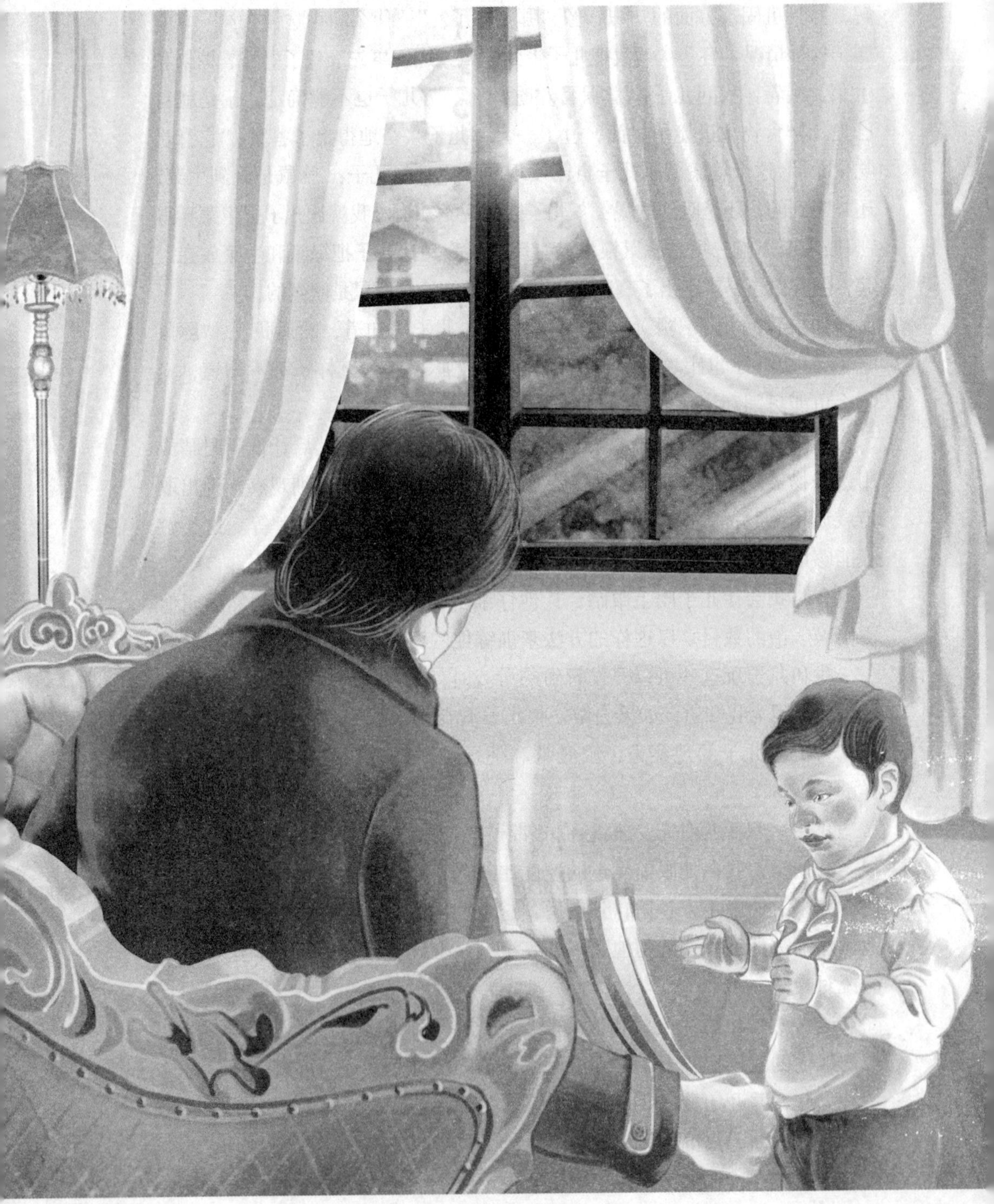

对，他着急得几乎要跳了起来。

"卡尔，我看今天放弃吧。"我对儿子说。

"不，爸爸，请您再来一次。"卡尔坚决要再试一次。

我为了不让儿子失去信心故意把速度放慢了一些。

"不，太慢了，我能看到有8根带子。这么慢，谁都能看到。你再换个数目，还是要像开头那么快才行。"卡尔一下就看破了我的"花招"，并竭力要求不能降低难度。

没有办法，我只能照着儿子说的去做。这回我把带子换成了7根，仍然保持最初极快的速度。

第一次，儿子没有说对。第二次，儿子说没有看清楚，说再来一次。第三次，仍然毫无结果。

"算了，卡尔，我想是数目太多，似乎太难了些。"我劝儿子停下来，"恐怕爸爸也说不出准确的数目。"

"不，再试试。"儿子坚持道。

就这样，我们一次一次地做下去。

最后，到了第18次的时候，儿子终于说对了。我肯定他不是瞎猜的。因为从他的神态中我看到了他抑制不住的喜悦。

后来，轮到儿子来考我，三五次下来，把我弄得晕头转向，不得不服输。

这种"注意看"的游戏还有许多。比如，我给儿子一个有各种图案的小花瓶，让他观察一分钟，然后叫他背着花瓶说出上面有几朵花或有几条鱼的图案。由于经过了长期的训练，他总能准确地说出来。

有时，我还把他带到一个房间中待一会儿，让他仔细观察房间中的东西，然后让他出去。之后，我把房间中的某件东西拿走，或是在房间中摆放本来没有的东西，然后又把他带到那个房间中，叫他说房间中的变化。比如，他会说，"少了一个水杯，多了一把扇子……"

有一次，我干脆采用了一个"捉弄"他的方法。

像往常一样，我和儿子一同走进厨房，并让他观察里面的摆设和事物。然后，我让他离开一会儿。

不久，我又让他回到了厨房。

我站在门外，让他独自进入厨房的门，并问他："这回有什么变化呢？"

"唉，有些奇怪……"儿子东看看西瞧瞧，似乎在想着什么。

"没有什么变化呀!"儿子对我说。

"不,肯定有变化,你再看看。"我笑着对他说。

其实,他离开厨房的时候,我的确没有动厨房里的东西,没有增加,也没有减少。但变化肯定是有的,就看儿子能不能意识到。

由于我告诉儿子说肯定有变化,他就更加仔细地观察。

我在门外忍不住笑了起来。

"爸爸,你笑什么?肯定没有变化,你在捉弄我。"儿子不高兴了。

"不,肯定有变化。"我对儿子说,"再看看,那么我给你一个提示,厨房中是少了某个东西。"

我靠在厨房的门框上,冲着他笑。

这时,卡尔忽然意识到什么。他仔细地看了看我,发现我虽然靠在门框上,却没有向门里跨进半步。

"哇!爸爸,你真坏。"儿子大叫起来,"好啊,你敢捉弄我,原来厨房里少了个大坏蛋。"

儿子这时完全明白了,厨房中的东西什么也没有变化,只是少了我。因为第一次进厨房时,我是和他一块进去的,可第二次我没有进去,始终站在门外。

我平时就是这样和儿子一起游戏,一方面训练他的观察力,一方面训练他的反应能力。

那么,培养孩子想象力的方法有哪些呢?

父母们可以从给孩子讲童话、神话开始。记住,谨慎选择这些故事,不要让暴力的、负面的内容过早进入孩子的心灵,也不要选那些平淡无奇、毫无新意的故事。在故事结束之后,应当与孩子共同讨论其中的内容,甚至尝试着和孩子一起改编故事的结局。

有一天,儿子和邻居的孩子们一起玩捉迷藏的游戏,小伙伴们都是选择有遮掩的地方,往往躲在门后面或者是院子里的灌木丛中。由于平时都是这样,所以往往很容易被发现。这一次卡尔充分地展开自己的想象力,他并没有藏在通常的地方,而是用一块很大的花布将自己包裹起来,堂而皇之地躺在沙发上。

躲着的孩子们一个个地被发现,只有卡尔一个人藏得很隐秘,始终没有被找出来。游戏结束后,孩子们仍然没有找到他,于是开始着急起来。

他们找到了我，对我说卡尔失踪了。

当时我也感到很奇怪，房间只有那么大，卡尔会躲在哪里呢？是不是跑到外面去了？可是在他们玩游戏的时候我一直在房门口，并没有看见他出去。

"卡尔，你赢了，快点出来。"我在房间里大喊起来，可是始终没有看见他。

孩子们一边喊一边在房间中四处寻找，但没有发现卡尔。大家都为这件事感到奇怪，都说卡尔一定是消失了，否则不可能找不到他。

我和别的孩子们无奈地站在客厅中，猜测他到底躲在了哪里。突然，我听见隐隐传来的声音，那是卡尔的笑声。

在那一瞬间，我发现了沙发上胡乱卷放的一堆花布。原来是这样，原来他躲在这里。由于他当时身体很小，再加上他蜷缩在角落之中，所以不仔细察看，根本无法找到。

我问儿子："你怎么想出的这个办法？"

儿子说："别人总认为我会躲在某个不易找到的地方，我却偏偏就待在客厅中最显眼的位置上，你们谁都没有想到，不是吗？我之所以想出这个方法，完全靠我与别人不同的想象力。爸爸，你不是对我说过想象支配整个世界吗？现在我首先用想象支配捉迷藏的游戏。"

让孩子在游戏中学会与别人合作

在卡尔的成长过程中，我非常注重观察他内心世界的变化。在卡尔和小朋友的游戏过程中，我也注意用各种培养他和他人合作共处的意识和技能。其实，孩子不断地与人合作，关键是引导孩子关注自己与人交往、与人合作的方式，关注自己对待他人的基本观念。从一开始，我就注重在游戏中培养他的品性，因为个人的成功与否不光是与他们学识和能力有关，性格往往是决定成败的关键因素，而孩子与别人相处的本事，很大部分源自游戏中走出自我的世界，学会与别人合作。

在卡尔3岁时，我的一位亲戚来我家做客，他带来了自己的小女儿，也就是卡尔的小表妹。起初两个孩子在一起相处得非常好，由于他们年龄相差不大，又是早已听说过的兄妹，所以在一起极为投缘。可是，在一起待了两三天，他们之间就开始产生矛盾了。

有一天，他们在外面的院子里玩，卡尔正在用那些木块搭建房屋，小妹妹也在兴致勃勃地给他帮忙。

卡尔像一位工程师，指挥他的表妹做这做那。开始一切都很正常，可是后来小表妹就不听他的话了。她非要把一块圆形的木块放在卡尔没有指定的地方。他们在外面僵持了很久。小妹妹把木块放上去后，卡尔一定要把它拿下来，但小妹妹偏不妥协又重新把它放上去。这样你来我往地不知多少次，最后终于开始争吵起来了。

我和亲戚听见他们的争吵，赶忙跑了出去。

卡尔怒气冲冲地坐在地上，而小表妹在那儿哭，哭得非常伤心。

"怎么啦，卡尔？"我严厉地责问他。

"她不听话。"卡尔说道。

第五章 给孩子游戏和成长的空间

当我弄清楚是怎么回事后开始开导卡尔："卡尔，你比妹妹大，就应该让着她。那块圆形木块放在那儿不是挺好吗？"

"不，那样不好看。"儿子坚持道。他说完就冲过去一脚把还未搭建完的小房屋踢翻，然后头也不回地向房间快步走去。

儿子的做法让我感到吃惊，我还从未发现他有这么任性，也从没见过他发这么大的脾气。

面对这种情况，我并没有发怒，也没有立即去理会儿子，而是把坐在地上哭的小侄女抱了起来。

晚上吃饭的时候，我特意把儿子和小侄女安排坐在一起。

"儿子，你今天怎么那样对待妹妹呢？"我问卡尔。

"我又没有对她不好，只是为了她不听我的话而气愤。"

"为什么她一定就要听你的话呢？"我问。

"因为她不懂，而我很精通搭建筑。"儿子回答。

"妹妹在搭房子时捣乱了吗？"我问。

"没有。可是我认为那块圆形木块放在那儿不好看。"儿子回答。

"可是你想过妹妹为什么要那样做吗?"我问。

"没有。"

"我认为,妹妹所以那样做是因为她觉得那样好看。"

"可是……"

"卡尔,你平时一个人搭建筑的时候,我们都没有管你,是要你独自发挥想象力。可是今天不同了,既然妹妹也在参与这件事,你为什么不能给她发挥想象力的机会呢?"

"我……"

"今天你和妹妹在一起,不仅应该玩得很高兴,还要充分发挥你们两个人的能力去把房子搭得更好。你要记住,一个人的能力是有限的,要想把事情做得完美,就要集合很多人的力量。妹妹有些地方不会,你应该耐心地教她,而不是任性地胡闹。你想想,如果你有什么地方不懂,而我不耐心地指导你还跟你发脾气,会有什么后果呢?"

我说完后,卡尔一言不发。但我知道他已经明白了我的意思。

第二天,卡尔和小表妹又在一起愉快地玩耍,并且他们合力搭起了一座极为壮观的"宫殿"。

有时候,卡尔和朋友们一起玩游戏,这时候卡尔就会体现出他的合作意识来。他们的游戏是组装动物,比如大灰狼,在半小时的时间内,4个人彼此合作将各个部件组装成形。

这完全是一种自发分工的场面。至少有4种独立的工作要一个人来完成:从分别放着各种部件的箱子中取出部件,送到组装地点;再按照拼图的要求摆放各种部件的先后顺序,并递给负责组装的人;一个人专门负责组装牢固,另外3人必须随时搭好未完工的大灰狼,以免它倒地摔碎。尽管合作性游戏大家已经做了很多,面对新的任务分工,孩子们仍然要经过一段时间的相互磨合和探索。

卡尔一直都很擅长组装工作,他满心希望亲手组装大灰狼,可是分工时科林、伦道夫和安都想当最后的"工程师"。4人间确实争执了一会儿,看到时间已经过去了很多,他们仍然各不相让。看看时间,卡尔立刻下了决定,他说:"那好,我去开箱子,取各种部件。再不动手,我们就要来不及了。"

科林也忽有所悟，说："那么，我就来负责摆好各种部件的顺序，并负责给安递部件。伦道夫，你的耐性好，你去取部件吧，由卡尔和安负责组装。这样分工，你们看怎么样？"

伦道夫和安也都同意了，因为时间已经不容许大家再犹豫。经过卡尔的首先妥协立场，大家很快确定了分工的方式。分工确定后，组装工作也就有条不紊地开展了。他们终于在 40 分钟内完成了组装，一只野性十足、栩栩如生的大灰狼展现在 4 个孩子的面前，直冲他们龇牙咧嘴。

我与儿子一起玩游戏

孩子希望父母跟他一起玩游戏,这是孩子非常渴望的事情。为人父母,应该有这份"闲情逸致"。有的父母不明白这一点,要么拒绝孩子的请求,要么随意中断正在进行的游戏。这样不仅影响了父母与孩子应有的情感交融,而且打击了孩子参与游戏的积极性。

父母应该积极参与孩子的角色游戏,因为这有利于让孩子体验和认知他人的生活。父母应该经常提醒并鼓励孩子观察日常生活,了解各种人物的活动,特别要让孩子观察父母本身的生活。

父母要有意识地让孩子也当当"爸爸""妈妈",体验一下父母的滋味。这种滋味尽管是肤浅的,但千万不要忽视它,因为它是有益的。孩子会从中体验父母的辛劳,不断地加深对父母的理解。

在教育儿子的过程中,我深深地感到在这种游戏之中,父母不仅是一个角色,而且是主谋,要担当指挥行动的重任。

如果孩子违反游戏规则时,父母要注意提醒他,但千万不要让游戏半途而废。如果这样,会极大地打击孩子对家庭角色游戏的兴趣和积极性,影响是比较严重的。

可以这样说,卡尔之所以能够健康成长,并有了今天这些成就,在很大程度上都归功于这种父母与他一起玩的过程。这不是我在过分地赞扬自己,可事实就是如此。

父母和孩子玩的时候,一定要仔细去观察他,尽量去了解他的内心世界。即使孩子很小的时候也应该这样。

人们以为几个月的孩子因为太小而什么都不懂,这是大错特错的。

在卡尔五六个月时,我就发现他也是有情绪的。情绪好时,他浑身是劲，那些翻来滚去的游戏玩起来也很过瘾。他似乎从中感到了自己的力量，并且慢慢地学会控制自己力量的能力。情绪不好时，他会感到浑身没劲，如果此时父母再叫他玩这种游戏，他会觉得不舒服，认为自己无能。

孩子的适应能力、反应速度比父母所想象的要慢得多，特别是在玩游戏的时候。父母陪孩子玩的时候，要根据孩子的反应速度来进行，否则，孩子会心有余而力不足。父母必须顺应他的反应，要有耐心，否则就成了父母的独角戏。我在卡尔很小的时候就发现了这一点。比如，我和6个月的儿子说话，如果我不断地讲，或只停一下又继续自己的长篇大论，他是完全弄不懂的。又如，我递给他一个好玩的东西，他要一个较长的过程才会伸出手来接。这时，我必须耐心等，直到孩子伸手来接，不能把东西直接放在他的手里。如果我亲吻了他一下便马上转身离开，那么他就不会感到有趣，他可能很想给我一个微笑，但我没有给他足够的时间。要跟孩子玩，就应该给他足够的时间。

我认为，最好是孩子的大部分时间都在靠近父母的空间中度过。这样，孩子可以时时得到父母的关爱，不断交流感情。否则，孩子会感到孤独、厌烦，感到不安全。父母应该尽量避免这种情况的发生。为了避免这种情况，可以把孩子带到父母做事的地方去，叫他临时在那里玩。对于儿子，我和他的母亲都时时鼓励他参与我们所做的事，而我们发现儿子也乐意这样做。

比如，我在用水时，儿子很想玩，我就让他积极参与。有时卡尔还会帮助母亲扫地、洗碗。这些简单的家务事在他那里都变了游戏。

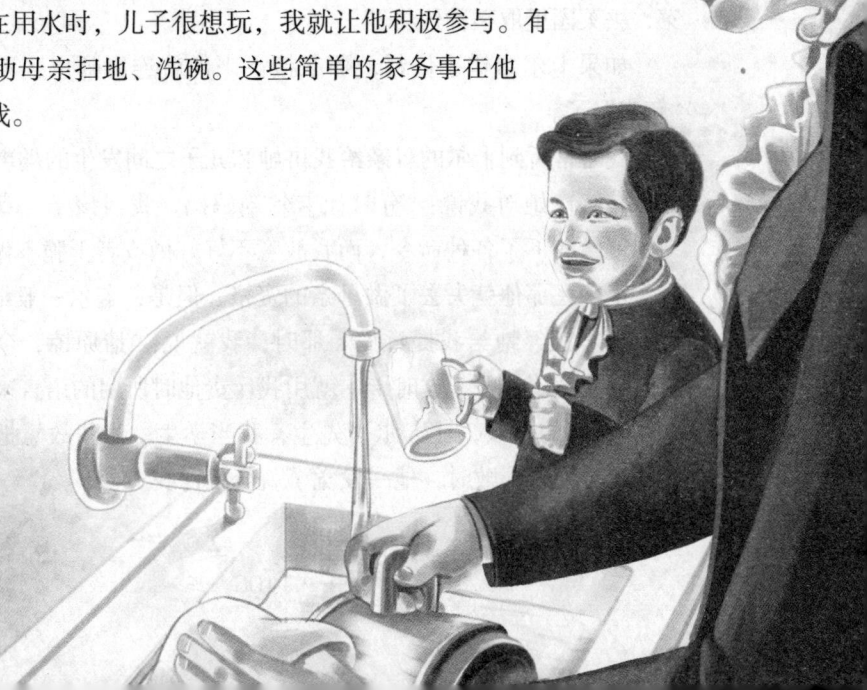

每个孩子都是一个独特的个体，他们的适应能力都有所不同。对于孩子的适合程度应该是又能引起他的注意和兴趣而又不致吓着他。有的孩子荡秋千时开怀大笑，有的则吓得大喊大叫；有的对催眠反应灵敏，有的则毫无反应。因此，父母要善于了解自己的孩子，看他的反应适合哪种游戏。

发现孩子的个性是父母的素质。

在我对卡尔的教育过程中，我尽力做到能够让他事事愉快，因为我能理解孩子的心情，同时一起玩耍，我和他都从中得到了无穷的乐意。

对我来说，一生之中最大的幸运莫过于我有一个好妻子。她是一个善良而聪慧的女人。在卡尔的教育中，她也倾注了大量的心血，也是一个非常能干而有责任心的母亲，卡尔有这样的母亲，这是他人生中的最大幸福。

我给儿子买了炊事玩具后，卡尔的母亲与其他母亲不同，她不是把炊事玩具交给孩子就撒手不管了，而是借此进一步开发他相关方面的潜能。

卡尔的母亲已经习惯了一边做饭、一边耐心地解答卡尔提出的各种问题。并且还监督卡尔，让他用炊事玩具学做各种菜。她还通过各种烹饪游戏来使儿子从中享受到生活和增长知识的乐趣。

有时，卡尔会扮演主妇的角色，而让母亲当厨师。因为卡尔是主妇，妈妈是厨师，所以做厨师的妈妈就得向卡尔请示各种事情。如果卡尔下达的命令不得要领，那就失去了当主妇的资格而降为厨师。

这时，当上主妇的妈妈就发出各种命令。例如，母亲命令他做某某菜，去菜园里取某种佐料等。

如果卡尔拿错了佐料，那么接下来他就连厨师也当不成了，只好被"解雇"了。

我时常听到卡尔的母亲给我讲她和儿子之间发生的趣事。

有一次她对我说："有时让卡尔当妈妈，我当孩子，真有意思。这时卡尔就给我下了各种命令，而我故意不好好做或者干脆不做。如果卡尔没有看出来，那他就失去了做母亲的资格。但是，卡尔一般都能看出来，而且还一本正经地给我提意见。那时，我就说：'请原谅，今后一定注意。'有时我故意不认账，这时卡尔就用我斥责他时所用的语言来训斥我。"

"还有的时候，让卡尔当先生，我当学生。当我故意把卡尔讲的很成功的地方说成失败时，他一发觉了就会批评我。"

第五章 给孩子游戏和成长的空间

我认为，这些游戏对儿子在今后生活中减少失败起了一定的作用。

类似这种演剧式的游戏是很多的，导演当然是他母亲。而且有时母子还将之深化。比如，他们常常演出某个故事或者书本上的某个历史事件的某些情节。

有时还在周游过的地方，进行"旅行游戏"等。通过这些游戏，我们又教给了小卡尔有关地理和历史等方面的知识。

不仅是卡尔的母亲，我有时也会和儿子玩类似的游戏。当然我不是去扮演主妇或厨师，而是扮演将军或士兵。无论是当将军或是士兵，儿子总处在一定的位置。有时，他可能是一个威武的将军，来指挥命令我这个士兵；一会儿，他又会变成一个冲锋陷阵的士兵被我指挥。

卡尔根据自己的体验和理解，常常把自己的角色扮演得活灵活现。他的扮演充满了想象力和自主性，并且还会按照自己的体验去装扮成不同年龄、性别、身份或职业的人。

我认为这种游戏对孩子有很多好处：可以满足孩子的好奇心和求知欲，可以训练孩子的主动性、独立性和创造性，能够提高孩子的观察力、记忆力、判断力、想象力和创造力，并且能够丰富孩子的内心世界，还有利于提高孩子的语言能力，训练孩子的组织能力。

书本中的故事或童话对孩子有很大的吸引力，可以说是孩子的智慧源泉。我时常引导儿子把这些故事表演出来，有时我和他的母亲也一起加入进去。那是非常有趣的事，连我都觉得玩起来很开心。

这种游戏可以帮助孩子加深对故事的理解，而且还可以开发孩子的创造力。在游戏中，儿子充当各种不同的角色，用不同声调或动作去演绎一些优秀的作品。这对他各方面都会产生有益的影响，特别能够对他的心灵产生美的启迪。

我在同儿子进行这种游戏时，我总是选择一些适合孩子表演的故事。这类故事的内容健康，情节生动，语言优美，角色可爱，表演也比较容易。为了方便儿子理解和记忆，情节的主线都比较简明。一般来说，选择的故事对话很多，以培养他的语言能力。在表演之前，我会把故事给儿子讲清楚、讲明白，不仅让他明白自己扮演角色的语言和动作，还让他明白整个故事和其他角色。比这重要的情节我都更加仔细讲述，让他加深对故事的理解。

为了调动儿子的表演积极性，我尽量让他参加准备工作并为他创造一种环境和气氛。我时常告诉儿子，不要太拘泥故事本身，可以大胆想象，自由处理。无法表演的东西，如爬山、过河等，我就教他用象征性的语言和动作来加以表现。

在表演的过程中，我一般会进行适当的指导，让儿子知道自己干些什么，充当什么角色，并对自己担任的角色产生兴趣。有时候，我会为他做些示范来提示他的表演，但从不要求他一定要照着我的方法去做，因为这样会减少给他想象和创造的机会。可以这样说，虽然卡尔的童年几乎是和我们一起度过的，但他一直保持着孩子天真的童趣。

我告诉儿子：游戏只是游戏

有些孩子由于没有得到家庭细致的教育，不懂得是非善恶。由于父母没有给他们度过童年的最好方式，他们闲散、无聊。他们不知道世界上有许多美好的东西，他们不知道读书，不知道书本的魅力，更不会在文学、艺术中得到快乐。由于没有人给他们任何的指导，他们怎样去度过本应该美好的童年呢？有的孩子成天无所事事，有的孩子以打架和欺负别人为乐，更有的沉浸在邪恶的赌博之中。我丝毫看不见这些孩子有什么美好的未来。

这些孩子是不幸的，因为他们没有受到父母的良好教育，他们的父母没能给他们一个有意义的家庭。

有人会说，孩子的性格和才华都是天生的。他们经常说："我的那个孩子坏透了，简直不学好，怎么教他都没有用。"每当听到这样的说法我都感到悲哀。你自己都不相信孩子，弱小的孩子还会有什么好的发展呢？

我可以毫不客气地告诉这样的父母：你们不配做人的父母，孩子本身是好的，他们的一切过错都归结于你们。

由于上述的各种原因，在卡尔对同伴的选择上我表现得非常严格。我尽力将他和那些有相同爱好的孩子组合在一起，他们可以在一起就某个问题进行探讨，可以相互之间学到一些好的东西。

我经常看到卡尔和某个孩子一起朗诵诗歌，扮演某个戏剧里的角色，有时候会为某个问题进行争论。每当这个时候，我绝对不会去打扰他们，并为此而感到欣慰。

放任不管就会使孩子不加选择地和任何一个孩子一起玩，从而有可能沾染上各种坏习惯，有时还有可能学会一些坏毛病。我常常看到一些没有

管束的孩子聚在路旁赌博，他们在一起打架，互相用肮脏的语言谩骂着。不知有多少次，我去劝说这些孩子，也不知道为他们拉过多少次架。

每当看到这样的情景，我都感到非常的寒心，他们本可以接受很好的教育，成为有礼貌、有学识的孩子，可他们并没有获得这些品质。

这些孩子很不懂事，常常互相抛甩石头，结果造成流血、受伤，甚至眼睛被打坏而致残，这是多么可怕的事！即使是抛雪球，有的孩子也去选那种像石头一样硬的冻雪块，使对方受到各种危害。

我看到那些瞎眼睛、缺鼻子、少指头、坏了脚的孩子时，就常常询问其原因，结果大都是在玩耍中受伤所致。这使我时常感到毛骨悚然。

卡尔曾经也有一群小伙伴，可当我发现那帮孩子有多么粗野时，便再也不让儿子与他们玩了。在这里，我并不是想说那些孩子本身有什么不好，但孩子毕竟是不懂事的，由于没有大人对他们做出指导，他们经常做出一些傻事来。

安迪是一个健壮的男孩，可以说是那一群小孩子的领导人物。他有威严、聪明，而且有非常强的组织能力，他经常带着那些比他稍小的孩子玩打仗的游戏。或许安迪天生就有这种才能吧，他把自己的"军队"管理得井然有序。但是有一天，这位"英雄"终于被"敌人"打倒了。

那天，安迪将小伙伴们分成两部分玩攻城堡的游戏。安迪带领五六个小朋友守城堡，另外几个人扮作攻城的敌人。

安迪挥舞着他的宝剑——一根木棍，英勇地站在一辆拉货的马车上。他一手叉腰，一手拿剑，他将两只脚踩在高大的马车轮上，口中喊着自己的同伴:"把敌人打下去……"这真是一副大英雄的气派。

当时儿子卡尔也在其中,他和安迪并肩作战。"敌人"将石块、树枝向他们猛烈地投掷过来。安迪用"宝剑"把它们一个个地打翻在地。

"一定要守住城堡。"这是安迪和伙伴们一致的想法。可是敌人的冲锋越来越猛,他们终于抵挡不住了。

敌方中的一人,可能是他们的领袖,冲到了马车上,趁安迪不注意时向他的背部狠狠地踹了一脚,安迪"啊"地叫了一声,从马车上栽了下去。

当时,我正在家中接待一位客人,正在和那位远方来的客人谈论教育孩子的问题。卡尔却慌慌张张地跑回了家,他还未进门时我就听到了他惊恐的叫喊声。

"爸爸,不好了……出事了。"

从儿子的表情看来,我知道一定发生了不同寻常的事。

在儿子的带领下,我和客人匆匆地赶到出事的现场。那种情景使我终生难忘,连我的客人都惊恐万分。

当安迪从马车上摔下去的时候,正好踩在一把放在地下的镰刀的木柄上,也许是太巧了,那把镰刀从地下弹了起来,刀锋正好插进安迪的大腿里。

安迪倒在地上,疼痛让他大喊大叫。孩子们没有谁敢去取下镰刀,是的,那太恐怖了。安迪的腿上全是血。

"安迪真是个大英雄。"事后卡尔这样说。

"儿子,你真的以为他是个英雄吗?"

"是的,他为了保护城堡才受的伤,他表现得很勇敢。"卡尔的眼睛中流露出敬佩的目光。

"不,儿子,

安迪的做法不叫英雄；至于把他从马车上踹下去的那个孩子，更是显得无知。"

"爸爸，您不是说过做人应该勇敢吗？安迪不勇敢吗？"

这时，我发现孩子是多么的单纯，他们分不清哪些是应该做的，哪些是不应该做的。

"儿子，今天你们在做什么？"

"我们在玩攻城堡的游戏。"

"对了，那只是一个游戏。那不是真正的战斗。"我抓住"游戏"这个字眼开导他，让他分清什么是真，什么是假。

"儿子，我知道你们都喜欢那些英雄人物，可是，你要知道，英雄并不意味着鲁莽，并不意味着不顾一切地打打杀杀。"

我抚摸着儿子的头，仔细地给他分析其中的对错："既然你们是在玩游戏，而且你们都是好伙伴，为什么非要真打呢？这种打仗的游戏很容易把朋友变成敌人。你看，安迪很有可能会永远记恨把他踹下去的那个孩子，因为他受到了伤害。本来很要好的朋友变成了敌人，或许有一天安迪还会去找他报仇呢。我不希望让你和你的朋友们在心里产生仇恨。仇恨会产生邪恶。"

"可是安迪的确很勇敢啊。"卡尔还是没有懂其中的道理。

"我相信他是个勇敢的孩子，也很聪明。但如果成天这样打打杀杀会有什么结果呢？今天被镰刀砍伤腿，可能明天会被石块打坏眼睛，后天又会被摔断手臂。这有什么好结果呢？一个屡屡负伤的孩子，长大后什么也干不了。如果他想当一个将军，那么现在就应该懂得保护自己。一个缺胳膊少腿的人，怎么能够去领导军队打击敌人？"

"你们是孩子，不能把握好游戏的分寸。你要知道，游戏仅仅是游戏，不能真刀真枪地干。如果有一天你们上了真正的战场，敢和敌人去拼个你死我活，那才算真正的英雄。"

"爸爸，我懂了。"

孩子们在游戏中受到的伤害来源于他们的无知。如果父母不能对他们加以细心的开导，结果往往是极为可怕的。

我时常告诫卡尔，不要去参与那些孩子们的斗殴，那种伤害比玩游戏中的伤害更加严重。那不只是对身体的伤害，更重要的是会在孩子幼小的心灵中留下不健康的阴影。

第六章
培养孩子好的性格

chapter 6

要注意你的思想，因为思想会产生行为；要注意你的行为，因为行为会养成习惯；要注意你的习惯，因为习惯会形成性格；要注意你的性格，因为性格会影响你的一生。

性格也是能力

我让儿子学会许许多多的东西,但绝不想把他变成那种呆头呆脑、形同枯木、板着面孔、难以接近的人,我应该对儿子长大成人后的行为负责。如果儿子只是一个满腹经纶、知识丰富的人,却不能像其他人一样适应社会,不会对其他的人有所帮助、有所贡献,那样的话,我一定会感到难过和愧疚的。

在儿子很小的时候,我和他的母亲非常细心地照料他,但从不娇宠、溺爱他。我很少将儿子抱在怀里,而是让他随便地爬。父母应该是孩子最早的教师,而不应该是他的保护神。当儿子不慎摔倒在地时,在大多数的时候,我不会去扶起他,而是让他自己站起来。儿子应该从这些小事中学会独立的能力,他应该明白,他不能永远依靠父母,而要靠自己。

我认为,对孩子独立能力的培养,是对孩子的一种真爱,那种对孩子的娇宠和过分的呵护只会让孩子在将来的生活中吃尽苦头,那可怕的结果只能是一种罪过。

缺乏忍耐、不能自我克制是没有修养的,是会令人瞧不起的。即使是孩子,如果不能学会忍耐,将来也不会有大的作为。在我的家庭中,如果儿子受到伤害,即使他大哭也绝不会在我这里得到过分的安慰和同情。时间长了,儿子渐渐地就会明白,他是生活在一个只能依靠自己的环境当中,不管是哪种痛苦,都不应该求助别人,要自己忍耐。日复一日,儿子慢慢地形成了一种坚韧不拔的性格。

坚韧不拔,在我看来是世上最了不起的美德。它是与上帝同在的。

我对卡尔的教育,除了培养他学习知识之外,更是把培养他优良的性格放在很重要的位置。我为了让儿子具备各种能力和美德,一开始就从日常生活的点点滴滴中对他的性格进行长期潜移默化的熏陶。

我深深感觉到，父母以及其他家庭成员的行为，对孩子的成长起着决定性的作用。家庭是孩子成长的摇篮。我们的言谈举止、行为作风，无时无刻不影响着孩子。

无论是我的朋友还是邻居，绝对看不到我对儿子没有理由的娇宠，儿子犯了错误一定会受到纠正。我是在尊重儿子独立人格的前提下，对他进行应有的约束，让他明白，他的行为不是没有边际的，不可为所欲为。

无论对什么人，我都教他必须懂礼貌，说话客气，对父母也不例外。让他知道懂事而有礼貌的孩子才会受到夸奖。

在儿子很小的时候，我就开始培养他独立生活的能力。对孩子的溺爱和娇宠是孩子独立人格形成的最大障碍。我让儿子学会尊重他人和自我克制，知道自己应对自己的行为负责任。而对我个人来说，作为一个孩子的父亲，也应该为儿子日后的独立生活负责。

有人认为我只是热衷于发展儿子的大脑，这是错误的。在对儿子的教育上，我特别下力气的与其说是智育莫如说是德育。我不想把儿子变成个聪明却不近情理的人。

我认为，性格就是能力。如果一个人的性格开朗直爽，那么他就很容易被人所接受，交往活动范围广泛，就有走向各种人生道路的可能性。如果性格孤僻，他的交往活动就只会在狭窄的范围中，做任何事情都不愿同人们直接配合，结果往往是半途而废，走向人生道路的可能性就一直处于关闭状态。从某个方面说，性格是决定一个人成功与否的关键。所谓性格，是在孩子的生命力顺应环境条件的过程中逐步形成的。孩子一生下来，根本不存在什么直爽开朗的性格或孤僻内向的性格。性格是孩子的生命和作为生存能力而表现出来的一种姿态。

有的孩子性格直爽开朗，有的孩子孤僻内向。我认为这些不同的性格既不是天生的，也不是孩子独创出来的。当孩子的生命力作为现实生活的能力得不到充分锻炼时，总觉得自己与现实生活相脱离，不能很好地去适应，其结果就体现在孩子失去原有的那种直爽、开朗、刚强等天性，反而出现了与原有天性不太一致的不良性格。

性格是会改变的，而且会不断地改变。如果生活环境一旦变化，人的性格也有可能变化。这种性格的变化是由于不能适应变化了的生活环境所造成的。

虽然性格会改变，但我相信，性格的基础是早期生活奠定的。最初几年的生活习惯、父母的态度、家庭气氛，都会慢慢改变孩子的性格特点。因此，每一个习惯在其开始形成时都特别重要。

在卡尔的成长过程中，我一直在仔细地观察他，尽量做到不使他自尊心受到伤害的情况下更多地去了解他的内心世界。目的是想在他有烦恼的时候给予他及时的帮助。如果他有什么不顺心的事，我会想尽一切方法使他将苦恼一吐为快，尽力不让他把不高兴的事闷在心里。我希望儿子能够成为开朗而快乐的人。

有一天，我从外面回来，看见卡尔独自一人坐在院子里出神，他的表情看起来有些忧伤。因为儿子的性格一直比较开朗，他今天的举动让我感到奇怪。我于是就向他走了过去，蹲在他的面前问他发生了什么事。

儿子抬头望了望我，轻声地叹了一口气，又重新埋下了头。

"卡尔，怎么啦，有什么事令你那么不高兴？"我问道。

儿子仍然一言不发。

"儿子，爸爸最爱你了，你有什么事不应该瞒着我。你每次有困难不都是爸爸帮助你的吗？"我看见儿子今天的模样，断定他一定有什么事憋在心里，或许还是一件对他来说挺大的事。

"卡尔，爸爸对你最大的希望，就是想要你成为一个快乐的人。其实，无论什么问题都能解决，只要你有一颗快乐的心。"我继续对他说，尽力通过语言去开导他。

"爸爸，我觉得我不是个男子汉。"卡尔终于说话了。

"为什么？"

"因为我遇见了肯特尔，是村里一个农夫的儿子。他嘲笑说我不够健壮。他还脱了上衣冲着我显示他的肌肉，他说像他那样的才是男子汉，而我不是。"

其实，卡尔的身体一直很好，非常健康，但确实算不上一个非常强壮的孩子。本来这不是一个问题，但他却在这时受到了伤害。弄清楚了儿子不高兴的原因，我就开始给他讲一些关于男子汉的道理。

"卡尔，你要知道，一个男子汉并不只是身体强壮。真正的男子汉需要有智慧，有坚强的毅力，并且敢于承担生活中的一切困难和挫折，应该有超人的勇气。

"你仔细想一想,你现在还是个孩子,就已经掌握了那么多的知识,又懂得那么多的道理。等到你慢慢长大,这些知识和道理就慢慢会转化成智慧。而且,从我的眼光来看,你一直是个勇敢的孩子。虽然你的身体在孩子中不算是最强壮的,但也很健康。肯特尔是个农夫的孩子,每天要帮助家里做很多活,而且他的年龄比你大,他比你健壮是很正常的。我想,等你再长大一点,平时又坚持锻炼,以后肯定会比他更强壮的。

"肯特尔这样对你说话,是非常不礼貌的行为,你干吗要理会他呢?还有,你作为一个男子汉最重要的就是要有独立的头脑,这样才不会轻易被别人的评论干扰。"

卡尔听到我这样说,顿时欢欣鼓舞起来。起初的烦恼是由于听了别人的评价而对自己某个方面产生了自卑感,但当他想通了其中的道理后,自信心又重新被找了回来。

我不知道其他的父母在面对这种情况是怎么处理的。但是我认为,在这种时候不给孩子讲清道理,不打通他思想上的障碍,很有可能使孩子将这一问题永远埋在心里。那么他就会常常为此而烦恼,会直接影响到他的性格,或许一个原本开朗的孩子会由此而变得孤僻、消沉。

对于卡尔的教育,我就是用以上描述的诸如此类的办法让他时刻处在快乐和开朗之中的。

我认为,孩子是否有优良的性格,在很大程度上决定着他能否成为一个全面的人才,也决定着他是否在将来有所成就。

从卡尔的成长过程中我发现,注重培养孩子快乐的性格,有利于孩子健康成长。那么,如何培养孩子快乐的性格呢?以下几个方面是我的经验之谈:

第一,密切同孩子之间的感情。在培养孩子快乐性格

的过程中，友谊起着重要的作用。因此，父母要鼓励孩子与同龄人一起玩耍，让他们学会愉快融洽的人际交往。

第二，给孩子提供决策的机会和权利。快乐性格的养成与指导和控制孩子的行为有着密切的联系。父母要设法给孩子提供机会，使孩子从小就知道怎样使用自己的决策权。

第三，教孩子调整心理状态。应使孩子明白，有些人一生快乐，其秘诀在于其有很强的适应能力，这使他们能很快地从失望中振作起来。在孩子受到某种挫折时，要让他知道前途总是光明的，并教孩子注意调整心理状态，使他恢复快乐的心情。

第四，限制孩子的物质占有欲。因为给孩子的东西太多会使其产生"获得物质享受就是得到幸福的源泉"这样一种错觉，所以应结合事例教育他们，人生的快乐不能仅与物质财富的占有画等号。

第五，培养孩子广泛的兴趣。平时注意孩子的爱好，为孩子提供各种兴趣的选择，并给予孩子必要的引导。孩子的业余爱好广泛，自然容易拥有快乐的性格。

第六，保持家庭生活的美满和谐。家庭和睦，也是培养孩子快乐性格的一个主要因素。有资料表明，在幸福的家庭中成长起来的孩子，成年后能幸福生活的比在不幸家庭成长起来的孩子要多得多。

乐观远远超出了比较自信的思维，是习惯性的思维。词典中的定义是这样的，乐观是"一种性格或倾向，使人能看到事情比较有利的一面，期待最有利的结果"。

乐观的人不易患忧郁症，在学校和工作中都更容易成功，令人吃惊的是，乐观者的身体也比悲观者更健康。而且最重要的是，即使孩子天生不具备乐观品性，也是可以培养的。

乐观是一种积极的生活倾向，乐观的环境可感染人形成乐观的情绪，在乐观情绪支配下的人热情愉快，无论是学习还是工作，都更容易获得成功。乐观的真正意义是精神上的富有，乐观就是财富。悲观是与乐观相抵触的消极心理倾向，在悲观的心理驱使下做事的成功率降低，悲观吞噬了人们对未来的美好希望。

人生活在复杂的环境中，遇事抱有乐观的态度还是悲观的态度，不仅体现了一个人心理承受能力的高低，而且更有现实意义的是，能否使自己从困境中走出来，以乐观的情绪去赢得成功的机遇和希望。长期自卑会使人精神脆弱，总是担心不幸的事情将会来临，整天忧心忡忡，对工作学习失去信心。在漫长的生活中形成对事物的乐观态度，孩子的成长就会更顺利一些。

孩子在生活中常常会碰到老师的批评、同学的欺负、家长的训斥，也会遇到学习上的困难，在这种情况下，往往会朦朦胧胧地感到自己能力不足，这些足以使一个对生活没有经验、持悲观态度的幼小心灵产生恐惧感，如果处理不当就会出现我们不愿意看到的不良后果。在孩子的成长过程中需要乐观情绪的鼓舞，成人后更需要持乐观的态度去争取人生的幸福。

乐观是一种积极的生活态度，乐观的孩子比悲观的同伴更易成功。用乐观积极的心态对待生活很重要，这是孩子应具备的良好品质。我总是用乐观的方式批评孩子，这样便产生了良好的效果，因为批评孩子的方式有正确与错误之分。方法正确与否，显著地影响着孩子日后性格的乐观与悲观。

首先，批评孩子的第一要点就是恰如其分。"过度批评会给孩子造成过度的内疚和羞辱感，超过了使孩子改错的度；而不批评孩子又会使其丧失责任感，磨灭其改正错误的愿望。"

其次，掌握乐观的解释性的方法，实事求是地解释问题，指出犯错误的具体原因，使孩子明白自己所犯错误是可以改正的。

有一次，我要求卡尔把自己的房间打扫干净，但他却把我的话当作耳边风，房间乱得一团糟，自己却出去玩了。那天正好有位地产代理商来看房子，我很生气，但我后来还是用乐观的解释性的方式对他说：

"卡尔，今天有位地产代理商来看房子，你不打扫自己的房间，我就得替你打扫，结果耽误了其他重要的事。保持你的房间干净，是你自己的责任，而不是我的责任。"

小卡尔低下了头，一脸愧疚的神情，从此以后，我再也没有看见过卡尔不打扫房间，而且，每次都是带着快乐的心境去完成的。

发自儿子内心的严格自我约束

从卡尔1岁时起,我就严格要求他。我从来不相信"小时候可以放宽一些,稍长大后再严格一些"这种似是而非的信条。

作为父亲,我有责任和义务教儿子知道什么应该做,什么不应该做。在孩子年幼时,成年人对他们的影响是很深的,如果小时候对他们放宽的话,那种烙印会在他们心中很深很深,稍大后再严格,恐怕已经来不及了。

儿子6岁时,我带他去另一个教区的牧师家去,并在那儿住了几天。

第二天吃早点时,儿子洒了一点牛奶。按在家里的规矩,洒了东西就要受罚,因此他只能吃面包和喝水。

卡尔本来就喜欢喝牛奶,再加上牧师全家非常喜欢他,为了他的到来,还给他特意调制了一种牛奶,并添上了最好的点心。这对儿子简直诱惑不小。

卡尔在洒了牛奶后先是脸稍红了一下,迟疑了一会儿,但终于不喝了。

我装作没看见。

牧师家的人看到这种情况,内心着急了,多次劝他喝牛奶,可儿子还是不喝,并十分不好意思地说:"因为我洒了奶,就不能再喝了。"

牧师家的人还是再三地劝说他:"没关系,一点关系也没有,喝吧,喝吧。"

我在旁边一边吃着点心,一边仍然故意装着没看见。儿子还是坚持不喝,在万般无奈之下,过于疼爱卡尔的牧师全家就向我进攻了,他们推测一定是由于我训斥了儿子。

为了打破僵持局面,我让儿子出去一会儿,然后向牧师全家说明了理由。

他们听后责怪我："对一个刚6岁的孩子，因为一点点过错就限制他喜欢吃的东西，你的教育是否过于严格了？"

我只得费尽口舌加以解释："不，儿子并不是因为惧怕我才不喝的，而是因为他从内心里认识到这是约束自己的纪律，所以才忍住不喝的。"

在听了我的解释后，牧师全家还是不相信，于是我只好通过做一个试验来揭示事实真相。

"既然这样，"我起身对他们说，"现在我们来试验一下，我先离开这个房间，你们再把我儿子叫来，劝他喝，看他是否会喝。"

说完，我就走开了。

待我离开房间后，他们把我儿子叫进屋里，热情地劝他喝牛奶、吃点心，但毫无结果。

接着他们又换了新牛奶，拿来新点心诱惑我儿子说："我们不告诉你爸爸，吃吧！"但儿子还是不吃，还不断地对他们说："尽管爸爸看不见，上帝却能看见，我不能做撒谎的事。"

牧师说："我们马上要去郊外散步，你什么都不吃，途中要挨饿的。"

儿子回答说："不要紧。"

实在没有办法了，他们只好把我叫进去，儿子流着热泪如实地向我说

明了情况。

我冷静地听完后，便对他说："卡尔，你对自己良心的惩罚已经够多了。因为马上要去散步，为了不辜负大家的心意，把牛奶和点心吃了，然后我们好出发。"

儿子听完我的话，才高兴地把牛奶喝了。仅仅6岁的孩子就有这样的自制能力，牧师全家都深感不解。

很多人会认为我的教育过于严格了。我不否认，从卡尔与一般孩子的行为方式看，这种教育在某种意义上确实是很严格的。但是，这种严格并没有使儿子感到痛苦。

因为对儿子的严格教育从他很小的时候就开始了。卡尔已经养成了习惯，也就不会感到有任何痛苦。

儿子总会向他的父亲学习，父亲不仅是儿子最初的教师，还是他可以学习的榜样。对孩子要严格，首先的是自己对自己也要求严格。

我是个信仰上帝的人，即使有一天站在上帝面前，我也会这样说：我从未考虑过"小时候可以放宽一些，稍长大后再严格一些"。

我对儿子的严格在不自觉中已经变成了他对自己的严格要求。我时常告诫他，没有人能够约束你，只有上帝和你自己。

卡尔从很小的时候，他很多好的行为都已经形成了一种自觉。比如，卡尔从来不撒谎，这并不是因为害怕我的惩罚，而是因为他从内心之中认为撒谎是不对的。

我几乎不给卡尔买玩具，但并不是让他失去一般孩子都能享有的童趣。就像在前面说过的那样，我采取了很多有益的办法，让儿子既玩得兴致勃勃又开发了他的想象力，同时又从中得到了很多书本上没有的知识。为了让卡尔在玩耍中增长知识，我在房屋外的院子里，特地为他修了一个大游戏场。在上面铺上了60厘米厚的沙子，周围还栽有各种花草和树木。由于沙子铺得很厚，下过雨马上就干，坐在上面也不会弄脏衣服。

卡尔时常坐在那里修城堡、挖山洞，尽情地发挥他的想象力，也经常在那里观花捉虫，培养对大自然的感情。我认为让孩子接触自然就是最重要的教育。孩子从中得到的乐趣比那些花钱买来的玩具要多得多。

我曾经也为儿子买过一套玩具，并不是一般的那些花哨东西，而是一套炊事玩具。尽管卡尔还是个很小的孩子，但凡是大人要做的事他也什么都想做。尤其对厨房的活，总是想插手。有些父母觉得孩子的这种癖好太琐碎，有些父母甚至对此十分厌烦，这实际上是在埋没孩子们的天性。我可不这样认为，因为对于儿子的这种喜好，如果引导得好，就能使他的知识极大地增长，并且能够培养他热爱劳动的习惯和亲自动手的能力。

孩子的潜力是无限的，但是孩子的潜力是父母诱发出来的。

孩子在玩的时候，充满了积极性、主动性。他们的大脑在飞速运动，思想在不断闪出火花，这对培养孩子的各种能力，特别是想象力和创造力，是其他手段难以与之匹敌的。我们知道，有生活的影子，但绝不是对生活的照搬，孩子会根据自己的理解去改造生活。父母不应用条条框框去加以限制，这样，孩子的创造力才能够容易得到充分发挥。

玩，本身是一种运动，通过玩，可以增强孩子的体质，可以协调孩子的动作，可以振奋孩子的精神，可以愉快孩子的情绪。但是，在玩的过程中，父母应该给予孩子良好的指导，否则就会发生前面所论述过的种种不良问题。

为了让孩子玩得有趣味，我还做了许多形状各异的木块，他或者用这些木块盖房子，或者建教堂、修塔、架桥或者筑城。由于建筑游戏需要孩子仔细动脑筋，因此非常有利于孩子的智力开发。这一点，我在前面提到过。

不仅如此，这种用木块来玩的建筑游戏也能够培养孩子的毅力。

有一次，卡尔花了很大的功夫用木块搭起了一座城堡，有房屋，有城门、城墙，还有做得精致的小桥。

当他正准备叫我去看时，由于太激动，不小心他衣服的一角在城堡的主要建筑———一个高高的钟楼上扫了一下。顿时，钟楼坍塌了下来，并且把其他的建筑也砸坏了；还毁坏了他精心搭建的那座最令他满意的桥。顷刻之间，他的杰作变成了一片废墟。

我看到他时，他正愁眉苦脸地坐在那儿发呆。我看到当时的情景，看到那些东倒西歪的木块时心中已经隐隐知道发生了什么事。

"爸爸，它被毁掉了，是我不小心毁掉了。多可惜呀！它本来很美……"卡尔说着都快要哭了出来。

我问清情况后对他说："儿子，既然是你自己不小心，就没有理由抱怨，也不应该难过。你自己能做好第一次，也一定能做好第二次。为什么傻坐在那儿呢？干吗不重新做一个？也许还会更好呢。"

卡尔顿时欢欣鼓舞起来。

其实我知道，这话说起来容易，做起来难。因为卡尔搭建的是一组很复杂的建筑群，要他做第二次，非要有很强的耐心和毅力不可。但我相信儿子能够做到。

不出我所料，卡尔终于完成了，并邀请我去欣赏他的作品。

我看了非常吃惊，简直没有想到他会做得那么精确完美。

"爸爸，我认为这一次比前面那个做得更好一些，因为我在做第二次的时候，又对它做了不少的修改，并且做得快了许多。"卡尔自豪地对我说。

这种结果是肯定的，只要孩子能够有信心开始第二次，那么就会有更好的成果，因为他已经在第一次中积累了丰富的经验。

儿子的事情，让他自己做

幼小的生命来到这个大千世界，由于他们的弱小，他们会感到束手无策。但是，尽管他们是那么的脆弱，仍然有勇气进行各种尝试，学习各种方法，使自己适应，使自己能够融入。

我坚信，不管儿子现在有多么弱小，他终有一日会成为能够在世界中立足的强者。我付出全部的爱去帮助他来尝试融入这个新世界，让他去学习他不懂的东西。

虽然他年幼、弱小，但我从来不怀疑他的能力。很多人认为只有在某一个年龄段，孩子才能做某一种事情。

我从来不这样认为，我看重的是在儿子幼小的心灵中建立起的自信心。

卡尔两岁时就主动地帮助母亲收拾桌子。每当家中的客人看到他手中拿起一个盘子的时候，他们总会说："卡尔，小心，不要把它打碎了。"在这样的情况下，我会对好心的客人说："没什么，卡尔会把它们收拾好的。"

好心的客人不知道，如果我不允许儿子去碰那些盘子，或许我会永远保住那个盘子，但一声"不允许"会在他的心灵上留下一个阴影，可能会推迟他某种能力的发展。邻居的米歇尔就是一个典型的例子：

米歇尔看见妈妈每天都辛苦地做家务，他觉得有必要为妈妈做一点事情，帮帮妈妈的忙。他对妈妈说："妈妈，每天我放学回家就帮你做一点家务吧！"妈妈听了很高兴，问："你希望帮妈妈做什么呢？"米歇尔歪着头想了想，说："我是个男子汉，我应该干重活。妈妈，我帮你拖地吧！"妈妈高兴地答应了。

第二天放学回家，妈妈还没回来，米歇尔就主动把水桶和拖把拿出来，装上水，然后就认认真真地拖了起来。他只顾低着头，结果一不小心把一个花架撞倒了。米歇尔听到那美丽精致的花瓶碎了的声音,吓了一大跳,不知所措地站在那里。这时妈妈回来了,看见米歇尔把从中国买来的瓷器花瓶撞碎了,很生气,说:"米歇尔,看你笨手笨脚的,还说帮妈妈干活呢!还不够添乱的!"妈妈放下手袋,絮絮叨叨地开始收拾。米歇尔觉得很委屈,站在那儿看着妈妈忙来忙去,都不知道该怎么办。

第二天,米歇尔就不帮妈妈干活了。妈妈好像已经忘了这件事,回来的时候很奇怪地问米歇尔,说:"你不是说帮妈妈干活吗?今天怎么不干了呢?"米歇尔回答:"妈妈,你昨天不是说我笨手笨脚、只会给你添乱吗?"妈妈这才想起昨天的事,这时她意识到自己昨天的行为已经在米歇尔心里留下了一个结。

当卡尔尝试自己穿衣服的时候,经常把衣服穿反,我和他的母亲从来没有嘲笑或责骂过他。我不能让他觉得自己无能,而是耐心地教他。

我还鼓励卡尔自己收拾房间,即使他的"动作"很糟糕,我也会夸奖他一番。房间收拾得是否整洁并不重要,对于他来说,他已经做了,这已足够。

在这些亲手整理的过程之中,卡尔在探索,在锻炼。我深信只有通过锻炼和闯荡,他才会使自己成为一个有用的人。

对自信心的培养必须从孩子最小的时候就开始进行。父母首先需注意自己对待孩子的态度,不要什么事都替孩子做。因为,孩子们需要一定空间去成长,去试验自己的能力,去学会如何对付危险的局势。不要为孩子做任何他自己可以做的事。如果我们做得过多,就会剥夺孩子发展自己能力的机会,也就剥夺了他们建立自信心与自立的机会。

一个真正疼爱孩子的母亲应关注的是孩子将来是否能自己应付外面的世界。将一个在同情庇护下的、毫无自我生存能力的青年人无助地推向未来的社会是最为残忍的事,这是作为父母不忍心看到的结局。想使孩子能成功地走入门外的世界,必须从小开始培养他的自立与自信,不畏失败。如果我们替孩子做所有的事,便不能达到这一目的。并且在这样的抚养下成长起来的青年,外表坚强,内心却是畏畏缩缩,缺乏勇气而不敢面对现实。

我衷心地愿我们有更多的耐心、用最深沉的爱去激励和帮助孩子化解畏惧困难、害怕失败的内心郁结,并用赏识的目光,看待孩子的一切。

给孩子独立思考的空间

很多父母在孩子小的时候对与孩子的交流及对培养他的责任心未能给予重视，认为孩子就是孩子，他什么都不懂，等他长大了以后再说吧。殊不知，等他长大之后就不会听你那一套了，或者不等他长大已经满身毛病，年轻的生命被浸染得千疮百孔，后悔时，已经太晚了。

没有责任感、没有价值感的孩子，因为找不到自己的生命在社会中的地位与重要性，便会感到迷惘，从而失去创造成就的动力，容易为其他一些物质性的轻浮的事物而吸引，沉溺其中。

对卡尔的教育，我一直力图让他看到自己生活的意义，看到自己的行为能为他人带来影响，让他感到自己是为人们所关注，是有用处的，从此而生出自豪感和责任心。随着年龄的增长与社会接触面的扩大，这种责任心与自豪感的内容也会增长、扩大，不只局限于自己的家庭。但从家庭中培养出来的这种感觉却是未来责任感的基础，没有家庭这种基础，孩子长大后对社会对人类的责任感与使命感便不知从何而来。

在我的家庭中，始终让儿子充当一些有意义的角色，使他感到自己的行为对别人产生的重要性，同时也培养他战胜自己弱点、增长各种能力的信心。

我和卡尔的母亲常常有意识地分派给儿子一些力所能及并且与他年龄相当的劳动任务。比如分担适度的家务，打扫卫生、负责为花草浇水等。我们与卡尔平等地交流，认为这是培养他责任心的一种方式，我们不但倾听他的心声、感受，还同他谈些自己的喜怒哀乐。当然，内容应该是儿子所能接受的。

有的人会认为："大人的事怎么可以同孩子讲，我哪里有时间去和孩

第六章 培养孩子好的性格

子闲扯呢?"其实不然,孩子的理解力是很强的,而且对外界的观察很敏锐,只不过他们的心理活动有时被成年人所忽略。

我常常会听到儿子的问话:"妈妈怎么啦?怎么不高兴啦?"这是孩子关心父母的一种表现,是我们应当积极鼓励的一种倾向。但很多的母亲却这样回答:"没有不高兴。"或者说:"大人的事,你不懂。"而且以为家里其他的事,更是与孩子无关,久而久之,给孩子留下的印象就是:"这家里的事与我没有什么关系,我只要不惹麻烦,衣来伸手、饭来张口就可以了。"

我不喜欢这样的父母,他们对孩子的这种忽视只能让孩子失去本来可以培养起来的责任感。

父母除了教会孩子自己的事情自己干,让孩子生活能自理,能帮助做家务外,还要让孩子从思想上做到不依赖成年人,这就要加强对孩子独立思考能力的培养,让孩子做到能独立地提出问题、思考问题、解决问题,养成自觉的好习惯。自觉的培养比起让孩子能生活自理则更进一步了,它是孩子全方位发展的体现,只有做到了自觉,才谈得上尽量不依赖成年人。

自觉包括学习和生活,上面已经讲了生活自理,接下来谈的是学习上自觉的培养:首先,培养孩子学习上的兴趣和动机,不能在学习上逼得太紧,这容易使孩子产生厌学情绪,应劳逸结合,孩子的学习最好是主动地学而不是被父母逼着学。其次,要培养孩子的学习能力,学习能力的培养与运动能力、动手能力、协调性的培养有关,这些在日常生活中都能培养,所以一定要让孩子自觉地干自己的事。再次,培养孩子的自信心,对孩子要民主,让孩子有自由发展的空间,和孩子一起面对错误、失败,不怕错误、失败,对其加以分析,从中吸取经验教训。

幼小生命初到这个大千世界,世界对他们而言是陌生而又新奇的,因为他们弱小,出现手足无措的情形并不奇怪。然而,无论是多么弱小,他们总有勇气去进行各种尝试,学习各种方法以适应这个大千世界,并融入其中。这是一个过程,明智的父母应该对孩子加以鼓励,促进这个过程,而不是去阻碍这个过程。

当孩子犯错误,或做一件事没有成功的时候,我们不应该用语言和行动向他们证明他们的失败。我们应该清楚,做一件事情失败了只能说明孩子缺乏经验和技巧，并不能证明他本身的无能或是他不愿意做。父母有责任耐心地去指导他们。

作为父母，应该培养孩子敢于犯错误、敢于失败的行为。孩子和成人一样有能力去犯错误，也同样有能力去纠正和改正错误。敢于犯错误和改正错误是同样珍贵的。

只有这样的鼓励才能培养出孩子的自信心和独立能力。所以，我在对儿子的教育中，尽量鼓励他去做他力所能及的事。遇到问题的时候，我总是让卡尔尽力想办法自己解决。

对于卡尔，很早我就有意地锻炼他过一种有规律的生活。让他学会周密地计划自己的时间，完成他的学习任务，发挥他的兴趣爱好。这并非想把他限制在条条框框之中，而是要让他充分地发挥自己的天赋才能，以便真正地完善自己。

有一次，我们和一些朋友进行为期两天的野外旅游。在走之前，我给卡尔提出了建议，告诉他应该带一些什么东西。为了培养他自己照顾自己的能力，我让他自己收拾行李。

到了野外之后，卡尔发现不仅自己的衣服带得太少，而且忘记了带手电筒。那天晚上天气似乎特别冷。卡尔对我说："爸爸，我觉得冷，衣服没有带够，我能用一用你的手电筒吗？"

我问他："为什么衣服带少了呢？"

卡尔说："我以为这里的天气和城里一样，没想到这儿冷多了，下次再来，我就知道该如何做了。"

我对卡尔说："是的，你应该先了解一下这儿的天气情况，做充分的准备，那样的话，你现在就不会感到冷了。那么，手电筒又是怎么回事？"

卡尔说："我想到了手电筒，但在出发时，忙来忙去，就把它忘了。"

我说："你一定要记住，以后千万不要粗心大意，如果不细心地对待每件事，你就会尝到粗心带来的苦头。"

卡尔说："我明白了，我以后一定要像爸爸出门时一样，列一个物品单子，这样就不会忘掉东西了。"

"没关系，这次我把你忘掉的东西都带来了，你看，这是你的衣服。"我一边说着，一边把他的东西拿了出来。卡尔一下子就向我扑过来，并狠狠亲吻了我。

我虽然在开始就知道卡尔带少了衣服,而且忘了带手电筒,这样会影响他的这次出游,但并没有立刻指出来。这样就给他一个机会,在尝试中得到经验。我认为这种方法非常有利于启发卡尔从实践中增长经验。到了最后,我把他忘记带和忽略的东西拿出来,既让他感到了我对他的关心,也让他对这件事加深了印象,促使他以后不再犯这样的错误。

我认为犯错误是很好的学习机会。许多父母在孩子犯错误时,不失时机地大加谴责、恐吓,这种做法的出发点或是基于改进的想法或是害怕孩子再犯同样的错误。这种想法是对的,但这样做常常产生相反的作用。

孩子们或因害怕受责备而不敢冒险,失去学习新技巧的热情与胆量,或产生反叛心理,反其道而行之。如果父母处理得当,可以将错误转变为绝好的学习机会,教给他们正确的做法,不必害怕犯错误,而是学会从错误中吸取经验教训。不视错误为坏事,不因犯错误而沮丧、气馁，才能使孩子成为一个快乐的人。

有一次，一位 16 岁的少年找到我，向我倾诉了他内心的苦恼。他说他的父亲酗酒，经常打他的母亲和妹妹们。有一天，他实在无法忍受了，就去问父亲为什么这样。可父亲说："你还有脸问我？你早该去挣钱养活自己和妹妹们了。"当时他很难过，因为他从来没有考虑过这个问题，小时候父母没有教育他应该怎样做。这位少年告诉我，在这之前，他只知道和别的孩子到处去玩，只是吃饭的时候才回家，也从没有考虑过父母和妹妹们的事。那天，他父亲对他说的话令他吃惊。他说，如果早有人教他应该怎么做的话，他可能现在会把母亲和妹妹们照顾得非常好。少年告诉我，他现在觉得自己是个罪人。

多么好的孩子啊！他的天性是多么的纯良，只不过是因为没有得到很好的早期教育，而白白地浪费了大好时光。

后来，这个少年经常来找我，诉说他的内心世界，我也尽力帮助他学习知识，教他做人的道理。现在，这个少年已经是个非常棒的小伙子了，他娶了妻子，用自己的勤奋劳动拯救了一个快要破败的家庭。他的努力促使父亲改掉了酗酒的习惯，让他的母亲过上了幸福的生活，并把两个妹妹送进了学校。

孩子的性格决定他成长的方向

孩子一生下来，根本不存在什么直爽或孤僻的性格。所谓的性格，很明显是在孩子的生命力顺应环境条件的过程中逐步形成的。换句话说，性格是孩子的生命力作为生存能力而表现出来的。直爽性格和孤僻性格，在现实生活能力方面存在着很大差距。

若是直爽性格，就易被他人接受，社交活动范围广泛，有走向各种人生道路的可能性。若是孤僻性格，社交活动范围就狭窄，做任何事情都不愿同人们直接配合处理，结果往往是半途而废，走向人生道路的可能性一直处于关闭状态。

由此看来，性格也是处理一切事情的能力。那么，为什么会出现有的孩子直爽、有的孩子孤僻的性格呢？这些不同性格既不是天生的，也不是孩子独创出来的。

当孩子的生命力作为现实生活能力得不到充分锻炼时，总觉得自己与现实生活相脱离，不能很好地去适应。其结果就体现不出孩子原有的那种"直爽""乐观开朗""温柔""刚强"等性格，反而出现了与原有性格不太一致的不良性格。

孩子的任性心理就是父母培养出来的。我认为，作为父母一般是不打算通过责备的方法培养孩子的。不过，不打算严格培养，可往往在不知不觉之中形成了对孩子的溺爱或者助长了孩子的反抗心理。特别是在当代的社会状况下，更容易把孩子培养成为娇生惯养的任性的孩子。的确是这样，当孩子摔倒哭了，立刻飞也似的跑过去抱起来。这样做的本身并不是坏事。但不管任何场合都用上述方法去做，就会把孩子培养成为一种"只要撒娇什么都能办到的"任性心理。

当然，并不是说孩子哭了不管就好。在弄清孩子情况的基础上，也可采取置之不理的态度。

比如说，那天我一个亲戚的孩子在院子里摔倒后大哭起来，他的母亲为之一惊，急忙拉开门往外看，似乎没有什么特别令人揪心的。于是就喊："小宝宝，乖孩子，快起来吧。"

不过，那个孩子哭个没完，不想站起来。于是他母亲关上门，从门缝里看孩子怎么办。不一会儿孩子站了起来，走到廊下，打开了门。当看到母亲那种坦然自若的样子，又跑到院子里倒下哭起来。

尽管如此，母亲仍置之不理，这样不知反复了几次，孩子终于认输了，擦干眼泪，回到屋里。

由此可见，孩子希望母亲把他抱起来，若满足他的要求，有时会助长他的任性。但母亲并没有被孩子哭泣的伪装所蒙蔽，采取了置之不理的态度，这一点是很重要的。为了不溺爱孩子，作为父母必须严格要求自己才行。

正在成长的孩子们，能力提高得快，领会也快。但是，对于或多

第六章 培养孩子好的性格

或少有自卑感的孩子来说，尽管做了努力，能力也难以提高。反之，能力成长快的孩子就没有自卑感。他们由于会做而感到高兴，所以，总是满腔热情地努力去做，能力也就不断地成长。

我深深感到无论是父母还是老师，都应该懂得孩子这样成长的规律和对其教育的诀窍。无意之中给孩子造成自卑感的父母，使学生抱有自卑感的老师，在现实生活中这样的父母和老师是何其多啊！

为了消除连孩子自己也没有意识到的、下意识的自卑感心理，父母要注意说话时的语言，并帮助他树立起有能力"办得到"的自信心，这是指导的诀窍。要孩子出色地去做"办得到"的事，使他树立起由不能变为可能的信心。

性格本身多少会改变，而且会不断地改变。例如，生活环境一旦变化，你的性格也有可能变化。这种性格的变化是由于不能很好地适应变化了的生活环境所造成的。

一般说来，父母都指责自己孩子养成的坏习惯，并希望他改正。但如果不反复正确地加以引导，其坏习惯就不易改变。另外，当能力还未培养出来时，即使怎样告诫他，也难以纠正过来。

对与现实生活环境不相适应的孩子来说，应该采取使孩子心情舒畅的易于接受的办法。如父母对孩子说："不妨再来试试看，多反复几次就会适应的呀！"这种办法会收到良好的效果。

另外，对孩子的优点要予以表扬，只有发扬优点才有利于克服缺点，使之向正确的方向发展。能力通过什么方法培养都会促进脑力活动的

加强。有了此基础，其他事情当然也就好办多了。

很显然，任何知识的灌输、智力和品格的培养都是为了巩固和加强孩子生存和成功生活的能力，如果我们根本就没有把根扎在土地中，那么枝叶生长得再繁茂又有什么用呢？同样，如果我们的孩子不能养成优秀的性格，那么对他的培养只不过是让他成为一个学习的机器，品格的培养也无非是在打造一个供堂中的神像，这又有什么意义呢？

我们说，孩子的性格决定了他成长的方向，性格是决定一个人成功的关键。从一个相对简单的层面而言，如果一个人的性格开朗直爽，他就很容易被人所接受，交往活动范围广泛，就有走向各种人生道路的可能性。而性格孤僻者，由于交往活动都只局限在狭窄的范围中，做任何事情都不愿同人们直接配合或得不到人们的配合，结果就会半途而废，以致人生道路的前途始终处于关闭状态，使得大量机会丧失。

从根本而言，一个人性格中自信进取的因素、百折不挠的意志力和勇气等都将直接影响他对前途的选择和把握，决定其生存与生活的方向和方式，决定其发挥自身所具备能量的程度。所以说，孩子能否成为一个全面的人才，孩子未来成长的方向如何，很大程度上取决于孩子的性格。

第七章
我怎样面对儿子成长中的问题

chapter 7

> 教育的前提在于以一颗宽大的心来了解、引导。对待犯错误的孩子,教育的目的就是把这些不利的消极因素通过适当的渠道转化,引导出积极的有利的因素。

鼓励孩子做一个诚实、正直的人

想要把孩子培养成诚实和正直的人，必须从小开始对他严格教育。

很多父母都会发现，孩子很小的时候就有撒谎的现象。撒谎的原因很多，有善意的撒谎，也有恶意的撒谎。

我认为，幼儿的撒谎很多是善意的。当孩子做错事后，为了逃脱父母的责怪，他们一般会撒谎。针对这种情况，父母应该很细心地了解孩子的内心世界，首先应该知道他们撒谎的原因，然后采取合理的方式去矫正。

不要以为孩子太小就不懂得道理，千万不要小看他们，他们能够懂的。

在生活中，我常常可以听到一些父母提出如下问题："我的孩子刚刚 5 岁，可他竟然当面对我说起谎话来，这正常吗？"或："当我的女儿琼告诉我她没有吸烟时，我知道她在对我撒谎，我该怎么办？"

碰到这种情况时，首先应检查自己是否时常撒谎。成人有时为避免伤害他人的感情，可能会说些无关紧要或无伤大雅的谎话。但在孩子们看来，成人说这类谎话时，可是的的确确在撒谎。

撒谎腐蚀了人与人之间的亲密关系，滋长了不信任，破坏了互相信任的美德。说谎意味着不尊重被骗对象。与经常撒谎的人在一起生活几乎是不可能的。在卡尔稍长大后，我就给他讲这些更深一点的道理。但在他幼小的时候，我一定会告诉他，撒谎是不对的，是会遭到惩罚的。

罗斯蒙德先生是一个十分善于与孩子交流的父亲，他致力于帮助孩子建立起高贵的品德，他给我讲述了他对待儿子汤姆撒谎的经历。

"那天我和妻子出差回来，发现厨房和客厅一片狼藉，我问汤姆是不是在家里举办了聚会，他却矢口否认。可是，当我问到汤姆的老师时，才知道汤姆整整缺课一天，和他同时缺课的还有好几个孩子，都是汤姆比较

第七章 我怎样面对儿子成长中的问题

要好的伙伴。我知道儿子对我撒谎了，他没有按时上学，而是在家里和伙伴们闹了一天。"

罗斯蒙德先生在认真考虑了事情的前因后果以后，开始进行反思：汤姆撒谎的习惯从何而来呢？是从父母还是学校里其他说过谎话的孩子身上学来的？经过自责，罗斯蒙德先生发现自己和妻子都曾在不经意间向孩子说过谎话。比如，一次妻子安妮想独自看演出，不想带汤姆去，就谎称自己去买日用品。还有一次，罗斯蒙德先生向孩子许愿在假期带他去海滨度假，可后来由于工作繁忙不得已取消计划。

这些事情显然给汤姆造成了不好的影响。

在校正汤姆撒谎的恶习时，罗斯蒙德先生采用的方式不是告诉汤姆自己已掌握了真相并以一种生气厌恶的姿态斥责他，而是绕过这件事，专门召开家庭会议，讨论有关诚实的话题。

罗斯蒙德先生对儿子汤姆和女儿埃丽说：

"诚实是人的一大美德，在同别人的交往中，一定要做到坦诚相待，不能靠说谎去蒙骗他人，因为谎言一旦被识破，会令对方很伤心，甚至很气恼，而且自己今后很难再得到对方的信任。"他用给女儿埃丽办生日晚会打比方："如果你举办生日晚会时，不能邀请某位要好的伙伴前来参加，那么就应当如实地告诉这位伙伴，因为父母对邀请多少位客人来家中参加生日晚会，做了严格的限制，所以只好忍痛割爱，没有邀请对方。倘若你向这位朋友撒谎说自己不打算举办生日晚会，或也没有邀请其他伙伴来家中参加生日晚会，那么，一旦这位伙伴了解到事情的真相，你们之间纯洁的友谊就会受到严重的损害。"

罗斯蒙德先生还诚恳地说道："父母不是完人，有时也可能会出现一些毛病，希望儿子和女儿监督我们以便及时改正。"

在讨论中，汤姆一直红着脸。后来，他终于鼓起勇气向父亲承认了自己逃学在家聚会的事情。此后，汤姆没再撒过谎。

卡尔两岁的时候，在餐桌上打翻了一个水杯。当时我和他的母亲都不在场。因为那天我去了别的教区，只有母亲和他在一起。母亲只去了别的房间一会儿，回来就发现餐桌被弄湿了，而卡尔的水杯都空了。

"小卡尔，是你弄翻了水杯吗？"儿子的母亲问他。

卡尔一个劲儿地摇头否认。

母亲看着他机灵可爱的样子忍不住笑了起来,明知道是儿子弄翻了水杯却没有责备他。

晚上我回家后,卡尔的母亲把这件事告诉了我。

我仔细想了想,认为虽然今天我不在场,但还是有必要和儿子谈一谈。

"小子,今天是你弄翻了水杯吗?"我严肃地问他。儿子仍然摇头否认。

"卡尔,我希望你能对我说实话,无论是不是你干的,你都应该说实话。虽然我和你的母亲都没有见到,但上帝会看见的。"我板着脸说,"我和你母亲,还有上帝,都不喜欢撒谎的孩子。"

后来,卡尔埋着头承认是自己干的。我没有责怪他。

我知道,打翻水杯这件事本身比起养成孩子撒谎的习惯简直是微不足道的。

很多父母认为孩子小小的谎言没有什么危害性,甚至还觉得他们很可爱。我可不这样认为。撒谎一旦成了习惯,在他们长大后就会变成罪恶的源泉。当那种习惯形成后再去改变它,只会是徒劳罢了。

认识卡尔的人都会说他是一个诚实的孩子。我想儿子唯一的"谎言"就是否认他打翻了那个水杯。

在以后很多的日子中,无论他做了什么错事,都会勇于承认。至今,我还没有听谁说过卡尔撒过谎。

做父母的都知道,孩子几乎是刚会说话就开始撒谎,有时可能更早些。比如母亲到另一个房间做事时,两岁半的吉姆弄翻了粥碗。母亲进来后十分生气:"吉姆,是你干的吗?"尽管当时没有别人在场,吉姆还是一个劲儿地摇头否认。

一般说来,孩子撒谎时,父母们总是忍不住要笑。一天早晨7点钟,詹妮斯的父亲发现玩偶的脑袋不见了,便问3岁的詹妮斯。詹妮斯尽管是嫌疑对象,却还是说不知道。

吉姆和詹妮斯都知道自己的行为不对,因害怕父母生气,可是他们却不知道撒谎会

让父母更生气。孩子在 2～3 岁时，认知和语言能力的发育都不成熟，还不能看出自己的言行之间有什么直接关系。对他们来说，行为远比语言重要，而语言都是模糊的，有多重含义的。

随着年龄的增长，大多数孩子的情商也相应提高，而诚实的性格却不然。5 岁时 92% 的孩子认为说谎永远不对，75% 的人说自己从未说过谎。到 11 岁时，只有 28% 的人认为说谎永远不对，没有人宣称自己从未说过谎，随着年龄的增长，孩子们逐渐开始区分谎言的类型和轻重程度。为了逃避惩罚而说谎是最坏的，比如"我丢了钟表，所以上午没法不迟到"等。为了不伤害某人的感情而说谎就不那么坏，比如"我喜欢你的新衣服，它使你看上去更漂亮"等。而为了帮助别人才说的利他主义的谎言，已经被看作是可以原谅的、高尚的。比如"艾尔逊把身上弄脏了，是我的责任。是我让他走那条很泥泞的小道的，我以为那是条捷径"等。

孩子不诚实有多种原因，有的可以理解，有的不可以。小一点儿的孩子说谎一般是为了免受惩罚、得到自己想要的东西或让同伴羡慕。少年说谎更多是为了保护隐私（"我刚才出去了，没看见任何人"）、考验权威（"这学期历史课没有期末考试，不信你可以打电话问历史课老师"）、避免受窘（"他们取消了生日聚会，所以不需要同伴"）。

婴儿及幼儿在不开心或不遂意的时候，就会直接用哭啼来表示。孩子逐渐长大后，知道了哭不能解决问题。因此，当他不快、疑虑的时候，往往将自己的感觉隐藏起来。有些孩子会以沉默的方式、独坐一角或摔东西来表现自己的情绪，这样父母也就很容易察觉孩子的异样。但也有些孩子并没有什么表现，只是将困扰的情绪埋于心底，渐渐形成郁结，失去应有的童趣。

很多父母都认为童年生活应该是无忧无虑的，对于孩子紧张不安的表现实在感到莫名其妙。如果父母有这种想法，显然是忽视了孩子的存在价值。由于父母的不了解，孩子也不轻易将内心感受说出来，结果父母常会发现孩子说话口不对心。这并不表示孩子爱说谎话，而是他另找借口以掩饰心中的烦恼。

当有迹象显示孩子情绪受到困扰时，父母该怎样做才能透视孩子的幼小心灵、解除他的焦虑呢？

小孩的心理困惑多是暂时性的，只要父母能从孩子的立场去了解他，为他设想，自然能够舒缓孩子的心结，事情也就容易解决。

不过，父母亦需留意孩子另一类的口不对心，否则任其发展下去，真会有养成说谎这个坏习惯的可能。惯于说谎的孩子表现虚伪，往往不能真诚地与人相处，对培养良好的道德品质实在不利。

严厉责罚说谎的孩子是没有用的，这样只会令他更加紧闭自己的心扉，或再次说谎以逃避可以预料的惩罚。做父母的应该细心分析孩子说谎的因由：是否父母要求太严格，孩子因恐惧而不敢说真话？是否由于遭受冷落，孩子利用谎言来引起对方的注意？是否因自卑心理作祟，希望赢得别人的赞美？是否因嫉妒心重，出于报复心理？是否因本身能力问题，承受不了过多的压力？

父母在寻找问题的症结时，更要同时反省自己，不要对孩子有过度的期望或干涉，以诚恳的态度认同孩子的感受，让他了解没有说谎的必要。

对于孩子第一次说谎必须要认真纠正。孩子说谎有个形成过程，假若孩子第一次说谎成功，就会为形成坏习惯打开一扇门，而坏习惯一旦形成，就难以纠正。对初次说谎的孩子，父母不能生硬训斥，又是批评又是打骂，当然也不能轻描淡写，更不能觉得好玩，这样会给孩子送去错误的信息。

当发现孩子撒了谎，大部分父母必定如审问犯人般，追究到底，孩子被追问得急了，便推卸责任。说谎是因害怕说真话而挨骂的避难所。孩子一方面被教导不可说谎，另一方面亦确曾因说实话而遭责骂，这种结果，是孩子因自卫而撒谎的主要原因。孩子常被灌输以"说谎是坏孩子"的观念，可是现实生活中，在现实和父母正统教育的冲击下，他们感到无所适从，甚至反过来怀疑父母的说法。

需要区分的是一个三四岁的小孩捏造一个故事时，他绝不是在说谎，而是他的想象力异常活跃，常将现实和想象混淆：例如他看到别的小孩患病，他也告诉妈妈："我发烧了！"这是他凭想象而说出的话，根本不懂什么是真，什么是假。

父母不必为他偶然编造的故事而勃然大怒，造成他的罪恶感，更不必为此而担忧孩子会变坏。如果你发觉他时常描述一些假想的朋友或奇遇，你应该想想是否他的现实生活中缺乏玩伴，或是家庭气氛太冷淡？

小孩子常渴望被人拥抱、爱护，也希望父母能够轻松亲切地和自己聊天；如果周围的大人表情太严肃，不轻易表露自己的感情，孩子自然会幻想一些能够安慰他与了解他的朋友，正如饥饿的人一定喜欢幻想一些美食摆在自己跟前一样。

杜绝大孩子说谎的最佳对策是不追究，让他了解没有说谎的必要。对他说："你可以把实情告诉我，问题出在哪儿？让我们看看有什么解决的办法。"他可能无法立刻给你一个确切的答案，因为很可能连他自己也不太清楚烦恼从何而来，即使是明白到自己的烦恼所在，也未必能立刻坦白告诉你。父母必须花点时间去了解，让他觉得当初若能诚实地告知真相，是会获得原谅的。

孩子说谎是常有的现象，有时是因为怕挨骂怕挨打，有时是为了躲避劳动，有时是为了得到表扬也说谎话，有时也源于孩子怠惰的习性。

无论大人或小孩，当陷入一个尴尬局面时，最圆滑的退路就是撒一个小小的谎，这种情形没有什么大害；一些开玩笑的谎话，也无伤大雅。孩子渐渐长大，社交关系日益复杂，对社会有了粗浅的认知，这时会有更多的同龄朋友来分享他的内心世界。当他不想完全敞开自己的内心世界时，有时会在不自觉间找借口来掩饰。父母必须明智地正确引导他们判断说谎的内容和对象，告诉他不能违背良心地推卸责任，因为有些谎言可能会损害朋友关系，惹起事端。

孩子撒谎，有时并非是真正的说谎，而是一种掩饰、一种推卸、一种抗争、一种期盼，他希望大人来读懂它。父母们不要动辄骂孩子："你怎么撒谎？""撒谎是坏孩子！"让孩子觉得自己就是个爱说谎的坏孩子，无药可救了，便更加处处掩饰自己，想在别人面前显示自己"很强、很优秀"，以得到别人的夸耀，最后成了真正爱撒谎的人。

放纵孩子的任性不是关爱

有一次，卡尔想吃一块点心。我没有给他，因为我们刚刚吃过晚餐，过多的吃喝会影响他的健康。不到两岁的儿子发起脾气来，他躺在地上，大哭大闹。他的母亲看不过去了，连忙答应了他的要求，她拿着儿子渴望的那块点心说："好啦，卡尔，快起来。"卡尔的哭闹取得了胜利，他得到了那块好吃的点心。

当时，我并没有说什么，但我意识到，卡尔的哭闹是一种对父母权力的挑战，并且在这挑战中取得了胜利。

后来，我和卡尔的母亲谈到了这件事，并把我的想法告诉了她。

我认为面对儿子这种哭闹的挑战是不应该去迁就他的。由于儿子还小，这种迁就的恶果不易看出来，但已经种下了不良因素的种子。如果儿子长到了十四五岁，仍然以这样的方式对他的话，他将会变成一个蛮横无理的人。

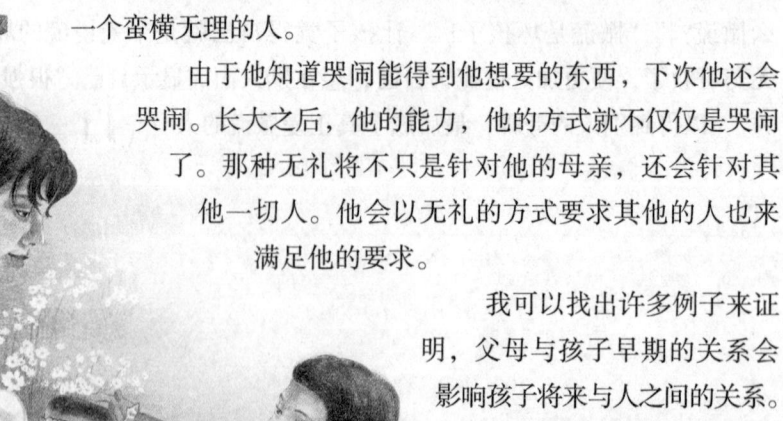

由于他知道哭闹能得到他想要的东西，下次他还会哭闹。长大之后，他的能力，他的方式就不仅仅是哭闹了。那种无礼将不只是针对他的母亲，还会针对其他一切人。他会以无礼的方式要求其他的人也来满足他的要求。

我可以找出许多例子来证明，父母与孩子早期的关系会影响孩子将来与人之间的关系。

有一个女孩，出生在一个非常富足的家庭。她长得非常漂亮，也非常聪明伶俐，是我们这一带很有"名气"的小姑娘。由于她天生可爱，又是一户有钱人家的女儿，所以很多人都非常喜欢她。

她的父母更是把她当作掌上明珠。

去她家拜访的人，总会给她带去最好的玩具。据说，那些做工精美且很昂贵的洋娃娃就有上百个。

小女孩可以说是每天生活在玩具的世界中。

我曾经告诉过她的父亲，不要让女儿太多地把时间花费在玩具上，应该尽早地对她实施教育。可她父亲不以为然，他说让孩子学习现在可能太早了，等她长大些后再说吧，不仅如此，他还嘲笑我说："威特牧师，听说你正在培养天才儿童，什么时候带来让我瞧瞧吧……你可别把你的宝贝儿子变成个书呆子啊。"

对于这样的父亲，我还有什么话说呢？

后来，我听人们说起那个小女孩：由于她的玩具太多，就一点儿也不爱惜它们。她时常把那些可爱的洋娃娃扔在路边的小沟里，有时还用小刀之类的东西把洋娃娃割得乱七八糟。每当她发脾气的时候就把玩具摔在地上用脚使劲地踩踏。

当家里的人教训她时，她甚至威胁父母："我会用刀杀死你们。"

有一次，因为用人做的饭菜不合她的口味，便记恨在心，吃饭时她什么也没有说，只是在饭后将一把小刀悄悄地藏了起来。

第二天，当那位善良的女佣正在厨房做饭时，小女孩乘她不防备将那把小刀插进了她正在洗菜的手中。

女佣大叫起来,鲜血从她的手背上流了出来。小女孩并没有因此而有所顾忌,还大声嚷嚷:"你做的菜太难吃了,是不是你的手太笨了?"

当我听说了这件事后,感到非常的痛心。那是一个多么可爱的小女孩啊!怎么会变得这么无理和残忍!这种事情的发生,只能怪她不负责任的父母。他们不知道孩子的这种性格会对她的将来有多大的坏影响。我不知道她的父母对这件事的发生有什么想法,但真希望他们能好好反思,从而去学会合理地教育孩子。

一味地纵容孩子并不是关爱孩子。如果希望把良好品德传授给孩子,做父母的必须以身作则,必须自己就先具备良好的品德。

在以后的日子里,在我的家庭里,再也没有发生这样的事,即便卡尔再怎样哭闹,他也不会得到他不应该得到的东西,不管是食物还是玩具。因为我要让他知道,哭闹是没有用的。

有一天,一位邻居告诉我有关他儿子的事,他觉得他的儿子糟糕透了。由于卡尔学识和品德都是很优秀的、众所周知的,所以这位邻居想向我请教怎样教育孩子。

他垂头丧气地告诉我:"我和妻子在儿子幼儿期和童年期忽视了对他性格的管教,那时他把整个家庭搅得一团糟。妻子认为他还小,相信以后长大后会变好的。可是事实却不是这样,他变得越来越坏,脾气暴躁,自私贪婪,自以为是。他做错了事,我们简直不敢管他,他甚至比我还厉害。他现在12岁,已经变成了我们一点也控制不住的野马。他真令人讨厌,时常向我们发脾气,蔑视家庭和父母,似乎家中的一切都不如意。"面对这样的情况,我能说些什么呢?放纵孩子的任性只能带来恶劣的结果,绝对不是对孩子的关爱。父母固然应该尊重孩子,但绝不能养成孩子放任的性格。

父母在教育孩子前,首先要搞清楚什么是对的、什么是错的,应该首先知道采取什么样的方式去对待孩子的过失。

我是这样对待儿子的:如果卡尔在房间里行为笨拙,撞翻了桌子,打翻了杯子,或者不小心弄坏了我的东西,这些事情并不是他无理取闹,不属于他应该负责的范围。他并没有恶意,并没有向我挑战,只是不小心罢了。这种情况,我不会去责怪和惩罚儿子,只是随时提醒他以后要小心,不要那么鲁莽。

如果卡尔为了引起我的注意或因为某件事不顺他的意而向我挑战的话，我一定会采取一些方式制止和惩罚他。

幸好这样的情况在卡尔身上极为少见。因为在卡尔很小的时候，我就以身作则先去尊重他，从来没有无故地对他施加暴力，他尊重我也是极自然的事。

有的孩子很任性，动不动就又哭又闹、使性子，把父母搞得一筹莫展。很多时候，父母只好迁就，我认为这种做法是极其错误的。因为这样，孩子就会错认为自己成功了，越来越任性。

众所周知，父母是最了解孩子的。对于孩子的脾气和性格，父母应该最清楚，应该知道孩子在什么情况下会发生什么样的任性行为。在预料到他要做出任性行为之前，父母应该采取一些预防措施，避免孩子发脾气。比如，孩子吵着要买玩具，但是父母以为没有必要，就应该对孩子说：我去问一下你的姨妈，看你这样大的孩子适合不适合买这种玩具，如果她说合适，我再给你买；如果不合适，那么就不买了。事先把不买的可能告诉孩子，孩子会进行自我调节，做好心理准备，这样就可以防止任性胡闹的发生。

在卡尔的成长过程中，我非常注意观察他内心世界的变化，目的在于养成他良好的性格。从一开始，我就注重用各种方式培养他的品性，因为一个人的成功与否不光是缘于他的学识和能力，性格往往是决定成败的关键因素。

儿子的成功来自我们对他的诚实评价

如果卡尔对他人说了些鲁莽的话，我并不马上斥责他，而是先立即给对方道歉。我会向对方说："我儿子是在乡下长大的，所以才说出这样的话来，请您不要介意。"这时儿子就已省悟到自己可能说了不合适的话，过后他一定会询问其中的原因。

等儿子问我时，我会向他说明："你刚才说的那些话从道理上来讲也没什么不对，而且我也是那样认为的。但在别人面前那样说就不好了。难道你没有发现，当你说了那些话后，彼德先生的脸都臊得发红了？人家只是因为喜欢你，又碍着爸爸的面子，所以才没有作声。但他心里一定很生气，后来彼德先生之所以一直沉默不语，就是因为你说了那种话。"

我这样对儿子讲明道理，我想我及时地对儿子的行为进行了冷静的观察并做出了诚实的评价，这样的教育方法绝不会伤害儿子的判断力，让他感到迷惑。

为了说明我这种教育方法的好处，我想对此做进一步的说明。

假设在我向儿子提出批评以后，他继续反问："可是我说的是真的呀。"这时，我会进一步开导他："是的，你说的是真的。但是彼德很可能想：'我有我的想法，你那么小的孩子知道什么。'再说，即使你说的话是真的，你也没有必要非将它说出来不可。因为那已经是人人皆知的事，你没有发现别的人都是沉默不语吗？如果你认为只有你才知道，那你就太傻了。再打个比方，大人指责孩子的缺点本来是理所当然的，因为孩子在成长过程中，有许多缺点，指出来了并不是什么可耻的事。即使这样，人们对你的缺点不是都装作不知道吗？如果你以为人们都不知道你的缺点，那就大错特错了。事实上，人们已经知道你的错误，但都沉默不语，这是为了考虑你的面子，为了不使你丢脸而已。这样你就明白了人们对你的好意了吧。而你在发现别人的缺点以后应该怎么做呢？也应当这样。你知道有这样一句话吗：'自己不愿做的，也绝不要让邻人去做。'道理就是这样。所以在人面前，指出别人的缺点和过错是很不好的。"

听了这样的开导后，儿子由于年幼肯定还是感到困惑，因为他的心理还不像成年人那样复杂，而且这种处世方法很可能被视为不诚实或过早地世故，但我觉得我这样做很有道理。

假如儿子还是不理解，又提出："那不就得撒谎吗？"我就继续开导他："不，不能说谎，说谎就成了说谎的人，伪君子。你没有必要说谎，只要沉默就可以了。如果所有的人都互相挑剔别人的毛病和过错，并在别人面前宣扬，那么世界不就成了光是吵架的世界了吗？那我们也就不能安心地做事和生活了。"

不过，对卡尔，我用不着说这么多，几句话他便能领悟到自己的过错，含着眼泪保证不再重犯。

我就是这样教育儿子的。

我相信我的教育是合情合理的，它源自我对儿子的诚实评价。态度上对卡尔从不专制，也就不会蒙蔽他的理性，更不会伤害儿子的判断力。

杜绝儿子产生恶习

孩子毕竟是孩子，在他们成长过程中不可避免地会产生各种不良习惯。因为他们太小，对事物的判断及对事情的处理上都显得能力有限。作为人之父母应该首先注意这个问题，不能把孩子的"恶习"与成人的恶习相提并论，因为孩子的"恶习"还不具备成人恶习的性质和危害。比如说，当一个孩子说"我恨死你了"的时候，就和成人说"我恨死你了"不是一个概念。父母在面对这些时，应该多从孩子的立场出发，多去考虑一下孩子说话、做事的动机，以免小题大做，弄假成真。

在成长过程中，孩子总会暴露出这样或那样的不良思想或者不良习惯。他们还都不懂得所说或所做的事意味着什么，而对此父母必须及时发现并给予矫正，以防种种看似微小的毛病最终成长为难以挽救的道德缺陷。

然而可怕的是，有些父母对孩子的小毛病置若罔闻，认为树大自然直。甚至个别父母还会对孩子的毛病加以夸奖，以致孩子逐渐在邪恶的引诱下越滑越远，直至走到犯罪的边缘。

有这样一个古老的故事。

很久以前，有一个小男孩从小就养成了偷东西的不良习惯。有一天，他趁邻居不注意时偷了邻居家的一个鸡蛋，并且把鸡蛋拿回了家。他的母亲并没有责怪他，反而还表扬了他，说他真能干。这样一来，这个小男孩不仅只偷这些小东西，慢慢地变成了见什么就偷什么，每一次偷了东西回家后都会得到母亲的夸奖。后来，这个小男孩长大了，成了一个无恶不作的强盗。上绞架之前，他要求和母亲说句话。当母亲把耳朵凑到他的嘴前时，他却狠狠地咬下了她的耳朵。

母亲大哭起来："我对你那么好，可是你为什么这样对我？"

强盗说："如果在我第一次偷东西时你就教训我，我今天也不会落到这个下场。"

尽管说强盗的结局属于咎由自取，但他的母亲确实要承担很大的责任。因为孩子在做坏事或出现不良思想或行为时，对其所作所为还不能有足够清晰的认识，此时需要由父母将他引向正确的航向。

"差之毫厘，失之千里"，孩子目前看似微小的毛病在将来很可能成为罪恶的开端。

不少父母看着孩子一天天长大，却发现他们在一天天变坏，而且是越大越不听父母的话。这虽然是孩子一天天变得独立的表现，但是如果管教不力，就很容易形成各种各样的不良习惯，甚至"恶习"，对此要有十分清醒的认识。

孩子的任何一点恶习都可能成为一座堤坝上的蚁穴，若不及时填塞，就会在未来的某个日子里出现洪水泛滥的情形。

卡尔5岁时，我发现他在没有得到别人允许的情况下拿别人的东西。我之所以没有用"偷"这个词，是因为我认为儿子这样做并非真正的偷盗，而是因为他年龄太小，不知道这种行为的恶劣。

有一次，我和儿子一同去外面买东西，当我们快要回到家时，我发现儿子的手中拿了一个苹果，这让我感到奇怪，因为今天我们根本就没有买苹果，那么儿子的苹果是从哪里来的呢？我仔细地回忆当天外出购物的情景，我们在路上曾在一家水果店前停留过，我意识到卡尔在别人不注意时拿了那个苹果。这件事让我大吃一惊，因为我从来没有想到过自己的儿子会做出这样的事。但当时我并没有对他大加指责，而是耐心地向他询问这个苹果是怎么来的。卡尔也没有隐瞒，老老实实地把实情告诉了我。他说："我看见那个苹果很可爱，我想那一定很好吃，所以就把它拿了回来。"

晚饭后，当家里只有我和卡尔两个人的时候，我把他叫到了我的书房，并把儿子抱在膝头。

我问儿子："今天你从水果店里拿那只苹果的时候付钱了吗？"儿子说："没有。"

我说："今天带你出去买东西，我买的每件物品都是付了钱的。你知道为什么要这样吗？"

儿子摇了摇头，不知应该怎样回答。

我说："拿了别人的东西后要付钱，这叫作买，如果不付钱，就叫作偷，买东西是正常的事，而偷东西是邪恶的事。"

儿子说："可是水果店里有那么多苹果，拿一个有什么关系呢？以前那位先生还给过我好吃的果子呢！"

我耐心地开导他："水果店里当然有很多水果，可是那些都是用来卖的，是水果商谋生的手段。水果商必须把水果换成钱才可以维持生活，如果都被别人在不付钱的情况下拿走了，他怎么能够继续把店开下去呢？那么他又靠什么生活呢？所以，不付钱就拿别人的东西是极为错误的行为。至于有时那位店主送给你一个果子，是因为他看你是个孩子，对你有好感。这是他给你的礼物，你可以接受。但是，这并不表示你可以随便拿。再说，别人对你那么好，你就更不应该随便拿别人的东西。"

这时，卡尔明白了我的意思，并且承认了自己的错误，表示以后再也不这样做了。

当儿子发脾气的时候

有一位慈祥的母亲对我说,她的儿子脾气暴躁,动不动就发脾气,真不知该怎么管教他。其实,要想让孩子变得有涵养而不粗暴,首先要弄清楚原因。

为什么容易发脾气呢?

我认为,小孩子之所以容易发脾气,是因为孩子的感情比较脆弱,容易被激怒,心中有一种无法遏制的东西,这种东西就是挫折所形成的一种负担。孩子太小,不知该怎么办,只有通过发脾气才可以发泄出来。

孩子发脾气时忘掉了周围的一切,内心被怒火所控制,他感到害怕、痛苦,但是自己控制不了。孩子发脾气时很可怕,好像着魔似的。父母不仅应该充分注意孩子发脾气的问题,还要弄清楚他发脾气的原因,并且采取一些可行的方法防范他们发脾气。

我认为,父母应该尽力去安排好孩子的生活,让孩子少受挫折,或者让孩子所受的挫折在他们能够容忍的限度之内。不要过分地规定孩子做什么事,也不能太过分地强迫孩子不做什么事。严格教育是应该的,但万事都有个限度,不能让孩子去承受他们极限之外的事。因为这样反而将孩子逼上了死角,他就会不知所措,会情绪极差,那自然就会乱发脾气了。不仅是孩子,连成年人也会有无法承受的东西。

当孩子情绪不好时,不要过多地招惹他,在他遇到困难时不要用过激的话刺激他,要等他平静下来之后再去慢慢开导。

如果孩子发了脾气,应该采取相应的办法处理,以免造成更坏的结果。

我在教育儿子和研究别的孩子的过程中逐渐积累了一些经验:当孩子

为某事就要发火时，应该转移他的注意力，使他暂时忘记不高兴的事，慢慢地安静下来。父母在这种情况下一定要冷静，不要火上浇油，更不要用简单粗暴的行为加以制止。孩子静下来之后，父母要加倍体贴，好言安抚他。有的孩子发脾气时不准人抱，抱着他就等于火上浇油，那么父母不要硬去抱他，只需收拾好易碎的东西，保护好孩子不受伤就行了。万事都要等他冷静下来后再说。

当孩子正在气头上时，不要直接与他讲理，因为这时他是什么都听不进去甚至不讲理的。这时，父母更不该向孩子发脾气。发脾气就像传染病，用发脾气的方法制止发脾气是不明智的，这只能使他的脾气越发越大。

对于孩子的坏脾气，父母不应该去奖励或惩罚，应该让孩子懂得发脾气得不到什么也不会失去什么。例如，孩子因为不想吃饭而发脾气，脾气发完之后，饭还是要吃的，当然父母要给他讲清楚道理。如果平时吃饭后会得到奖励，那么脾气过后吃饭仍旧要奖励。

如果孩子在大庭广众下发脾气，父母一定不能顺从他。很多父母由于害怕孩子当众发脾气而常常顺着孩子，这种做法是极为有害的。因为孩子虽小，但自有他狡猾的一面，他们常常利用父母的弱点发起进攻。父母一定要想办法不要让孩子知道这一点。要做到这一点也不难，如果孩子当着他人提出什么要求，父母最好给予帮助，合理的要求就满足他。如果硬要等到他发脾气再去帮助他，后果就不好了。对孩子的要求要有选择地满足，不合理的要求可间接地答复他，如告诉他回家再说，或对他表示等客人走了再说，等等。孩子发脾气主要是因为自己太弱小，面对问题感觉无能为力。随着孩子一天天长大，他们的能力增加后，日常生活中受到的挫折也就会越来越少。他也会慢慢地变成一个心平气和、通情达理的孩子。

第八章
什么样的教育才不会伤害孩子

chapter 8

父母的举动,一言一行都会对孩子产生很大的影响。家庭应该是欢乐和爱的殿堂。在父母对孩子进行严格的管教时,不能因为他们不懂事就不尊重他们。

在家里，我和儿子的地位是平等的

卡尔和我们一起吃饭时，我把他和大人同样对待，和他聊天，讨论饭菜的味道。吃饭时的谈话也是选择他能懂的话题，平等地与他谈话。有的家庭，吃饭时不让孩子说话，父母严肃得吓人，让孩子感觉到吃饭就像是在受刑似的。要么就在饭桌上把孩子的缺点全部翻出来，对他进行各种各样的批评。孩子不仅不能得到吃饭的乐趣，还伤害了他的食欲，更加糟糕的是让他自己觉得自己一无是处，产生强烈的自卑感。这样的父母，让孩子时刻处在畏畏缩缩、低人一等的状态中，那么他还会有什么自尊心呢？

有些父母，为了使孩子容易管教，故意让孩子怕自己，根本不把孩子当成一个人来平等对待，而且自己像一个君主，孩子像一个奴仆。这样只会让孩子变成一个懦夫。这样的父母，是正在把孩子变成一个失败者。一个懦弱者想在这个社会里获得成功是非常困难的。在我的家庭中，儿子不仅是我的好朋友，也是他母亲的好朋友，并且和家里的女佣也是好朋友。我们互相尊重，平等相待。

孩子的很多问题是不合逻辑的。但仔细想一想，大人的问题其实也不外乎是些可笑的东西，所以不论孩子提出什么问题，决不应嘲笑。不但不应嘲笑，而且应该亲切地予以回答。如果父母嘲笑他，他就会因害羞而不再提出问题。提问是孩子获取知识的向导，应充分利用它向孩子传授知识。若遇到自己不懂的问题，可以问问别人，也可以经过研究之后再给他耐心的解答。

孩子既不能受清规戒律的束缚，也不应受到权威的压抑。受到权威的压抑，孩子的辨别能力就会萎缩。如果没有辨别能力，也就谈不上有独特见解和首创精神。不仅如此，它还会形成孩子病态地接受暗示的心理。久而久之，在权威压抑环境中成长的孩子，他们精神上就会产生种种缺陷。所以说，为了培养孩子的辨别能力，不论在教育中还是在行为指导上，都不许用不准反驳的权威去压抑他们。

要知道，父母是人而不是神。父母们常犯的错误，就是当孩子问出一个他们答不上来的问题时，为了保住面子，随便给出一个错误的答案，甚至以大声呵斥孩子来掩饰自己的尴尬。而这会给孩子的智力发展埋下难以预料的严重隐患。

父母不应该戏弄孩子，因为孩子受到戏弄，就容易变成不知羞耻的人，变得粗暴，或是用心不良，甚至不把人当人看待。由于小时候受到父母的戏弄，以后成为罪犯而入狱者大有人在。我不仅不戏弄儿子，而且连随便应付他的情况都没有。对于儿子的一切，我都是认真对待的。

对于卡尔，我从来不欺骗他。不仅如此，我从来不欺骗任何一个人，因为欺骗是一种罪行，是上帝所不允许的行为。

如果欺骗了孩子，被他知道了，他就不再相信父母了。父母失掉了孩子的信任，其后果是不堪设想的。欺骗孩子，孩子也学会欺骗他人。

有一次，一位父亲自豪地对我说："我的儿子将来一定会成为一个大政治家。"当问他为什么时，他说："前天，我儿子把他母亲放在碗橱里的菜吃了，把剩下的抹到猫的嘴巴上。"

这样的父亲，我认为是不可救药的。他儿子的欺骗行为肯定都是从他那里学来的。

很多父母把孩子视为玩物。认为孩子这也不能做，那也不能干，一切都包办代替，结果使多数孩子对自己的能力缺乏信心。卡尔的母亲从婴儿时期起，就耐心地教他给妈妈扣衣服上的纽扣，我认为这是非常有益于儿子锻炼自己的方法。

让儿子从小给母亲扣衣服扣，除了练习手的动作外，还培养了他帮助他人的观念。为此，卡尔母亲还教儿子自己穿鞋、穿衣服。即使很忙，她也要花点时间教儿子自己穿脱衣服，因为这是对孩子的教育。

当今，耐心地慢慢地听幼小孩子说话的大人渐渐地减少了。常常看到有的人当小孩子靠近时不得不应酬一下，并说出"不善于与孩子打交道……"之类的话，说完就急忙躲开了。另外，作为孩子的父母，不是面

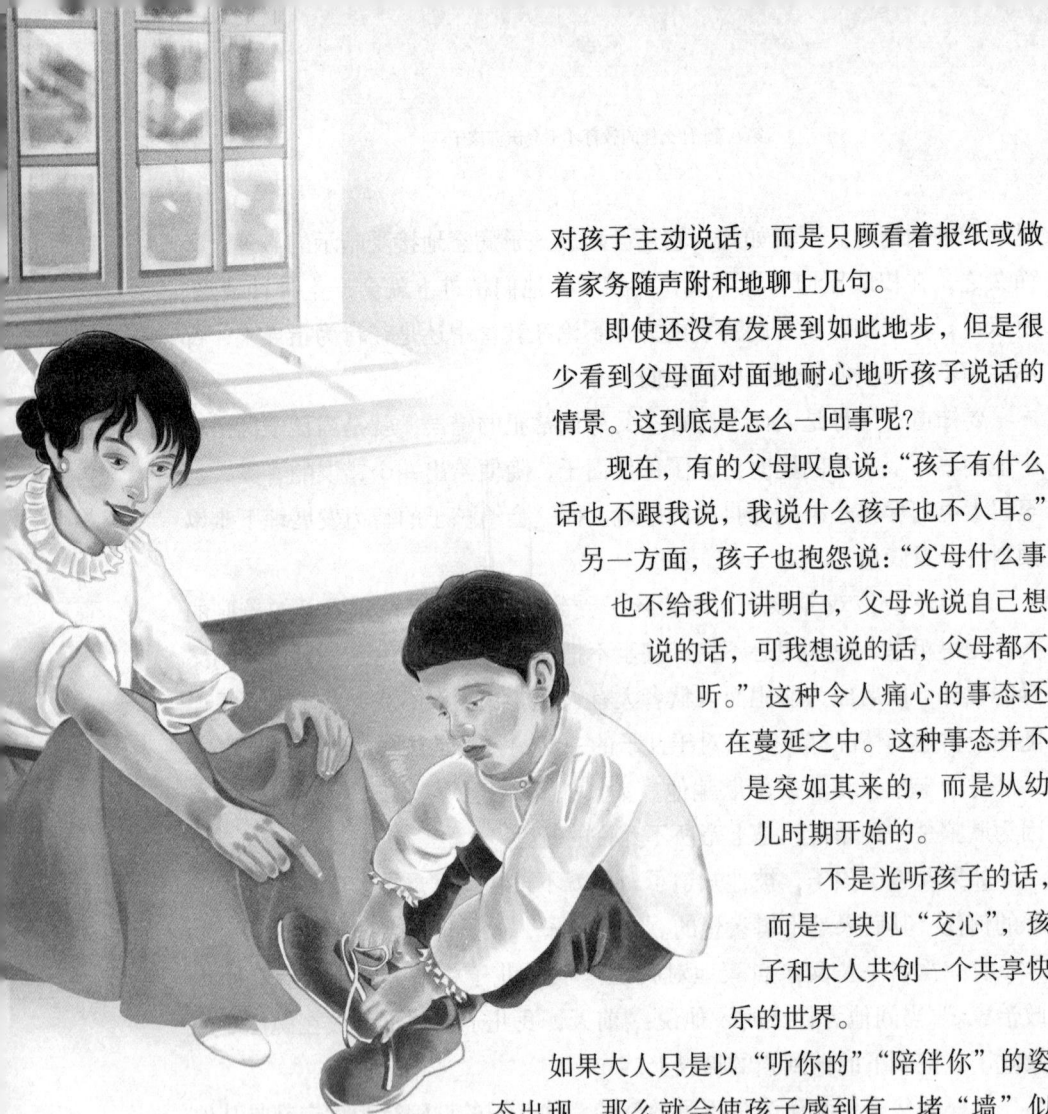

对孩子主动说话，而是只顾看着报纸或做着家务随声附和地聊上几句。

即使还没有发展到如此地步，但是很少看到父母面对面地耐心地听孩子说话的情景。这到底是怎么一回事呢？

现在，有的父母叹息说："孩子有什么话也不跟我说，我说什么孩子也不入耳。"

另一方面，孩子也抱怨说："父母什么事也不给我们讲明白，父母光说自己想说的话，可我想说的话，父母都不听。"这种令人痛心的事态还在蔓延之中。这种事态并不是突如其来的，而是从幼儿时期开始的。

不是光听孩子的话，而是一块儿"交心"，孩子和大人共创一个共享快乐的世界。

如果大人只是以"听你的""陪伴你"的姿态出现，那么就会使孩子感到有一堵"墙"似的，并且不能越过它，从而形成得不到父母理解的心理状态。

与孩子打交道感到痛苦是因为还没有与孩子交心的缘故。如果遇到孩子能交心，那么就会自然而然地说起话来，形成一个快乐的世界。在这个世界里，大人和孩子就处在没有"墙壁""互相理解"的安全感之中。如果孩子从幼小时期就有这种体验的话，那就绝不会出现所谓家长与孩子断绝关系的现象了。

只要把耐心听孩子的话作为日常生活的行动，孩子的世界就能渐渐地看清楚了，并从中发现乐趣，并能从大人的智慧中吸取力量。

当我儿子提出问题时，我总是给予鼓励，并耐心地作答，绝不欺骗儿子。在教育上，我觉得再没有比教给幼儿错误的东西更可恶的了，这个错误可能会影响到孩子一生，因为最初的印象往往是最深刻的。所以，在对儿子的教育中,我坚持竭力排斥那些不合理的和似是而非的知识。在给儿子解答问题时,我尽量做到充分考虑到孩子在现有的知识与思维能力下,是否能完全加以接受。因为父母如果随便给一个过于深奥的答案,孩子不能理解,结果仍然解不开心中的疑团,他们会一直不停地追问下去,很多父母就是这样被问烦的。

我从不认为由于我比儿子懂得多,就有资格在他面前充当权威。当儿子问到我自己也不懂的问题时,我会向他承认。比如,有一次儿子问到我天文学方面的问题,我就干脆老实地回答说:"这个爸爸也不懂。"于是我们两个人就一起翻书,或者去图书馆查阅资料,一起把那个问题弄懂。并且我还向儿子表示感谢:"如果不是你今天提问,爸爸至今也没弄懂这个问题呢。所以你以后要多多提问,我们一起来学习知识。"在这样的鼓励下,儿子的问题果然源源不绝。

等到儿子再大一点儿,懂得的知识更多一点儿,他再提出问题时,我不再立刻给出答案,而是让他先思考一下,尽力自己去找出答案来。如果儿子给出的答案和我的不同,我也并不一口否定,而是帮他分析,找出错误。有时候我会说:"其实你的答案也有道理,也许是爸爸错了,我们去看看书上怎么说的。"

在整个教育过程中,我都坚持将自己放在与儿子平等的地位上,从而也给儿子灌输了不迷信权威、追求真理的精神。

一个7岁的儿童,参加完小伙伴们举办的生日晚会,回到家中之后,当父母问起都有谁参加了这个生日晚会,他们都做了些什么游戏之类的问题时,他都会满心喜悦地把实情告诉父母。可是,等他长到14岁的时候,碰到同样的情况,他对父母提出此类问题的回答可能就不那么爽快,有时会闪烁其词,有时甚至会撒谎。

造成家长与孩子之间关系比较紧张的一个因素,就是孩子日益要求独立的倾向。孩子们渴望一片属于自己的空间,而家长却千方百计地给孩子提供保护和指导,两者之间在一定时期不可避免地要发生冲突。令人遗憾的是,有不少身为父母者,却并没有了解到这一点,也很少去考虑他们真正应该了解孩子生活中的哪些方面。作为家长,应在自己的脑海中逐渐形成一个一览表,它可以包括:孩子在自己活动的时间内,喜欢到什么地方玩;孩子的家庭作业是否如期完成;孩子在学校的表现如何;等等。随着孩子的日渐成长，家长可对这个一览表做些修改，以帮助培养孩子的独立能力。

一旦父母确定他们需要了解孩子什么，他们就可以向孩子说明，但孩子在某些方面可以有自己的隐私。有些家长甚至认为，孩子居住的房间，就是其中之一。家长可以告诉孩子，像所收到的信件，就属于个人隐私。问题的关键在于，父母应当首先弄清楚，在孩子各个年龄段时，他们分别应了解些什么，然后再给孩子谈这件事情。

我认为，父母必须教育孩子尊重自己的隐私，同时父母也必须尊重孩子的隐私。我曾经这么写道："父母和孩子之间最大的矛盾在于，孩子越来越渴望独立，办事越来越遮遮掩掩，而在这时，父母却越来越想保护、控制和指导他们。"

我们父子相处得十分融洽，就是偶尔有些冲突，也很快就能化解，我在这方面之所以取得了良好的效果，秘诀之一便是始终和孩子处在平等的地位上，相信孩子。一位家长最为重要的任务，也许就是发展一种建立在信任基础上的平等的父子（女）或母子（女）关系。如果父母时常表示出对孩子的平等的交流，那么孩子就会深感骄傲与自豪。在法庭上，一名被告在被证明有罪之前，都是无辜的；但在家庭，一位未成年的"被告"却时常被假定有过错。

家长在当面戳穿孩子的谎言后，也不应该因此而不再信任自己的孩子。家长不妨告诉自己的孩子，说一次谎是可以被原谅的。然而，与此同时，还应当明白无误地向孩子指出，如果以后继续说谎，那么他或她就会像故事中所讲的那位喊"狼来了"的男孩一样，失去人们的信任，到头来让自己吃大亏。

我的一位朋友这样告诉我：当我们的孩子汤姆瞒着我们举办了那次聚会之后，我们告诉他说，因为我们无法再信任他了，所以决定不再允许他独自留在家中过夜。失去这种自由，对汤姆来说，无疑是个深刻的教训：他真切地体会到，当别人不再相信他时，与他们生活在一起是多么难受。到如今，时光已过去三载，汤姆彻底改变了说谎的不良习惯，我们又允许他独自留在家中过夜了。

理解和尊重儿子

有的父母认为，只有在大庭广众之下教训孩子才会树立父母的权威，令孩子口服心服。我认为这种做法极端错误。因为这种做法直接的危害就是伤了孩子的自尊心。

我在对卡尔的教育上，从来不采取当众训斥的办法，因为对孩子的教育应该建立在不伤害他自尊心的基础上。否则，不但不会在某一问题上帮助孩子，反而会使他向相反的方面发展。

孩子们都有自尊心，如果做父母的能够认识到这一点，一定能够避免许多不必要的麻烦。有些父母对自己的自尊心往往比较敏感，当孩子对自己有叛逆行为时，便会怒不可遏，一发为快。然而，当孩子们觉得委屈了或遇到有可能伤面子的事，父母们都认为：小孩子嘛，有什么面子不面子的，而且还有意给他们一点伤害，认为可以作为惩戒。这种做法非常不明智，因为这不但对孩子没有好处，反而会对孩子造成心灵上不可磨灭的伤害。

我认为，即使是小孩子也应把他们作为成年人一样对待，要像尊重成年人一样尊重他们。

自尊是一个人的基本需求，自尊心受到伤害所造成的身心危害是难以估量的。对幼小的孩子来说，尽管他不完全懂事，但自尊心多次受到伤害，会对他的性格乃至整个心理的健康成长造成深远的影响。孩子的自尊心就像一朵娇嫩的花朵，只要稍不留意就可能受到伤害，进而产生难以预料的后果。所以，我无论在对卡尔的教育上，或与其他父母谈论教育孩子时，都一再强调要尽力去保护孩子的自尊心。

我认为，父母教育孩子时必须维护孩子的荣誉感。任何人都需要得到别人的肯定和赞扬，这是人之常情。孩子在这方面表现出来的欲望往往比成年人更加强烈。对于孩子来说，得到别人，特别是父母的承认，对孩子的心理健康发展具有重要的意义。一个失去了自尊心和荣誉感的孩子是很可怕的，也是最难教育的。如果当着众人，特别是孩子的小伙伴的面数落孩子，会让他感到失尽面子，羞愧难当。这非常容易使他在小伙伴面前感到自惭，会自觉低人一等，也会成为其他孩子羞辱他的把柄，久而久之会形成不良的心理障碍，影响孩子的健康成长。所以，我一直强调，对孩子的不足之处，要讲究用适当的方法去细心教导，要掌握合理的时间，一定不要简单蛮横，不能以成年人单方面的思维去对待孩子。

对孩子的教育应该严格，但严格不能伤害孩子的自尊心。孩子的自尊心如果受到了伤害，那么其结果是可怕的。一个本来可以取得巨大成就的孩子，一个坚强好学的孩子，由于失去了自尊心，会很快成为一个懦夫，一个无赖。

为了使孩子能自重，必须信任他们。无论是大人还是孩子，受到别人的信任就能够自我尊重。管束孩子不许这个，不许那个，还不如信任他们、耐心地说服他们更有效。如果父母始终把孩子当坏人对待，他就可能成为坏人。这样的孩子在父母的压力之下，渐渐会失去做人的信心。没有了信心，他的自尊心就会很自然地消失了。

由于孩子的自尊心非常重要，所以在对孩子的严格教育中，应始终极为重视尽量不在任何情况下伤害他的自尊心。无论是有意还是无意，都不能对他的自尊心有丝毫的伤害。

在对卡尔的教育过程中，无论他做了好事或坏事，我都竭力做到心平气和，用一种平静的心态去对待他，因为教育孩子是一个最需要耐心的工作。我极力反对那些动不动就怒火冲天、对孩子责打频繁的父母。这些父母的方法只能把孩子吓得浑身发抖，只能在表面上看起来管住了孩子，实际上什么问题也没有解决。用心平气和的方法去处理有关孩子的问题，是一种最好的方法。这样，父母在孩子面前既有威严却不显得无理，既和蔼却不显得不严肃。卡尔也会做错事。每当面对这种情况时，我不会像其他父母那样总是使用"不准这样""不要这样""不行"这些消极的、否定的词语，因为这些语言容易使孩子觉得自己一无是处，会增加他的消极情绪。我总是用积极的、肯定性的语言，给儿子以明确的行为指导，增加他的积极情绪。以我的经验，这样做往往会收到较好的效果。或许儿子在我这里听得最多的话就是"这样做""努力去做"这些积极的、带有鼓励性的语言吧。

很多父母认为，为了防止孩子养成不良习惯就要对孩子的情况了如指掌。其实这种想法也不完全正确。孩子都有自己的秘密，大孩子有，小孩子也有。许多父母都不去注意这一点，要么认为小孩子没有什么秘密，要么就是千方百计地挖掘孩子的秘密。这种想法和做法都是不正确的。孩子自有孩子的秘密，只是在大人看来算不上秘密而已。孩子是非常幼稚的，他们心目中那种秘而不宣的东西就是秘密。父母不应该时刻窥探，不要对此过多地追问，更不要干涉，特别是对健康合理的、无害的秘密。这样，哪怕是两三岁的孩子也会更加信任父母，与父母更加亲密。有了这种信任和亲密，孩子可能会把他们的秘密告诉父母。如果父母一味追问，孩子得不到父母应有的尊重、信任，孩子会感到他没有地位，就会心灰意冷，逐渐失去积极性，甚至会很小就关闭自己的心灵大门。当然尊重孩子的秘密，并不等于对此不管不问，而是要求父母时时刻刻关注孩子的内心世界，健康地加以引导，不健康的则应在充分尊重和理解孩子的前提下，去关心和引导他。

在卡尔犯错误时，我总以最简单的方式让他明白道理，而不是长篇大论和喋喋不休。在教育儿子的过程中，我发现长话短说、要求明确、大度和气往往会达到令人满意的效果。

我从来没有打过儿子，因为那是一种粗暴的行为，是我厌恶的。很多父母用体罚的手段去管教孩子，效果往往是短暂的，他们不仅责打孩子，还说一些非常伤人的话："不要你了，滚！""你太蠢了！""你不可救药！"，这些话会对孩子产生很多不良影响。

孩子的心是稚嫩的，需要格外的呵护，尤其在自尊心上。显然，只要是有责任心和爱心的父母都会注意到这一点。不要说有意伤害，即使在不经意之中对孩子自尊心的伤害，也真是令人痛心的事。

卡尔8岁生日的时候，我给他买了一整套珍贵的卡片，希望能够鼓励他集邮的兴趣。后来，卡尔在朋友那里又发现了一套精美的卡片，非常眼馋，就用自己的这套换朋友的那套卡片。后来我发现了，非常生气。首先，我认为这是我送给卡尔的礼物，他这样轻易地换掉，是对我的不尊重；再有一个，我知道换卡的小孩比卡尔大，应该懂得自己这套卡片的价值和意义，要远远低于卡尔那套卡片的价值，而他却没有告诉卡尔，因此是占了卡尔的便宜；当然，最重要的是我认为卡尔并没有和谁商量，就把整套卡片换出去了。因此，我决定要把原因和道理讲清一下，指出两件东西之间是不等价的，以后遇到此类事物要学会冷静地分析。

在这里我应当指出的是，换邮票是卡尔自己的决定，无论他成熟与否，我们都应当尊重这个决定。既然邮票已交给卡尔，他应有权力决定如何安排这份礼物，爸爸无权横加干涉。的确，卡尔应该从这个交换中学到一些东西，但是我应当从不同的角度来处理这件事情，既表现对卡尔的尊重，也教会他应该学习的知识。理想的做法应是，当卡尔向爸爸显示他新换来的卡片时，爸爸应该和他一起欣赏，而不应该立刻提出任何异议。过一段时间，在一个适当的机会，爸爸再向卡尔解释两件东西不同的价值，而不用提起卡尔当时的交换行为。这样卡尔可以醒悟自己是以大换小，上

了当，但没有在面子上过不去。那么，是否去找朋友要回邮票应由卡尔自己决定，爸爸不再参与。如果照爸爸原来的处理办法，卡尔会觉得非常羞惭，而且认为自己无能，一切错都在自己身上。事实上，卡尔怎么会懂得这些东西的价值呢？如果他不懂，我们又怎么能够随便怪他呢？其实，在父亲要教训卡尔的行为中，也夹杂了对自己尊严的重申与维护，这种居高临下的态度，是对孩子很不尊重的表现，容易挫伤孩子的自信心。

尊重孩子，意味着我们将孩子看成一个个体，而这个个体有权利像我们成年人一样做出决定。当然，说他们有权利，并不等于他们就能够做成人所能做的所有事情，因为，他们毕竟没有成年人所具有的经验和知识。

在我们尊重孩子的同时，我们同样在教育他们尊重别人，包括父母在内。

我的邻居、6岁的卡特有一个爱收集昆虫标本的妈妈，妈妈的行为引起了卡特对标本的兴趣。有一天，妈妈在客厅里看见几张散在外面的标本，有些标本已经破损，妈妈感到非常生气，就找来卡特问是怎么回事。卡特说他自己拿了妈妈的标本册，打开来看，觉得有些很有意思，就掀开取了出来，不小心给弄坏了。妈妈于是向他解释这些标本都是很珍贵的，一定要很小心地对待它们，不要把它拿出来。但是，后来妈妈还是几次看见标本被丢在外面，于是妈妈就对卡特说："下次如果你想看这些标本的话，一定要经过我的许可，我们一起来看，否则的话，对不起，卡特，不许动它。"

标本册是妈妈的珍藏物，妈妈在这一点上，应该让卡特知道得很清楚。卡特已经6岁，应该能够懂道理，知道什么可以做，什么不可以做，妈妈应该对卡特很郑重地说："这些标本是妈妈的私物，没有经过妈妈的允许，你不应该玩它们。"如果卡特不能尊重妈妈的意愿，就不应再让他走进妈妈的房间，去取这些标本。这样做，既表现了对卡特的尊重，又给他一个机会，做自我决定，同时也教育了卡特必须尊重别人的权利。

认真对待儿子的想法

我在对卡尔的教育上，一直特别仔细地观察他所做的事，尽量去理解他自己的想法。即使需要就某件事批评他的时候，也会在弄清真相后再作评价。

比如，在某些时候，我突然发现儿子对学习的兴趣大为下降。由于卡尔一直是个喜爱学习的孩子，出现这样的情况特别容易引起我的注意。这时，我的头脑中反映的不是"这个孩子不勤奋学习"，而是"卡尔怎么啦，他遇到什么问题或不愉快的事了吗？"

这时，我并不是马上去训斥他，而是等到一个合适的时机耐心地和他交谈。有一次我发现他捧着书本保持一个姿势很久，表面上看起来他在学习，实际上他很久都没有翻动一页，只是坐在那里出神。

等他到了休息的时间，我对他说："无论做什么事都要专心致志，只有集中精力才会有很好的效果。如果不把心思放在一处，即使花费很多时间也没有用。不集中全力去学习和工作等于浪费生命。"

卡尔看着我小声地说："爸爸，您也注意到我学习时走神了吗？"

"是的，我认为你是个很好的孩子，自从我教你认字以来，你一直对学习保持着浓厚的兴趣，可今天为什么走神了呢？儿子，告诉我，是你忽然对学习不感兴趣了吗？"

"不，爸爸……"卡尔想了一会儿对我说，"我仍然觉得学习很有趣，当我慢慢地掌握了那些知识后我真感到幸福。"

"可是为什么你今天在学习时走神了呢？"我不解地问道。

"只是……只是……"

"只是什么呢？没关系，告诉爸爸，好吗？"我想，卡尔的内心中一定有什么自己不能解开的疑问。

"只是我今天突然想到，我学到那么多的东西到底有什么用呢？"卡尔说出了他的心里话，"我在想，学习木匠活可以做家具和建造房屋，学铁匠活可以制造炊具和农具，但我学了那么多的语言和诗歌，能做什么呢？仅仅是为了好玩吗？"

他这样回答，在我的心里面产生了一种喜悦的感觉，因为我知道卡尔已经开始思考更深的问题了。

这是一个对他进行深一层教育的好时机。

"儿子，你想到了这个问题我很高兴，因为你是在思考。"我首先肯定了他的这一行为，然后尽我的力量去帮助他解开心中的疑惑。

"首先，知识是一切力量的源泉。如果你没有起码的对力学的理解，你怎么会知道一座房屋需要多大的木材去支撑它呢？如果没有数学，你怎么计算需要多少材料？你怎么知道哪一种设计最合理？如果你没有审美知识，怎么能建造出漂亮的房屋呢？如果没有知识作为基础，这样的木匠可能永远也建造不起房屋，他只能天天面对木头发呆，恐怕他自己也会变成一块木头呢！"我尽量将这些道理说得活泼有趣。

卡尔听到这里"咻咻"地笑出声来。

"如果铁匠不懂得把铁块放在火里烧红后才可以使它变形，他怎么能做出那些炊具呢？这里面就有物理知识，如果一个铁匠连这个都不懂，他可能会被那些大铁块逼疯的，说不定还会用牙去咬它们呢！"我做了一个用牙咬的动作，"你猜猜会有什么结果？"

"他一定会把牙磕掉的……"这时卡尔哈哈大笑起来。

"儿子，好好记住，诗歌、文学、绘画、音乐、哲学，这都是人类智慧的产物，是世界上最美好的东西。还有语言文字，这是只有人才具有的。为什么我教你各种不同的语言呢？并不是一定要你培养成外交家或是翻译家，而是要让你能够更好地理解不同国家、不同地域的文化。

"你说你喜欢但丁，如果你不懂意大利语，你怎么能够真正地去理解但丁呢？那些美妙的诗句，你只有用他本国的语言才能够完全地体会。还有更重要的，儿子，就像你自己说的，你在学习中体会到了快乐，感到了幸福，难道这还不够吗？一个人有了快乐和幸福，他还有什么不满足的吗？"

儿子听到这里，眼睛中散发出喜悦的光芒，他心中的疑团完全解开了。我认为，儿子之所以能够学有所成，关键在于他的求知欲和拥有在学习中体会到的幸福感。

作为父亲，面对孩子的疑惑应该耐心地帮助他解答。如果对孩子的行为和想法，不去思考而是片面地理解，那么不但不能对儿子有所帮助，反而会产生负面影响。

现在我来做一个假设，如果当卡尔学习走神的时候，我不去关心和帮助他，而是采取责骂的方法，那么上面的情况就完全不同了：

卡尔捧着书坐在那里出神。

我发现他并没有翻动一页书，而只是装装样子。

"卡尔，你这小混蛋，你在做什么？"我冲上去给了卡尔一记耳光。"我在看书……"卡尔被我的粗暴吓呆了，吞吞吐吐地撒了个谎，虽然他本不想这样。

"胡说，你还想骗我？"我冲着他大吼起来，"你不知道学习时走神是不对的吗？"

"……"卡尔无法回答。

"没听见我的问话吗？……为什么不说话？"

"我……我在想……"卡尔本想对我说他的想法，但这时已经说不出话来。

"你想什么？快说，让你学习你却东想西想，太不像话了！"

"我在想学这些东西有什么用，"卡尔鼓足勇气表达出他的想法，"铁匠能够制作农具，木匠能够修房子，学这些语言和文字有什么用呢？""你这个没出息的东西，"我又给他一记耳光，"简直不求上进，甘愿去做那些靠体力吃饭的粗人，我简直白教你了……"

"可是，我不懂……"

"不懂什么？我叫你学你就学，有什么懂不懂的！"

这样对待儿子的父亲是应该被打下地狱的，幸好我不是这样。

这种做法既失去了一个教导孩子的良机，也伤害了孩子的自尊心，糟糕的是会给孩子内心留下极恶劣的印象，他会认为，父亲根本不会考虑到他的疑问和想法。学习是一件可怕的事，学习的目的就是为了讨好父亲。

这样的教育，怎么能够培养出很好的人才呢？连孩子本身的求知欲都在顷刻间抹杀掉，还能谈得上其他的吗？

做父母的应该尽力去理解孩子，弄清孩子的各种想法，即便是对孩子的批评，最重要的也是要让孩子心服口服。这句话说起来很简单，做起来却不是想象的那么容易。

首先，你要用孩子能够理解的道理和事例去教育他，如果父母在某一件事上自己都还不完全理解，那怎么去说服孩子呢？给孩子讲道理的时候，要给他说一些容易理解的道理。不能用某种高深难测的东西强行向他灌输。书本上的道理应该给他讲，但不能搬弄出那些晦涩的文字，那种学究式的大道理孩子是很难接受的。

特别应该注意的是：弄清孩子的想法是为了能够更好地了解孩子和教育孩子，绝不是要如此把孩子当作自己的出气筒。永远记住：父母的一举一动、一言一行都会对孩子产生很大的影响。

在孩子的成长过程中，爱与温情很重要，如果父母过分专注于自己的事业而不注重与孩子沟通，孩子便会产生孤独感。父母在与孩子沟通的过程中，要注意孩子没有明说出来的思想感情，要学会聆听和促使孩子说话。

有的时候，出于自尊心或是别的一些原因，孩子并不愿意或认为没有必要用语言说出他们的思想感情，但他们又很想让父母明白他们的意图，这时，他们就会改用另一种表达方式对父母进行暗示。

细心的父母一定可以发现孩子这种微妙的变化，弄清孩子没有明说的思想感情，所需要的技巧是了解孩子隐藏在内心的思想感情的微小的线索，如同在阅读时注意字里行间的含意所需要的技巧一样。

对孩子正处在苦恼时所表现出来的"坏的震动"要敏感。很多孩子在想要父母知道他们需要什么的时候，只是悄悄地说。如果父母不注意听这不显著的信号，这种悄悄话将会听不见。

如果父母的注意不灵敏，就应该试着努力去注意孩子反常的、细微的行为信号。比如，注意孩子衣服不正常的样子、声调、面部表情、动作、姿势等。孩子讲话时，除了注意他的无言的行为之外，还要倾听他所讲的字里行间的意思，想一想孩子希望告诉我们什么，也可以提出一些问题，来识别或弄清孩子的动机或基本情绪。凭借着父母特有的细致与耐心，做到这些都是不困难的。

父母还应特别注意孩子习惯行为的消失，这将是了解孩子内部情感的有价值的线索。明显的表现是孩子不吃、不睡、不玩，或精神不如平时集中，发现了这些线索之后，就应该试着去推测，或者去直接感觉孩子的情绪状态反映了些什么。

父母在聆听孩子没有说出来的思想感情、内心活动时，既要注意孩子一方的线索，也要加强自身对孩子内心情感的直觉，而这种直觉的建立，是用爱与温情体现的，是在充分了解孩子的基础之上形成的。最重要的途径，便是聆听孩子的说话和促成孩子的表达。

在卡尔成长的过程中，我时刻注意聆听孩子的说话，用自己对孩子的信任、尊重去促使孩子表达自己，与自己能有所交流、有所沟通。我朋友的儿子迈克比卡尔大两岁，他的妈妈对内向孤独的迈克很是担心，便来向我请教："亲爱的威特先生，我在为我的儿子迈克担心，你能帮助我吗？"我听了这位母亲的讲述之后便为她提了以下几条建议：

1. 要对孩子感兴趣。如果你对孩子以及孩子的活动表现出有真实的兴趣，你和孩子之间不但打开了通路，而且会使他们感到自己是重要的。母亲对孩子表示关心、照顾，让他们谈论有关自己的事，孩子便会感到与母亲在一起很亲密。

2. 要给孩子留出接触的时间。在孩子的生活中，有时需要母亲或父亲，特别是母亲在他身边听他讲话，当孩子经历着内心的恐慌、创伤或有失望情绪时，他们特别需要温情的安慰，孩子也很想知道他们的父母在分享他们的好消息或愉快时的心情。应使孩子感到你不是由于忙或急着做其他的事，而无暇听他们说话。

3. 听孩子讲话要专心。一个好的聆听者，必须集中注意力，选择一天不忙的时间和安静的地点，听孩子说话。在这个时间，不要做家务活，用眼睛注视着孩子，表示是真心在与他接触，每天都要为孩子提供与他单独接触的机会，哪怕只用几分钟，可以对孩子说："我们一起散会儿步。"或者说："让我们到小房间单独在一起谈谈。"

4. 耐心地鼓励孩子谈话。开始和孩子交谈时，需要向他们提出明确的要求。为了使孩子的谈话持续下去，要用一些鼓励的词，如"嗯""我懂了"，也可以提一些简单的问题进一步引导孩子。在结束谈话之前，尽量不要打断孩子的话，让孩子详述某一问题的情景，尽量描述它的细节。

5. 注意自身的行为语言。行为语言是我们向孩子传达信息的一种不用语言的方式。许多父母仍然不知道怎样利用自己的行为向孩子表示"我在听呢，我感兴趣，我在注意"。有几种主要信号可以表示对孩子的注意：正面向孩子；与孩子紧挨着坐；身体竖直或向孩子倾斜；眼睛互相接触；用慈爱的目光注视着孩子。此外，应当避免紧张，并表示兴趣，面部表情和声调都是和蔼的。

6. 表示自己有同感。一个好的聆听者，最重要的技巧是摆脱自己对问题的思想和感情，设身处地想他人在经历着什么。有了这种技巧就能敏感地意识到孩子情绪的波动，并将自己符合实际的看法告诉孩子。

7. 帮助孩子弄明白，并说出自己的经验。聆听，是父母帮助孩子对自己内心活动和感受的比较深入理解的过程。在聆听过程中，通过父母的词语对孩子的叙述加以解释和说明，可以帮助他弄清楚自己所表示的意思。在解释时，要多运用词汇，尽可能帮助孩子把自己想说的话，准确、清楚地表达出来。

8. 准确反映孩子的情感。一个极为有效的聆听技巧，是要使自己成为孩子感情的一面镜子，用语言帮助孩子反映他的感受，特别是幼小的孩子，不会说出他的感受，不能像成人那样表达自己的感情。

过一段时间再见到迈克的母亲时，她亲切地对我说："威特先生，谢谢你，你给了我很大的帮助。"

绝不错误地批评孩子

卡尔3岁的时候，有一次玩积木时，有几个怎么都接不起来，他在那里很笨拙地试着，但是怎么也弄不好。儿子的母亲想主动帮他一下，但是我阻止了她，我说："让他自己去犯'错误'吧，他琢磨琢磨就会了。这样的话，以后他遇到同样的问题就很容易解决了。"儿子试了很久，最后终于玩出了自己想要的样子。我想，我的做法是对的，我没有以孩子的错误来逗弄孩子或者说孩子笨，而是给他一个自己去尝试和体验的机会。

孩子犯的错误大致可分为两类，一类是父母和老师必须加以及时纠正的，比如一些坏的缺点和习惯：欺负弱小、不讲礼貌、小偷小摸等。但是如何纠正的方式和方法必须要适当，最好是既能给予惩罚，又能让孩子提高认识、避免再犯，让他自己真正认识到并改正才是最重要的。另一类是孩子的一些无关紧要的小错误，这实际上是他不断尝试、经历错误、得到改善的一个过程，是成长中不可缺少的。如果在这样的尝试过程中对他们戏弄、打击，就会使他们在心理上产生恐惧，害怕去尝试。比如，孩子如果唱歌的时候发音错了，家长就戏弄他，以后就很难让他开口唱歌了。要给他尝试的勇气，因为想试试瓷碗会不会摔破，孩子专门把碗往地上扔，在这种情况下家长不能说是孩子犯错。你最好让孩子自己把碎片清理干净，他就可以记住这是易碎的，也会联想到玻璃等易碎的东西，就会自动学会小心爱护这些物品，避免自己受伤。

家长在面对孩子的错误时，应该给他一个犯错—认识—改正的机会，以宽大和包容来对待孩子的错误。当然，对于严重的错误一定要让孩子认识到错误的严重性并加以改正。重要的是，在纠正和惩罚这些错误的时候，不能羞辱、嘲弄、打骂孩子，这也是为人父母需要提高的素质。

卡尔有位6岁的小伙伴约瑟夫，调皮可爱，出了名的好动，幼儿园的老师几乎每天都要向他妈妈告状，公然被称为问题儿童，妈妈为此伤透了脑筋。这天妈妈去接他的时候，教约瑟夫跳舞的史密斯小姐告诉她，约瑟夫今天又闯了祸。妈妈听了后当场就狠狠地训了约瑟夫，约瑟夫一句话都不说，瞪着老师挑战性地笑了笑，把史密斯老师气得够呛，没办法，妈妈只好急匆匆地带他回家了。

回到家，妈妈本想接着训他，见他好像突然乖了不少，自己从书包里拿出彩笔和本子来，安安静静地坐在那儿画画。妈妈也就没在意，忙着做晚饭去了。不到一会儿，正在炒菜的妈妈听到"哐当"一声，她急急忙忙地跑了出来，看到打碎了的大花瓶和满地跑的球。"又搞什么鬼，整天闹事，你什么时候能给我安静点？"约瑟夫哭了，妈妈反倒奇怪了，这孩子打死都不哭，我这一骂怎么突然就管用了呢？"球又不是我的，花瓶更不是我打破的。"原来球是从窗外飞进来的，妈妈错怪了约瑟夫，怎么办呢？妈妈觉得很不好意思，愣在那儿下不来台。"妈妈，你为什么总是批评我呢？我安静的时候你为什么不表扬我？"约瑟夫的话使妈妈更惊讶了："是啊，我几时表扬过儿子？"妈妈内疚地安慰约瑟夫，并向他道歉。

不能因为孩子小就忽视了孩子的感受，有时候孩子远比大人要敏感，家长的一言一行都深深影响着孩子，许许多多你不在意的事，对孩子而言却是大事。

人非圣贤，孰能无过？在检查孩子对禁律和要求的执行情况时，父母往往会因为误解对孩子进行错误的批评指责，或者因为无法遏止的失望和愤怒而采取不恰当的惩罚方式。

如果父母不及时纠正，并向孩子道歉，就会给孩子的心灵留下难以愈合的创伤，并使他怀疑父母所有其他要求和禁律的合理性，甚至怀疑父母对他的爱。

同村的史密思太太很担心她12岁的女儿玛丽像其他孩子那样沾上酗酒的恶习，她屡屡告诫玛丽不要喝任何酒精类饮料。然而，有一天她在玛丽的衣橱里发现了一个6瓶包装的啤酒。史密思太太气极了，立即拿着啤酒走到女儿面前问："这是什么？"她的口气表明她并不需要回答，只是准备开始一番更深的盘问及训斥。马上，女儿站在防御线上："这是我收起来的半打啤酒。"温度升高了："年轻人，别和我耍小聪明。给我讲讲这是怎么回事？"玛丽做出很天真的样子说："我不知道你是什么意思。""我在你衣橱里发现了这个，你最好给我解释解释。"玛丽很快地想了想："噢，我忘了，我是帮一个朋友藏着的。""真的？你以为我会相信？我说过不许你喝酒的！你竟然敢偷着买来喝？！"玛丽很生气地说："我不在乎你是否相信。"说完走进她的房间，"嘭"的一声关上了门。史密思太太为此十分生气，认为自己完全是为了女儿好，但女儿却不领情。

史密思太太为此很苦恼，她来找我，并请我帮她解决这个问题。我告诉她，这件事的关键是她的提问方式及语气并没有足够地表示出她对女儿的关心，显露出更多的是对女儿的怀疑与愤怒。史密斯太太认真地检查了自己的态度，意识到由于自己先入为主的观点与指责的态度，可能导致玛丽对妈妈出发点的怀疑。于是，她决定与女儿好好谈谈。第二天，女儿一回到家，史密思太太看着女儿说："我们能聊聊吗？""聊什么？"女儿的态度很冷淡。史密思太太很有准备地保持着镇定："我猜想昨晚我因怀疑那些啤酒向你喊叫起来时，你认为我所关心的根本就不是你，而是想挑你的毛病，对吗？"她说的正中玛丽的心思，玛丽一下哭了起来，哽咽地说："是的。我觉得我对你只是一个负担，只有我的朋友才真正关心我。""我真的是因为担心你才充满了恐慌和愤怒，我唯恐你做出一些错误的选择啊。"玛丽终于缓和下来。史密思太太接着向孩子道歉："我真的很抱歉，昨天不该向你发那么大的火。"距离和敌视被亲近和相信代替。"没什么，妈妈，我真的是为我的朋友藏的那些啤酒。""那好，玛丽，我担心你会做什么伤害你自己的事，这种担心有时会让我反应过敏，你能给我一个机会吗？让我们重新开始交谈，一起解决这些问题好吗？""当然，妈妈，我赞成。"史密思太太觉得非常高兴，因为建立在爱和合作的基础上的气氛完全改变了她们之间的关系。这一谈话的最大收获是使玛丽懂得妈妈的询问是出于对她的爱与关心，并非对她的个人权利的侵犯。玛丽的防范心理就此取消，为下一步工作开辟了道路。

善于和孩子沟通，走进孩子的生活

父母要让孩子成为有教养的人，那么自己首先就应该懂得内省自约。否则，任何教育都无济于事。

在家庭中，说话容易毫无顾忌。但是，不能因为在自己家里没有制约就想说什么说什么，想干什么干什么。因为父母的言谈举止直接影响着孩子。为了教育孩子，父母应该特别注意自己的行为规范，不能把错误的、不良的习惯在不知不觉中传染给孩子。

父母一定要让孩子说话有礼貌，对孩子说话也应该使用"请""谢谢"这些文明语言。因为孩子总是要学父母的样子的。不仅如此，我认为，即使对家畜等，也不可使用粗野和难以入耳的语言。

我一直不主张体罚孩子，也从不对卡尔施行体罚。许多父亲一生气，就毫无顾忌地打孩子。等他们平静下来之后，又去亲吻抚摸打疼的地方，或者给孩子糖果吃。

这种教育方法绝不能培育出优秀的人才，只能造就出懦夫和蠢材。孩子的教育也包括父母的教育。做父母的，在管教孩子之前，必须首先学会管好自己。

有些父母对孩子过于溺爱，把孩子视为宝贝，怕跌倒摔伤而不让孩子尽情地玩耍，没有机会锻炼身体。怕用坏了脑子而不对孩子进行教育，不让孩子读书。这都是愚蠢的做法。这种方法只能使孩子成为一个什么都干不了的废人。

我给卡尔讲很多故事，有时也讲神话故事，但我总会给他强调神话故事不是真实的，是人们编造出来的。在故事的选择上，我都是注意给他讲一些光明的、积极向上的英雄故事，目的在于通过故事教会他一些人生道理，比如勇敢、坚定等。

我认为家庭应该成为孩子的乐园。但是，这并不意味着对孩子放纵。家庭应该是爱、欢乐的殿堂。孩子应该在家庭的关怀下健康地成长。他们应该从小就在家庭中树立起做人的信心，而不是由于不当的教育而使他们失去做人的最重要的自尊心。

很多父母认为孩子必须和小朋友在一起才能高兴地玩，其实并非这样。父母能陪孩子玩，可能更是孩子喜欢的事。但是，有很多父母都忽略了这一点，借口自己太忙或其他什么理由轻而易举地推脱掉与孩子一起玩耍的责任。

我时常这样想：父母的身体是孩子锻炼身体最好的工具，父母的肌肉可以给孩子补充力量。不是有很多小孩子喜欢在父母的身上爬来爬去吗！

这可能是孩子最早的体育锻炼。

父母的面容和声音让孩子着迷，父母所做的工作和使用的东西让孩子惊奇，父母对孩子的关心和帮助就是孩子最好的娱乐。

卡尔小时候就很爱围着他的母亲转来转去，他对母亲使用的那些东西无比好奇。因为孩子对任何物品都会产生新鲜的感觉。

在儿子几个月的时候，他经常去摆弄那些杯子、盘子、木勺、小锅、锅盖等。他关心的不是这些物品的使用，因为他不会使用，而是关心物品的色彩、形状、重量和手感等。他还喜欢那些纸张、书本，这些都是他最好的"玩具"。

做父母的如能理解孩子的心理，同孩子一起玩耍，那么孩子同样会感到高兴，并且这也是有益无害的。因为这种玩耍使孩子既不会任性，也不会自以为是；既不会使品质变坏，也不会沾染上各种恶习。

像算术和地理等知识，孩子长大成人之后也能学会。然而，教养若不在幼年时期形成，以后就很难具备了。一种好的习惯在孩子幼小时很容易形成，但在他们长大定形后就很难养成了。反之，孩子在小时候就有很多不良习惯，长大后也难以改掉。

在我们周围，有很多通晓地理和历史的人，但举止言谈合乎教养者并不多，这就是因为他们没有从小养成好习惯的缘故。

对于正确的事物，父母应该坚持。如果孩子面对正确的事物而不接受，父母必须让他们学会服从。孩子生下来就是利己的，这似乎是一种天性。他们对他人要求多，为他人着想得极少，简直就是个小暴君。然而，这种性格是可以通过教育加以矫正的。若从很小的时候就教他为他人着想，教他怜悯他人，孩子绝不会成为利己主义者。

曾经，法国的皇帝问他一位元帅的母亲："您是用什么教育方法把自己的儿子培养成如此伟大的人物的？"元帅的母亲回答道："我只是教儿子好好地服从。"

我认为，服从也是孩子的重要品德之一。为了使孩子养成服从的习惯，父母应该首先持正确的观点，要对孩子讲清楚，父母让他干什么，是为了什么应该那样去做；父母不让他做什么，是为了什么不应该那样去做。一切都要以理服人，不能平白无故地强迫孩子服从自己。父母应该让孩子明白，这样做都是为他着想的。

小孩子都是很贪婪的。虽然这是孩子的本性，但是，也不应该随便责打他们，而是要注意教育方法。只要注意正确引导他们，孩子很快就会成为不自私的人。

卡尔从小时候起，我就鼓励他把各种自己的东西送给小朋友，把学习用具等送给贫家子女，以便培养他的慈善精神。同时，还鼓励他帮助别人干活。卡尔从小就是她母亲和女佣的好帮手。

有些孩子爱说谎，但也不应该动不动就因此而打他，要充分地思考他为什么说谎。孩子们由于缺乏经验，又富于想象，有时会说谎，并且也知道这是坏事。父母不应该过分指责他，但要注意时刻帮助他矫正这一坏习惯。因为从无害的说谎，到欺骗他人的撒谎，它们之间只有一步之遥。但是，一定要注意采用有效的方式方法，而不是以打骂来解决问题。

我认为，孩子的很多毛病都可以用阅读和劳动来帮助他们改正。书本中的知识和道理能让他们得到良好的指导，而劳动可以让他感到一切都来之不易。孩子只要具备了知识和劳动的习惯，那么就会向良好的方面发展，进而成为有教养的人。

有个恶汉曾在法庭上傲慢地说："我自生下来，就不知道书本是什么东西，也一天未劳动过。"所以，罪人必定是无知、懒惰、不劳动的结果。

我有一个朋友，因孩子顽劣成性，经常去糟蹋花园中的花草，弄得他伤透脑筋，毫无办法。我告诉他："你最好给儿子买锄头和铁锹，让他自己种花。"

朋友马上照办了，并且取得了显著的成绩。这是为什么呢？这当然是由于把孩子迷失方向的精力引导到种花上去的结果。

后来，这个孩子不仅种花种草，还非常爱惜它们。人们再也看不到他顽劣的身影，而是经常看见他在花园中照顾那些小花、小草。并且，他对待别人的花园非常爱惜，从来不去破坏它们。

可见，良好而有效的教育方法能够产生多么大的魔力。

严格的教育不是专制

我的教育方法是严格的,但这并不是专制。所谓专制,是指强迫孩子盲从。我从来不会这样对儿子,我对儿子的严格完全取决于道理。我非常反对那种专制教育,无论在教育方法上还是其他方面,我都是这样做的。注重讲道理,以理服人,比其他一切的强迫都更加有力量。我对卡尔的严格之所以没有对他造成伤害,原因就在这里。

在对儿子的教育上,我首先是尊重他。在不伤他自尊心的前提下给他讲某些他能够理解的道理。

我反对那种在别人面前贬低孩子的做法,每当他做错什么事受到惩罚时,我更不会当着众人的面嘲笑和奚落他。我时刻都让儿子感到"爸爸是真心实意地关心我"。

每当我告诉他必须做一件事时,我会向他讲明白做这件事的必要性,告诉他这是他应该做的分内的事,而并非我对他的强迫。

如果儿子在玩耍时无意间弄坏了邻居的花园或踩坏了别人的草地,我一定会叫他去道歉。无论邻居是否知道,我都要求他主动去道歉。

有一天傍晚,卡尔在外面兴致勃勃地模仿古代骑士。他用一根长长的棍子代替宝剑,独自和虚拟的强盗作战。我看见他的剑法绝妙极了,或是刺,或是砍。在这种玩耍中,他早已把自己当成了真正的英雄。我很乐意看到他这样,儿子的这些游戏非常有利于他的想象力,也有利于身体健康。在前面我说过,我不喜欢死气沉沉的生活,不希望卡尔变成呆头呆脑的所谓学者。所以,对儿子的这种活泼的玩耍方式,我极力赞成。

忽然,他"呀"地叫了一声,之后马上愣在那里。原来,在"激战"中,卡尔一"剑"砍去,将邻居花园中的一束花砍倒在地,花瓣和枝叶在半空中飞舞。我保持住冷静观察他，看他怎么处理这件事。

卡尔看了看邻居的房门，并没有人出来。他也没有发现我正在看着他。当他正想转身"逃跑"的时候，我叫住了他。

"卡尔……"

这时，儿子知道这件事已经无法逃脱，慢慢地向我走来。

"你知道你犯了个错误吗？"

"知道。"儿子小声地回答。

"那你应该怎么办呢？"我严肃地问他。

"不知道。"儿子低下了头。

"儿子，听我说。你应该立刻去敲邻居的门，向他们道歉。"

"可是，我并不是有意的。"卡尔似乎在辩解，他并不知道道歉的含义。

"卡尔，你要记住，人们犯下错误，在很多情况下都不是有意的。但错误已经犯下，你就要为自己的行为负责。虽然邻居没有看见是你干的，但他们确实受到了损害。你应该去道歉，人不能伤害了别人就逃之夭夭。你不是在扮演古代的骑士吗？骑士是勇敢的人……"

"爸爸，我明白了。"卡尔像一个真正的骑士那样敲开了邻居的房门。第二天，我碰见邻居。邻居根本没有提起花被损坏的事，他只说了一句话："威特牧师，您儿子是个诚实的人。"英雄骑士是卡尔的崇拜对象。我用骑士来激励他，使他感觉到道歉并不是什么难为情的事，也让他懂得不论有意还是无意之间犯下的错误都应该由自己负责。

在这种情况下，我没有选择冲着儿子大声嚷嚷的做法。那样不仅会惊动邻居也会伤害儿子的自尊心，并且还会把事态扩大。

很多父母把对孩子的严格教育理解为专制，不知不觉中把自己变成暴君，而把孩子变成唯命是从的懦夫。他们以为孩子不听话就应该以粗暴的方式对待他们，这种做法的后果不但不能让孩子正确地认识自己，反而使孩子对父母甚至对所有人产生怨恨。

粗暴的教育只会损害孩子的自尊心

有一天傍晚，我在穿过贫民窟时，到处听见母亲斥责孩子、父亲打孩子以及孩子大哭的声音，简直是一句好话都听不见。

我想，这是由于他们工作了一天、疲劳过度、心情不佳，把怨气都撒到孩子身上的表现，孩子实在可怜。然而，还有另一种父母，他们饱食终日，无所事事，还不时地斥责孩子，把由于无聊而产生的气恼都倾泄在孩子身上。

我对此感到非常痛心。

常受斥责、打骂，孩子对于这种责打就会习以为常，父母也就失掉了威信，使父母和孩子之间产生隔阂。其结果，对孩子的教育就彻底失败了。

我认为，对于孩子既不可娇生惯养，也不应过多地斥责。只有采用合理、有效的教育方法去引导孩子，才能培养出孩子的善行以及以后做人的能力。

我们的周围有很多父母见到孩子在某种场合的不良表现后，要么当面训斥，有的还拳脚相加，还怪罪孩子不礼貌，但就是不检查一下自己的教育方法。

为了阐明我的教育方法，我不得不举一些例子。我想无论再多的理论也没有事实更有说服力吧。

安多纳德太太的儿子卡尔，这个和我儿子同名的小男孩，年龄比小卡尔大两岁，也是一个非常机灵的小家伙。但我发现他有很多不好的习惯，比如欺负比自己小的孩子或喜欢揭别人的短处，等等。

有一天我在路上偶然和安多纳德一家相遇，我友好地和他们寒暄着，并特意摸了摸大卡尔的头以示友好。

"威特牧师，我觉得你就像一具尸体，你看你的脸多苍白啊！"大卡尔这个小机灵毫不客气地批评起我来。

其实，他说的是真话，至少某一方面是这样。可不是吗？因为我不小心受了凉，病了几天。我的脸苍白是很正常的事。如果是小卡尔，他绝不会这样对我说话，他知道这样说是不礼貌的。何况，那个大卡尔所用的词汇是那样的叫人无法接受。

这种情况，我当然不会为一个小孩子生气，但当时却已经让我不知怎么说话了。

安多纳德太太气极了，她采取了我从来都不会采用的方式。

"太不像话了，你怎么这样对威特先生说话？"她狠狠地给了她儿子一记耳光。

我连忙上前劝阻。可是大卡尔并没有因此而闭上他的嘴巴：

"我说的是实话，你看看他的脸，……我没有瞎说……"

"你干吗打我？你干吗打我……"大卡尔冲着母亲喊叫起来。

安多纳德太太害怕极了，她只能一边拖着自己的儿子，一边逃跑似的离开。

看着他们远去，我叹了一口气。大卡尔回去肯定又会挨顿毒打了。

我很明白，虽然大卡尔爱揭人短处的毛病早就有了，但这一次他可能不完全是故意的。他只是找不到一种合适的方式表达他的看法。如果他对我说："威特先生，您的脸色怎么不像往常那样红润却有些苍白呢？您生病了吗？"

这样，他表达了同样的意思，却传达出不同的意义。前者是恶毒的讽刺，而后者却是一种对别人的关心了。

至于安多纳德太太，她的做法更加不正确。她应该用一种大家都能接受的方式来解决这个矛盾，而不仅仅是对孩子的惩罚。从这一点看来，她对孩子平时的教育是多么的不够，方法是多么的不妥。

由此可见，让孩子具备丰富的语言知识，让他们更加明辨事理是多么的重要。我真希望安多纳德太太能够明白这个道理，不然，那个和我儿子同名的孩子将不会有一个美好的人生。

其实，孩子做坏事，罪过在大人身上，而不在孩子。孩子做坏事是由于父母不把孩子的精力引向好的方面，是放任不管的结果。要想把孩子的精力引向好的方面，必须尽早开始让孩子对工作、劳动感兴趣，并且培养他多方面的能力和爱好。只有这样，才能逐渐培养孩子健康的内心世界。

在我们周围的很多家庭中，有些孩子被父亲打坏了耳膜，他们的脸上经常有父亲留下的手印。这真是令人痛心，可悲可叹啊！上帝叫我们爱别人，可是在这种粗暴教育下成长的孩子将来怎么能够去爱别人呢？我多次说过，自尊心是一个人品德的基础。若失去了自尊心，一个人的品德就会瓦解。人之所以变成醉汉、赌徒、乞丐和盗贼，都是由于失去了自尊心的结果。父母经常责打孩子，只会伤害他们的自尊心，除此之外没有任何好处。父母经常絮絮叨叨地数落孩子的过失，只能有损孩子的自尊心。这都是不正确的做法。

我曾经听说过这样一件事：

有个孩子非常喜欢家里喂的一只羊，他时常独自一个人牵着羊去山坡上玩耍，每当他看到心爱的羊吃着山上的嫩草时就感到愉悦。在孩子幼小的心灵中，那只羊是他最好的朋友，他把自己听来的故事和幻想都讲给羊听。他觉得和羊一起在山坡上晒太阳是最幸福的事。

可是有一天，孩子躺在山坡的阳光下睡着了，他做的梦都是和羊待在一起的情景。当他醒来时发现羊不见了。这只羊从来都不会走远，但今天确实是不见了。孩子焦急地走遍了整个山坡，仍然没有找到。他哭了，因为他害怕永远也见不到这个最心爱的伙伴了。

天快黑了，他赶紧跑回家。他想把这件事告诉父亲，请他来帮助找回羊。没有想到，他得到的只是一顿暴打。当父亲听说羊不见了之后，什么情况都没有问就举起了棍子。无情的棍子打得孩子鼻青脸肿，额头被打破出血。

"我只有这只羊，不把它找到就永远别回来……"说完，父亲就把他推出了门外。

孩子难过极了。

他独自在黑暗的山坡上奔跑。他越跑越想不通，父亲为什么会打他呢？他又不是有意弄丢了羊。"羊不见了，我也很难过啊。""为了羊，父亲叫我永远不要回去，难道我还不如一只羊吗？"

不久，孩子看见远处有个小白点。当他走近时，他看见了那只羊。它正在悠闲地吃着草呢。

这时，受到粗暴对待的孩子一反常态，他没有像往常那样去抱起这只羊，而是举起了一块大石头。

"就因为你……因为你，父亲才会这样对待我……"孩子一边哭，一边将石头向羊身上砸去。

第二天，人们在山坡的一块岩石后发现了那只已死去的羊，而那孩子也永远没有再回家。

我们可以想象，那个孩子心里当时有多么的痛苦，他亲手杀死了自己最心爱的朋友。

父母的粗暴和专制在孩子身上留下的阴影将永远不可磨灭，这种阴影会让一个本来善良的孩子变成凶残的魔鬼。

第九章
让孩子在赏识中成长

chapter 9

最重要的教育方法就是要鼓励孩子去相信自己，使他有积极进取的人生态度和百折不挠的意志力。同时我用各种方法来教育卡尔，防止他骄傲自满。尽管这样做要花很多的功夫，但我想最终一定会获得圆满的成功。

信任孩子，我为我的儿子自豪

　　世上所有的父母都知道，自信心对一个人一生的发展所起的作用，无论在智力上还是体力上，或是处世能力上，都是决定性的。一个缺乏自信心的人，便缺乏在各种能力发展上的主动积极性，而主动积极性对刺激人的各项感官的功能及其综合能力的发挥起着决定性的作用。

　　一位教育专家做过一个试验，将一个学习成绩较差班级的学生当作学习优秀班级的学生来对待，而将一个优秀班级当作问题班级来教。一段时间下来，发现原来成绩距离相差很远的两班学生，在试验结束后的测验中平均成绩相差无几。原因就在于差班的学生受到不明真相的老师对他们所给予的鼓励(老师以为所教的是一个优秀班)，学习积极性大长；而原来的优秀班受到老师对他们怀疑态度的影响，自信心被挫伤，以致转变学习态度，影响了学习成绩。

　　信心像人的能力催化剂，将人的一切潜能都调动起来，将各部分的功能推到最佳状态。而高水平的发挥在不断反复的基础上，巩固成为人的本性的一部分，使人的能力发展到一个新的水平。一个人的成长路线如果是沿着这样的积极上升式行进，可以想象其积累效果是十分可观的。在许多伟人身上，我们都可以看到这种超凡的自信心，而正是在这种自信心的驱动下，他们敢于对自己提出高要求，并在失败中看到成功的希望，从而鼓励自己不断努力，最终获得成功。在人才辈出的国家里，在那些伟人、名人身上我们同样可以找到自信的催化作用，在我们周围的优秀人才身上，也不断放射出自信的光彩。

　　对自信心的培养必须从孩子最小的时候就开始进行。首先父母需注意自己对待孩子的态度，不要什么事都替孩子做。因为，孩子需要一定空间去成长,去试验自己的能力,去学会如何对付危险的局势。可以说,如果我们做得过多,就会剥夺孩子发展自己能力的机会,也就剥夺了他们建立自信心与获得自立的机会。

其次,父母应当对孩子的尝试予以积极的鼓励。

在一个孩子的成长过程中,接受鼓励而产生自信心是非常重要的成长内容,是做父母应时刻关注的步骤。每一个孩子都需要不断的鼓励,就像植物需要阳光雨露一样。许多儿童教育家都十分强调鼓励的作用,认为这是最重要的成长因素。一位著名的教育家多次讲:"离开鼓励,孩子就不能生存。"可见,鼓励对孩子的自信心有多么重要。

孩子在刚出生的婴幼儿时期,面对着大千世界,他们常常感到束手无策。但是,他们仍然有勇气进行各种尝试,努力地学习各种方法,以使自己适应,使自己能够融入这个世界中。然而在这个时候,我们成年人往往无意中给他们设置许多爱的障碍,而不是对他们非凡的勇气与努力进行鼓励。

作为父母,我们常常有一种先入为主的概念,认为孩子到了某种年龄才能做某种事情。否则的话,他就是太小,太缺乏能力,不能做这类事情。但其实,孩子在那个时刻往往是可以做得很好的,而我们却人为地推迟了他们学会本领的时间。最为关键的是,我们这种做法会使孩子失去自信,怀疑自己的能力,进而削弱他们的进取心。这种消极影响将会对孩子的一生都产生不良影响。

比如,当孩子要帮妈妈收拾桌子时,妈妈经常夺过碗碟:"小宝贝,你会把碟子摔碎的。"为了不使碟子破碎,结果使孩子的自信心破碎。要知道,孩子有天生的主动性,他们很小就认为自己有能力做事情了。尽管尚处于学习摸索阶段,但孩子们都愿意努力去发现自己的长处和能力。他们总想试着干这干那,好奇心驱使他们一次次地接受挑战。所以,孩子总爱跟在大人身后,你做什么,他就去做什么。而我们却说:"你不会,乖乖,我来做。"当他们自己吃饭时,我们说"看你把衣服弄得多脏",我们还一把抢过勺子喂他们吃。就这样,我们让孩子看清楚了他们是多么的不行。如果孩子不乐意,不肯张口吃饭,坚持要自己吃,我们还要大发脾气。我们没有意识到这些事会打击孩子的积极性。很多小孩子不好好吃饭,他们紧紧闭着嘴,甚至把刚喂进去的食物一张嘴全喷出来,而且好玩似的大笑起来。做父母的在这时既不要生气，也不要无奈，应该好好想想在此之前是否有打击孩子自信心的行为。

在我对儿子的教育中，我深深地感到：最重要的教育方法就是要鼓励孩子去相信自己。

我认识很多这样的父母，他们对自己妄自尊大，而对孩子缺乏应有的尊重。婴儿、幼儿，虽然他们并不明白什么叫自尊，但他们却拥有自尊心。他们能够十分敏锐地感触到父母对他们的情绪。对于抚爱和夸奖，他们以微笑和撒娇加以回报；对于嘲弄和漠视，他们以发怒和任性来加以回应。

我们应该让孩子敢于犯错误，敢于失败，同时又想办法不损伤他们的自尊心和自信心。孩子和成人一样有权利去犯错误。对于父母来说，我们自己首先就不能泄气或失去信心，而要用鼓励的方法去培养起孩子的自信心。

学会适时鼓励孩子并不是一件容易的事，每一个做父母的都要仔细地研究与思考，如何去鼓励孩子，养成经常反思的习惯。孩子的自信程度是表现在他的行为中的，如果孩子缺乏对自己能力的自信和对自己价值的信任，那么他所表现出来的就是缺乏效率，缺乏积极主动性，他不会通过积极参与和贡献来寻找自己的归属感。

对孩子不公平、或者体罚，孩子都会以自己所特有的手段来回应，他们或者哭闹、或者任性、或者干一些"坏"事来加以回报。

我时时反省自己，是不是对卡尔有足够的尊重。我在卡尔的成长过程中发现，认真调整自己对孩子的态度和做法，孩子的任性很容易被克服。"自信"是信心的基础。没有自信，谈不上信心。通过有效的夸奖可以很有效地培养起孩子的自信。

第九章 让孩子在赏识中成长

自信其实很简单，就是自己相信自己。无论大人还是孩子，无论干什么事情，对自己缺乏自信，必然一事无成。反过来，一个人如果对自己充满自信，对工作信心十足，那么他无论干什么事情，也会百折不挠。

"你是非常聪明、非常好的孩子。"这是我在对卡尔的教育中说得最多的一句话。每当儿子遇到困难和挫折时，我总是说这么一句世上最美的语言帮助他摆脱内心的苦恼。

每当儿子痛苦和失落之时，我会对他说："你一定行的，我相信你。"儿子毕竟是孩子，他太弱小，在他的人生中会遇到很多难题，我应该尽可能地帮助和支持他。每个人都会有失落的时候，每个人都会有失去信心的时候，何况是孩子。只有让孩子充满信心，他才能在未来的人生中面对一切挑战，才会拥有幸福的人生。

信心从何而来？来源于父母有效的夸奖。孩子需要夸奖，需要鼓励。"夸"不仅仅表明了父辈的信心，同时也坚定了孩子的信心。只有孩子对自己充满了信心，父母才能培养出优秀的人才。如果从一开始我就对卡尔缺乏足够的信心，他现在会变成什么样子，这简直是我不敢想象的。

卡尔刚开始学习写作的时候，对自己的能力一点儿也没有信心。当他战战兢兢地把他的第一篇文章递给我时，我就注意到他眼中的不安，似乎他在等待着我的审判。读完他写的文章后，我发现那的确是篇糟透了的文章：问题没有交代清楚，句子不完整，还有很多错别字。我应该怎样去评价它呢？由于我感到儿子对写作缺乏自信，我知道我不能简单地说一声"不好"就能解决问题。在我沉默之时，儿子流露出忧伤的眼神。可他没有想到，我对他说了一句令人兴奋的话："非常不错，这是你第一次写作，爸爸刚开始写作

189

的时候比你差远了。"这时，儿子的眼光中闪烁出兴奋的光芒。

不久，儿子把他的第二篇文章给我时，已经是天壤之别了。

如果我看到卡尔的文章不尽如人意，立刻就把他否定了，甚至骂他"笨""蠢"，这样就伤了他的自尊心，也毁掉了他的自信心。恐怕他以后再也不会用笔写文章了，也就扼杀了他的一种才能。

评价事情总有个优良中差之分。卡尔得了"优"，我自然要夸他一番，更增加了他的信心。得"良""中"，夸奖是必要的，可以找找差距，但重要的依旧是夸。即使很差，也要善于夸奖，不要给孩子世界末日之感，多帮孩子找一些原因，关键是要找出孩子身上的闪光之处给予夸奖，在这种时候，千万不能让孩子失去信心。

美好的东西总是让人回味无穷，丑陋的东西总是令人胆战心惊。"夸"可以使被夸者产生美好的心境，从而留下美好的回忆，从此激励自己不断进步。

每当卡尔做了一件好事，我总会夸奖他一番。这时他总会眉飞色舞，信心百倍。我认为，只要孩子有一点可取的地方，就应该毫不吝惜地给予夸奖。即使他有什么地方做得不对，也不能去挖苦讽刺。孩子做错了事，只要他能够诚恳地改正，父母就应既往不咎。

任何人都有成功，也有失败，失败往往比成功更多。孩子失败了，父母绝不能说"我就知道你不行"之类的话，而是要帮助他从失败中走出来，要多加鼓励。

多用赞赏和诱导的方式

对卡尔的教育，我把培养他的想象力放在第一位，往往把这看得比知识更重要。不少人教育孩子，总是使劲灌输各种知识，却忽视了他们的想象力。我不主张只把孩子学习知识作为目的，而是主张学习知识只是手段，让孩子通过学习知识去开发他们的各种能力，培养他们的各种能力和素质。

想象力没有一个具体目标，只有在具体活动之中才可以有效进行。孩子越小，这一点显得越重要。

每当儿子在扮演古代骑士，模仿小鸟的飞翔，我知道这是他的一种想象力的表现，在此时我往往夸奖他做得很好，其效果是不言而喻的。这样，孩子年龄越大，想象力就越丰富，越独特。

孩子喜欢听故事，这似乎是一种天性。他们会不厌其烦地让父母讲一个相同的故事，并且经常在父母讲述的过程中查漏补缺，有时甚至添油加醋。这是一个绝好的现象，父母应及时进行鼓励，夸孩子有想象力，即使补的不对，加的不合理，也千万不要打击他们的积极性。

儿子有时会虚拟一些并不存在的事情，尽管漏洞百出，前后矛盾，我也没有认为他是在说谎，我力图给他堵补漏洞，化解矛盾。我知道父母的责任应该是夸奖他们的想象力，并引导着他们继续想下去。

通过对儿子的夸奖和诱导，我发现他的想象力越来越精妙，越来越发达。

卡尔小时候，我时常发现他趴在地上，聚精会神地观察两只蚂蚁搬一颗饭粒，这是因为好奇。在这种时候，我绝对不会去打扰他。他有时还会把观察后的结果告诉我，说那只蚂蚁怎么啦，另一只蚂蚁又怎么啦。这时，我会夸奖他观察得仔细。

夸孩子的好奇心会对孩子创造力的培养十分有益。通过夸奖可以使孩子的好奇心更强。我时常把儿子引向大自然，让他去观察花鸟草虫，去遥望满天星星；闪电雷鸣、阴晴雪雨，他会感兴趣；日升月没，昼夜交替，他也会不断追问。

对于孩子的好奇心，父母不能感到厌烦，而应该加以保护，并且善于将其引入恰当的轨道。这种夸奖，能把孩子带进知识的海洋，读书，做手工，搞实验，会给孩子带来无穷无尽的乐趣。

很多孩子的大胆想象常常不被父母所理解，这是因为父母心目中有许多条条框框，并且经常用这些条条框框去封杀孩子的创造力。

我认为，孩子的创造力之所以如此大胆丰富，就是由于他们的脑袋里没有什么条条框框，而且根本不想受条条框框的限制。

有一天，我的一位老朋友来我家做客。他看见卡尔正在用蓝颜色画一个大大的圆圆的东西。

他问卡尔："孩子，你画的是什么啊？"

卡尔回答道："是一只大苹果。"

朋友说："可为什么要用蓝色呢？"

卡尔回答："我认为应该用蓝色。"

朋友对我说："我的老朋友，你应该教教孩子。他用蓝颜色画苹果，你应该告诉他那是不对的。"我感到很惊讶，说："这是为什么呢？我为什么一定要告诉他用红色呢？我认为他画得很好，也许孩子今后真的会栽培出蓝色的苹果呢。现在的苹果是什么颜色，他吃苹果的时候自然会明白的。"

孩子的创造力就是在这样的不断的夸赞中培养起来的。如果用要求大人的标准去要求孩子，那么一举手一投足都有许多不合"规矩"的东西。如果对孩子的不合乎"规矩"的行为时时加以"纠正"，那么孩子的创造力就会渐渐消失了。

孩子一生下来就在学习，逐渐形成了自己的长处和短处。促其扬长避短，优先发展，是每一个父母的神圣责任。

第九章 让孩子在赏识中成长

对于不同年龄的孩子,"玩"对他的意义是不同的。"玩"的方法也是变化和发展的。"玩"不仅仅在于"有趣",而且还在于通过"玩",孩子可以学习更多的东西,发现许多他认为奥妙的东西。我们知道,玩可以充分运动孩子身体的各个部位,可以帮助他各个感官的发展,可以开发与培养他的智力和创造力。

我看着儿子长大,他的一举一动都在我的观察之中。我发现,对于他来说,并非只有游戏才是玩,吃、喝、拉、撒、动,甚至睡觉都是一种玩。

在儿子有兴趣的时候,我总会让他玩个够,玩得开心。

玩是孩子的天性,这一点很多做父母的都知道。但是怎么玩、玩什么,很多人未必有清楚的认识。很多孩子"玩"得很盲目,为玩而玩。由于这种现象,孩子本来可以从玩之中开发智慧和能力,但却被白白地浪费。应该明白,孩子不能为玩而玩,而是要玩出名堂来。

孩子在玩的时候,充满了积极性、主动性。他们的大脑在飞速地运动,思想在不断发出火花,这对培养孩子的各种能力,特别是想象力和创造力,是其他手段难与之匹敌的。我们知道,"玩"有生活的影子,但绝不是对生活的照搬,孩子会根据自己的认识和理解去改造生活。父母不应用条条框框去加以限制,这样孩子的创造力才能够容易得到充分发挥。

孩子对音乐有天生的兴趣,听优美的乐曲可以使大脑得到有效的训练。如果孩子对音乐节奏十分敏感,对音乐十分入迷,那么这个孩子可能有音乐天赋,父母应该提供更多的"音乐奖励",孩子一表现出这方面的兴趣,父母就应该用各种方式进行"奖励"。

孩子的绘画才能是从分辨各种颜色开始的,如果孩子对颜色有很大的兴趣,并且经常在地上、墙上涂画各种东西,那么这个孩子可能有绘画的天赋,父母就应该为他购买画笔、颜色和纸,鼓励孩子画画的兴趣,还应该及时带他去观察大自然的风光,开阔孩子的视野。这些都算是对孩子的夸奖,对于开发孩子的天赋十分有益。

喜欢背诵、说话、讲故事的孩子是具有语言天赋的表现。说话特别早的孩子尤其应该引起父母的重视。孩子的语言天赋除了天生之外,很大程度上是后天训练而成的。经常与婴儿"说话",尽管他可能不会说话,但至少可以激起他对语言的兴趣。

语言能力是人的一种最基本的能力,因此,父母对此要特别加以"夸奖"。孩子小时候说话多，长大了肯定会能言善辩。父母对孩子发音不准、用词不当，绝不能讥笑，应该在他无意中加以引导，给予相应的鼓励。

要明白，孩子说错了话是完全正常的，不说错话才是奇怪的事。只要孩子说话就应该鼓励。

卡尔在9岁时就能熟练地运用并翻译法语、意大利语、拉丁语、英语以及希腊语，在很大程度上归功于我对他年幼时的夸奖。

教儿子学会面对失败和挫折

通往天堂之路是漫长的,第一步都是刻骨铭心的,我认为5岁是其中的第一步。在儿子5岁的时候我就开始培养他各方面的能力了,但我认为更重要的是,从这时起就应该去培养他快乐的性格。

人一生之中会有很多失败,教育儿子学会面对失败,不怕失败,是非常重要的事。很多时候,因为害怕失败而失败了,很多时候,因为不怕失败反而胜了。

害怕失败,孩子的心理压力很大,本来能够做的,轻而易举的事情也做不好,做不了;害怕失败,孩子心里会产生不做不错、多做多错的想法,丧失尝试的动力,以至长期处于无能的心理状态。

我在这方面对儿子很宽容,即使他在某一件事上失败了,我也能够允许他再失败一次。任何人都知道,孩子吮乳、说话、走路,谁也说不清楚,到底失败了多少次,可是最终却胜利了,成功了。这不是对做父母的一个最好的启示吗?

害怕失败的心理不予消弭,久而久之,孩子就会形成一种对事物缄默冷淡或者不参与任何活动的习惯,这对他的健康成长极为有害。这种心理会导致孩子变得自闭、忧郁、阴沉,这样的人怎么会有快乐的性格和美好的人生呢?

无论儿子做什么,只要他不违反固有的原则,不做有损于自己和他人的事,我都尽力支持他去闯去干,在行动上鼓励他去尝试。我认为,只要让他有了不怕失败的勇气,再加上正确的引导,一切都会成功。

对于孩子的失败,这里有几点建议:

1.站在孩子的立场上来对待失败。抓住这一时机,让孩子真正体会到失败并不可怕，使孩子树立起正确的失败观，做到胜不骄、败不馁，这样的教育才能使孩子坚强起来，相信我们都不希望自己的孩子脆弱不堪，经不起任何打击。

2. 帮助孩子寻找失败的原因。失败总是有原因的，也许是客观上的原因，也许是主观上努力不够，只有找出失败的原因，从中总结经验教训，才能避免下次失败。要让孩子明白努力的方向，使孩子看到成功的希望。

3. 鼓励他不要因为失败而丧失信心，告诉他努力了终将会有收获。失败时的孩子更需要的是安慰和支持，绝不是指责和嘲讽。家长的期待和信任对失败的孩子来说，是一种强大的精神力量，能帮助孩子迅速恢复信心，走出失败的阴影。

4. 应该给失败后的孩子新的起点。在孩子的努力过程中不失时机地鼓励他的进步，哪怕进步非常的微小，你的表扬和肯定是帮助孩子走出失败沼泽地的最好的精神动力，它们能恢复孩子的自信心，增强孩子面对困难的勇气。

我不赞成父母把孩子本来自己可以做的事全包下来。久而久之，孩子便失去了独立思考的能力。无论何事，都要父母拿主意，这是完全错误的。

对于卡尔，自己能做的事情我总是叫他自己去做。我尽力杜绝他以"我不会"作为借口换取父母的帮助。每当儿子对某件事说不会的时候，我总对他说"我教你"，而不是自己一做了之。

由于儿子在各方面都得到了良好的发展，每当他遇到挫折的时候都会得到我和他母亲的帮助和鼓励，他也从鼓励和夸奖之中逐渐建立起了自信心，直到现在，他的性格一直是健康和快乐的。

把握好夸奖和责备的尺度

在生活中，我经常发现这样的情况：孩子表现出了不良行为，比如打架、浪费、偷东西、撒谎……这时父母着急了，训他，骂他，甚至打他。我认为这样做的结果非但解决不了问题，而且会产生更大的副作用。

孩子的不良行为更能引起父母的注意，他们往往在这些行为上的印象更深。因此，孩子往往会选择引起父母注意的行为，而不愿选择父母毫不理会的行为。

有些父母错误地认为，关注孩子的坏行为，对孩子进行惩罚，可以制止不良行为的发展。其实，对孩子来说，这种惩罚都似乎是一种奖励，因为这一行为引起了父母的重视。这就是不少孩子爱恶作剧的原因所在。

父母关注什么行为，这种行为就会逐渐形成孩子的习惯。因此，我认为父母应该多加关注孩子好的一面，对良好行为给予及时、恰当的奖励，而对不良行为采取漠然处之的态度，让它没有加深印象的机会。

很多父母对孩子好像总是爱责备，而不善于表扬。

有许多父母为纠正孩子的缺点，总是先情绪激昂而后没完没了地责备孩子。有的父母曾找我座谈，说最初"因不责备就不改"而责备，后来因"即使责备也不改"而苦恼，最后又认为"不可救药"而放弃不管了。

一味地责备，不用说孩子，就是连大人也会失去信心的。这样下去，就会逐渐将其培养成为因设法保护自己而产生反抗心理的孩子。

通过责备让孩子做，或者通过表扬让孩子做，二者对孩子的影响完全不同。因此，要用冷静的态度和温暖的心去对待孩子，要注意和发扬孩子的优点。

有人说："处于'反抗期'的孩子，难以对付。"人本来没有什么反抗期，但因孩子具有旺盛的生命力，若不给予正确引导，就会以"反抗"等形式表现出来。因此说，"反抗期"不是自然形成的，而是由父母方面培植起来的。

如果总责备孩子，任何孩子也都会产生反抗的心理。正如能力法则所确定的那样，若给孩子以反复的刺激，就会使孩子逐步形成"反抗"这一能力。例如，常用烈性药物，细菌就会迅速产生抗药性，不久这种药对细菌就完全不起作用。同样，对孩子越是一味地责备，其反抗心就越强，最终还是以屈服于孩子而告终。有人对我说："请教给我好的责备方法。"我没有那种好方法。也有人说："现在孩子不听话，难道不责备就算好吗？"我认为即使不听话，也"绝不能责备"，要真心实意地、正确地培养孩子的能力。不过，我们要有耐性才行。

在此，我建议那些已经做了父母的人，不要因为孩子的不良行为而专门去教训和打骂，而要去发现孩子的长处。对于那些个性很强、精神旺盛、从不受别人指使的孩子，更加应该这样。父母发现了孩子的长处，尽量对他的良好行为进行夸奖；当他听到父母的夸奖时，一定会变得听话起来。

在对儿子的教育过程中，我发现良好的行为在得到不断夸奖时，这一行为就会不断重复而形成习惯。很多父母可能没有意识到这一点，他们认为孩子的良好行为是自己与生俱来的，是理所当然的，因此无话可说，就不想夸奖。其实，孩子良好的行为如果得不到及时的夸奖，孩子的心里不会增加印象，良好的行为就慢慢停止了。

我发现不少的父母夸奖的方式不对，即对孩子的不良行为给予夸奖。比如，对撒娇的孩子给予不恰当的呵护，父母就在这样的无意之中强化了孩子的不良行为。

对于孩子好行为的夸奖越早越好。孩子年龄越小，实施起来效果越明显，也越容易。我曾经对其他的孩子做过一些研究，当孩子进入少年时代，这种夸奖就有一定难度了，因为少年时代的成长过程中，孩子有一个"反抗期"阶段。为了更好地实施这一方法，父母应该明确区分孩子的情感与行为。孩子的内心世界，如爱、高兴、生气等，是孩子独有的，父母往往对此鞭长莫及。孩子感到高兴或生气，他们自己也无法控制。孩子的行为是外在的，是看得见、摸得着的，孩子自己也能控制。孩子无法控制

第九章 让孩子在赏识中成长

自己的情感，但是可以控制自己的行为；父母难以控制孩子的情感，但是却可以对孩子的行为施加极大的影响。

我认为，对孩子的夸奖，应针对的是孩子的行为而不是他的情感。

父母应该注意到孩子的行为是指具体的行为，而不是抽象的或分析出来的。那些说不清楚的行为，父母无法施加影响，也无法去加以控制。明白这一点至关重要。哪些行为是说不清楚的行为呢？比如："这孩子尽做些令人最头疼的事情""这孩子爱欺负人""这孩子不负责任"等。哪些行为是具体的行为呢？比如："他打了别人的小孩""他在墙上画了一只小动物"等。

我们应该明白：夸奖的是孩子的行为而不是孩子的情感。应该夸奖具体的行为而不是"说不清楚的行为"。作为父母，主要是对孩子好的行为给予及时夸奖。如果孩子没有做到，千万不要责备。孩子偶然做到就是一个不小的进步。只要孩子表现出良好的行为，父母就应该及时进行正面强化，巩固这种行为。我对卡尔的夸奖，一般有两种方式，一种是情感方式，一种是物质方式。我深深地感到，情感方式往往比物质方式更有效。

情感方式有表扬、亲吻、拥抱等口头或身体的行为。这种方式取之于父母，千万不要吝啬。

物质方式是一种补充方式，如给孩子一块点心等等。卡尔每次在这种情况下得到了奖励总是欢欣鼓舞，并不在乎奖励的多少。

通过对卡尔的这种教育，我发现他在年龄很小的时候，大部分时候采用情感方式奖励就足够了，特殊情况时再

采用物质奖励。

我认为，只要及时地对某一行为给予正确夸奖，这一行为就会在孩子身上不断重复出现，良好行为就会得到及时的强化和巩固。久而久之，孩子就会养成自然而持久的良好行为习惯。

但是，我何时夸奖卡尔，并不是随意确定的。如果太随意，那么他就无法明确地知道我因为什么夸奖他。我总是在他表现出良好行为时给予夸奖，并且告诉他因为什么事而得到夸奖。

每当卡尔开始使用新的且令人满意的方式做事时，我都会及时给他奖励。我认为，这样对于培养他的良好行为十分重要。当他学会了新的行为，并且理智地去实施这一行为时，我便不再每次都给予夸奖，而是拉长夸奖的时间间隔，实施间断性或随意性的夸奖。这种夸奖只能偶尔为之，要让他感到意外。

我发现让儿子适应偶尔得到奖励的方式，他便会继续表现他的良好行为。因为已经形成习惯，儿子知道怎样做会使我高兴，他也为此对自己的良好行为感到满足和高兴。

同样，当在用于惩罚时，情感方式的杀伤力也要比物质方式更厉害。我所做的一般是让孩子明白我为他的行为生气、悲伤或者失望，而不是愤怒地扑向他。一旦这种时候，卡尔总会显得有些羞愧，然后很自觉地改掉错误行为。有时，为了留给他深刻的印象，我会用取消他的度假或其他本来用于奖励的计划以及物质来惩罚他。

让孩子在赏识中成长

  我怀着赏识孩子的心态走进教育的区域，在对儿子的教育过程中，我体会到赏识对孩子意味着什么。一个赏识的微笑，就好像阳光照在含苞待放的花朵上。赏识是热爱生命、善待生命，是孩子生命的无形阳光、空气和水。对一个渴望赏识的孩子而言，这可能是他一生的转折点。学会表扬、鼓励和赏识孩子，这是一种无形的力量，能激发孩子的上进心和增强他们的信心。

  虽有很多做父亲的对孩子要求很严格，有错误、缺点从不放过，发现了就及时批评教育。这种不姑息、不袒护、不放任的态度是对的，也体现了对孩子深切的爱，但教育效果并不是很理想。什么原因呢？因为只是一味地批评，不符合孩子的心理特点。

  从本性上来说，儿童都是有上进心的，包括那些缺点、毛病比较多的孩子，都希望得到表扬、肯定和鼓励。当他们由于进步或是做了好事而受到父母的表扬和鼓励时，都会在情绪上得到满足，在精神上受到激励，在思想上产生快感。这样，积极的内心体验就会逐步丰富和加深，从而更增加自信心、自尊心和上进心，产生再进步或做好事的欲望。如果孩子总是受批评，总是产生不快的内心体验，他们的情绪就越来越低沉，逐步完全丧失自信心、自尊心和上进心。

  这个道理，好像所有父亲都很容易理解，也认为孩子应该多表扬、多鼓励，采取积极诱导的方法，充分肯定孩子的进步、优点和长处，但一联系到自己孩子的实际，做起来就不那么容易了。因为有的孩子平时表现很不错，进步快，优点多，长处显著突出，当然可以多表扬、多鼓励，但如果总觉得自己的孩子没什么可以表扬和鼓励的，总是出问题、犯错误，思想、学习、品德都不怎么好，要表扬鼓励什么呢？有的父亲因此觉得没有必要。

然而，恰恰就是这种孩子才更需要表扬、鼓励、赏识，这样的孩子，平时很少听到表扬的话，而听到的批评太多了，几乎成了家常便饭，思想便越来越消极。这时父亲应该意识到，自己是教育者，对孩子不能感情用事。孩子表现好，进步快，能给父母争光，父母很满意，就成天夸个不停；而孩子表现不大好，毛病缺点比较多，父母总觉得是在给自己丢脸，就怎么也爱不起来，一见到孩子就气不打一处来，这是不对的。

其实，孩子身上总有积极因素，总有所长，只不过是不太显著、突出而已。如果父母不抱成见的话，肯定会发现。

问题是，对于这些孩子，父母总是抱有成见、偏见，从感情上就讨厌，即使有积极的因素也视而不见。抱着这种态度和情绪教育孩子，有的只是批评，然而过多的批评会摧垮孩子的信心，就更难以教育了。

表现不太好的孩子身上的积极因素表现得不太明显，甚至是潜在的，很难发现，要做到"奖子以长"，父母必须努力克制自己无益的感情冲动，不用直接的批评，而改用期望、信任和鼓励，用正面激励的方法，这样的效果肯定会好。

我身边就发生过许多类似的事，有这样两位都很关心孩子学习的父亲，当孩子的作业没有做好时，持完全不同的两种态度，教育效果也不大相同：

一位父亲发现孩子作业写得特别潦草，很生气地对孩子说："你的作业太乱，态度太不认真了。真是令我失望，你必须再给我重写一遍！"孩子看到父亲生气的责骂，心里很不好受。不过，父命难违，不得不重写，尽管又重写了一遍，但由于是不情愿而为之，写得比第一次好不了多少。

而另外一位父亲发现了同样的情况以后，虽然也很生气，但他努力克制住了自己的感情冲动。他认为不是孩子不能写好，而是态度不认真。他想，与其批评他一顿，不如激励他。于是，这位父亲态度和蔼而认真地对孩子说："你的作业太潦草，不符合要求，要重写。我知道，要你重写你是不大乐意的。可我为什么还要让你重写呢？因为我相信，你第二遍肯定会比第一遍写得好得多。"孩子一听父亲这语重心长的言语，开头有点儿不高兴，可仔细一想，就深深体会到了严明而慈祥的父亲的期望和信任，这种无形的力量，使他受到激励，促使他很快又重写了一遍，而且，如父亲所期望的那样，写得相当好。

这两位父亲同样是要求孩子重写作业，为什么会出现不同的教育效果呢？就是因为一位父亲是严厉的批评，给孩子施加的是压力；而另一位父亲在批评时带着信任和期望，给孩子的是一种驱动力。

恐怕所有的父亲都希望自己的教育能达到上述第二位父亲的效果，这就需要父亲学会表扬、鼓励自己的孩子。

作为一名父亲，我通过对卡尔的教育，总结出以下关于表扬和鼓励孩子的9条应注意的准则：

1. 要使你表扬和鼓励的语言有变化，避免多余的言辞。
2. 不断地寻找值得表扬的行为。假如你过去很少表扬孩子，那么对他的表扬一时不要倾盆大雨，而要自然增多，使你的孩子不感到做作。
3. 真诚的、衷心的表扬，才是最有效的。
4. 当用愉快的表情和声调表扬孩子时，应用眼光注视着他。
5. 通常是立即表扬为好，而且是孩子还正在做某件事时则更好。当然，告诉孩子你还在想着他刚才做过的事情，然后予以表扬，也是有效的。
6. 表扬什么样的行为？例如，孩子完成了适应自己年龄的游戏和任务；服从、合作与能体贴同伴和兄弟姐妹；记住了自己所分担的家务活；减少不合适的行为；等等。
7. 孩子由于做出了努力而获得了成就，应立即爽快地给予表扬。不要对他们做的每一件小事，都给予过多表扬。
8. 避免在表扬时加上消极的评语或和他人进行对比，或习惯性的批评，致使表扬的作用受到影响。
9. 表扬的主要动机，应该是使受表扬的人因受到赏识而感到愉快。假使你把表扬作为使孩子改变他的行为的一种方法，那孩子就会抵触和感到有压力。夸奖不同于奉承，它是客观的，给人以夸奖并没有想到要得到什么。

我绝不空洞地和不真切地表扬儿子

对于孩子的善行和出色表现给予奖励和表扬是十分必要的，这可以鼓励孩子更加努力，也有益于增强孩子的自信心。但尽管如此，我仍需提醒那些善良的父母，不要过于随便地奖励和表扬，因为这会使奖励和表扬失去它应有的作用。

我反复强调奖励和表扬在树立孩子自信和鼓励孩子上进方面的重要性，但这并不意味着用夸大其词使孩子无法真实地认识自己，正确有效的奖励和表扬应建立在事实的基础之上。也唯其如此，才可能使个别用于治疗孩子自卑心理的奖励和表扬发挥效用，否则过于泛滥的奖励和表扬只会为孩子未来的自卑埋下隐患，因为孩子将会发现现实中的自己并不像父母眼中的或者自己想象的那样。

即便卡尔学得非常好，我也只是说到"啊，不错"的程度。当儿子做了善行时，我对他的表达可能会进一步，我会对他说："好，做得好，上帝一定会高兴。"但不会表扬过头。

当卡尔做了特别大的好事时，我会抱着他亲吻，但这并不是常有的。我这样做的目的，是想让儿子明白父亲的亲吻对他来说是非常可贵的。通过这种不同程度的表达方式，我让儿子深深懂得：对善行的报答就是善行本身的喜悦，是上帝的嘉奖。

我非常注意不过分地表扬他，就是为了不让他自满。因为孩子一旦自满起来以后就难以纠正了。

对孩子的奖励和表扬都要符合实际，父母在对孩子实施奖励和表扬之前应保留一分清醒，确信自己明白这一行为的原因和目的，并注意行为措词的方式和方法。

假如卡尔的妈妈回家后，一进门发现卡尔已经把房间的地毯吸干净了，并换了新的垃圾袋。她感到非常高兴，因为她并没有要求儿子这样做。儿子的妈妈对儿子说："你简直太好了，做了这么多的事，我真喜欢你，这样吧，为了表扬你今天的表现，我给你5马克零花钱。"

那么，卡尔的妈妈在这里犯了错误，什么错误呢？卡尔主动做了额外的工作，完全是自愿，没有得到其他孩子的帮助，做妈妈的当然会夸奖她，说他是好孩子，并表示对他的喜爱，那也很合情合理，又有什么错呢？这里的根本问题在于妈妈所有的评语都集中在卡尔身上，将卡尔本身的好坏与所做的事联系起来，将是否爱他与他所做的事情联系起来。这虽然是个很细微的地方，但应引起父母的注意。这样做的危险之一在于孩子小，不大肯定父母是因为他做了这件事才爱他，还是即使他不做此事也会爱他。这种"爱不确定"的心理也会给孩子的成长带来阴影。对父母的爱不确定的孩子会花费终生的精力来找到答案，这对孩子和父母都是一种痛苦的论证。另外一个问题是如果我们对孩子做的好事大加赞扬，他会对自己感觉良好，充满自信，但同时却认为自己的每一点努力都应当得到别人的注意和夸奖甚至奖励，否则就对自己没有把握；但是在我们的生活中，大多数情况下，是没有人时时刻刻站在那里表扬他的。即使做了很好的事，可能也不会有人来表扬你。孩子面对这样"冷淡"的现实，又会怎样感受呢？他们会认为生活不公平，而顾影自怜。他们会想："我真可怜，没有人能欣赏我的努力"。"我做了那么多，谁也没看见。"现实使他们泄气，甚至使他们放弃自己的努力。

给卡尔5马克零花钱作为奖励，这更加剧了不好的效果。这一举动教给卡尔，如果他做了额外的努力，就会得到报酬。这样似乎在告诉卡尔他做好事就是为报酬。他会很有意识地去期望什么人会给他物质奖励。但事实上，我们不会为自己所做的每一件事、每一件额外的好事受到奖赏，即使在家里。如果妈妈因为太忙没有顾及卡尔的努力或忘记了奖励，卡尔会怎样反应呢？他的积极性会不会受到打击呢？给孩子奖励，以此激励他们做得更好，是否由此给他们勾画了一个虚幻的未来，即每做一件事都会有人奖励他们？这样我们实际上在为他们的未来设置障碍，所以必须使孩子们准备好：过真正的没有人拿着糖果奖励的生活。今天孩子会因你的奖励而欢笑，明天却会为现实的"冷酷"而灰心丧气。这就是不恰当的奖励和赞扬对孩子有害处的原因。

在儿子成长的过程中，我不仅自己不过多地表扬他，同时也绝不让别人表扬他。

每当别人要表扬卡尔时，我就会把儿子支出屋子不让他听。对那些常常不听忠告仍一味夸赞儿子的人，就谢绝他们到家里来。为此，我甚至被人视为不通人情，是一个老顽固。但是，为了杜绝孩子养成这种不良习惯，我对别人的议论是不会去计较的。

我教育儿子：知识能博得人们的崇敬，善行只能得到上帝的赞誉。世上没有学问的人是很多的，由于他们自己没有知识，所以一见到有知识的人就格外赞赏。然而，人们的赞赏是反复无常的，既容易得到也容易失去，而上帝的赞赏是由于你积累了善行才得到的，来之不易，因而是永恒的。所以，不要把人们的赞扬放在心上。

我告诉卡尔，喜欢听人表扬的人必然得忍受别人的中伤。仅仅因为别人的评价而或喜或忧的人是最蠢的。被人中伤而悲观的人固然愚蠢，稍受表扬就忘乎所以的人更是愚蠢的。

我用各种方法来教育卡尔，防止他骄傲自满，尽管这样做要花很多的功夫，但我想最终一定会获得圆满的成功。

我教给卡尔很多知识，但从不教他这是物理学上的知识、那是化学上的知识等，为的是防止他狂妄自大。

有些父母的想法或许与我不同，他们大多喜欢在众人面前炫耀孩子在这方面或那方面的"与众不同"，这样就很容易使孩子感到自满。我很担心，这种做法很可能把一个未来很有潜质的孩子毁掉。

我认为，没有经过早期教育而靠天赋产生的神童，只不过是一种病态的暂时现象。这样的神童，往往容易夭折。这就是"十岁神童，十五岁才子，过了二十岁是凡人"这一谚语所表达的现象。一些潜质很好的孩子之所以没能如愿地成为栋梁，正是源于孩子的骄傲自满，狂妄自大。

世界上再也没有比骄傲自大更可怕的了。骄傲自大会毁掉英才和天才。

意思是一个自幼就表现出某种天赋的孩子，因为他一出生时就让别人感到他灵气逼人、聪明伶俐，人们都说这个孩子一定是个天才，他的将来一定极为辉煌。

有人说："莱恩一定会成为一个伟人，你看他那种机灵的模样，说不定会成为一个伟大的将军。"也有人断定他会成为一个可以令大家引以为荣的艺术家。

这种说法也没有什么错,可是事实并非如此,虽然这个孩子在两岁的时候就表现出超人的天赋,他在音乐方面很有才能。

莱恩的父母为此专门给他请了家庭教师,试图在音乐方面给予他最好的培养。他确实非常聪明,老师教的一切他都能很快地学会。四五岁的时候,他不仅掌握了基本的乐理知识,而且会演奏多种乐器。他的钢琴和小提琴演奏极为出色,并且很快就举办了自己个人的音乐会。

人们都说他是一个音乐神童,是个伟大的天才,就像人们评论那些历史上的伟大音乐家一样。

莱恩的父母把他当成一个宝贝,生活的重心都转到了他的身上。他们逢人就夸奖自己的孩子。甚至当着众人的面,说莱恩的音乐水平已经远远地超过了他的老师和其他同时代的音乐家。他们说莱恩注定会成为像巴赫那样的音乐大师。

莱恩被这些过多的赞誉蒙蔽了,他陶醉在沾沾自喜之中。

有一天,他的音乐老师告诉他在音乐表现上存在着很多的不足。虽然他的技巧确实已经相当不错了,但音乐本身的魅力在于内涵而不单单是技巧。

莱恩被激怒了,他狠狠地对老师说:"你以为我只会技巧吗?那些音乐的内涵我早已清清楚楚。"

老师说:"但我明明发现你有这些问题呀!"

莱恩说:"那不是问题,是我故意那样演奏的,我就是那样理解这首曲子的。"

老师为了让他能够明白一些音乐表现方面的东西,开始给他做示范。碰巧老师在演奏的过程中犯了一个小小的错误,这样就被莱恩抓了个正着。

"喂，您都弹错了。我亲爱的老师，就您这样的水平还能够教我吗？"他的语气中带着极大的嘲笑。

老师气愤极了，虽然他认为莱恩是个有才华的孩子，可还是马上辞去了这份工作。尽管莱恩的父母请他原谅孩子的做法，并尽量地挽留他，但他仍然头也不回地离开了。

后来，我曾遇到过这位音乐老师并和他谈起莱恩的事。他告诉我，就在他离开莱恩的那一刻，突然感觉到他以往的判断是错误的，他感觉到莱恩并不是以前想象的那样会成为伟大的音乐家。事实证明，这位音乐老师说对了。

自从老师走后，莱恩越来越得意。因为他自认为是天才，胡乱地改动那些大师的作品，并经常说这些作品不过如此。

他拒绝父母再给他请老师，说那些老师都是不中用的人，根本不配来教他这样的一位百年难遇的才子。

结果是可想而知的。事过多年，我听说莱恩已经变成了一个酒鬼，他愤世嫉俗，说人们不理解他这样的天才。

我知道，有很多伟大的艺术家在生前或未成名之前很难被人理解。但莱恩绝不是那样的人，因为他一生从未写出过美妙的作品，甚至连平庸的作品都没有。而且过度的饮酒摧毁了他的听力和灵巧的手指，恐怕他已经变得连最基本的音阶都不会演奏了，更不用演奏出美妙的音乐。在对卡尔的教育中，我担心的正是这一点。我下了很大的功夫就是防止他自满。我把莱恩的事讲给他听，让他明白骄傲自满和狂妄自大会带来多么大的危害。

我很庆幸对儿子的教育有如此的成效。我曾经无数次地告诫卡尔：无论怎样聪明、怎样通晓事理、怎样有知识的人，与无所不知、无所不能的上帝相比，只不过是九牛之一毛，沧海之一粟。只有粟粒大的一点知识就骄傲的人，实际上是很可怜的。奉承话大抵八成是假的。说来可笑，正是这八成是假话的奉承话竟是世之常习。因此，谁要不折不扣地相信这种奉承话，那他就是糊涂虫。

第十章

我如何培养儿子好的品德

chapter 10

教育不应当只从智力上着眼，必须力求使受教育者变得更加敏锐、文明，更加宽容、仁慈。

提高儿子对善恶的判断能力

　　如果一个人心底只有善良，只有同情心，那么这种善良的泛滥就很可能淹没他对是非的辨析能力。而且，由于长期缺乏对丑恶不良现象的憎恶和仇恨，缺乏正义感带来的力量，这个人还可能会逐渐向黑暗面妥协，并变得懦弱可欺，甚至在无力维护善良的情况下最终走向善良的反面。真正品格教育的核心绝不是让孩子去无休止、无辨别地奉献，而是在教孩子做一个品德高尚者的同时，学会分析判断世间的是与非。只做好人而不辨是非、不憎恨丑恶和不良现象是绝对不可以的。这样的好人很容易因为表现出过强地讨好倾向，而成为一个毫无原则并且让人蔑视的好好先生。我们要学会善良，更应学会去维护善良。有一天，儿子突然说了这么一句话：

　　"我看那个警察也不像我以前想象的那么好。"

　　"哪个警察？"我奇怪地问道。

　　"就是我们去镇上时常看到的那个在巡逻的大个子。"

　　"你为什么这样说呢？他得罪你了吗？"当时我还真的有些不明白他的话，便仔细地问他。

　　"他当然没有得罪我。因为我是尊敬的威特博士的儿子，他对我很好，每次看见我都非常热情地同我打招呼。可他对待别人就是另外一回事了。"

　　"怎么？他对别人不好吗？"

　　"岂止不好，简直就是恶劣。那天我见他对待一个进城来的农妇，好像突然之间变成了另外一个人。不，是变成了一个魔鬼。"

　　"有这样的事？"

　　"当然，这是我亲眼所见。"

　　接着，儿子给我讲述了那天他亲眼所见、并对他产生深刻影响的一件事：

"你好，我们可爱的小博士！"大个子警察一见到小卡尔就亲切地招呼他。

"您好，埃尔先生，您在巡逻吗？"儿子也很有礼貌地向他问好。"是的，我在巡逻。""您真是太辛苦了。这么热的天气，您仍然在大街上工作。"

"哦，这没什么。这是我的工作，也是我的职责。现在有很多不规矩的人，有很多坏分子。我可不想让他们来伤害像你这样守本分的好心人。"大个子警察埃尔先生兴致很高地谈论着。突然，他的眼睛像猫看见老鼠一样闪出一道锐利的光芒，接着向前面的人群走去。

卡尔顺着埃尔先生行走的方向望去，看见一个农妇正在向过往的行人不停地说着什么。

"你在干什么？"埃尔先生一走到农妇的面前就冲着农妇大吼起来。

"哦，警察先生，"可怜的农妇似乎受到了惊吓，战战兢兢地说，"我……我迷路了，我正在向那位先生问路，可他也不知道，您能帮助我吗？"

"什么，迷路了？"埃尔先生眯起他那双略显细长的眼睛，带着怀疑的语气说道："那么你为什么那么紧张呢？我看你不是在问路，而是另有所图。"

"什么？你的意思是……"农妇吃惊地看着他。

"我的意思是你可能有不良的意图。趁我还没有发怒，老实说你到底想干什么？"

"天哪！我有什么不良的意图！不，我只是迷路了。"

"不要装作一副可怜巴巴的样子！你这样的人我见得多了。"

"什么？我不明白。"

"你不明白？别装傻了。快说，否则我把你抓起来。"

"不，警察先生。我可是守规矩的老实人。"农妇惊慌地辩解道。

这时，我儿子卡尔走上前去，他想去帮助那个农妇，便对埃尔先生说："哦，埃尔先生，我看这位太太是吓坏了。她只是迷路了，您别这么吓唬她。"

埃尔先生转过身，又换成和蔼的面容，说："卡尔，你真是一个善良的老实人。但你还太小，不能看清他们这种人的真面目。"

儿子不解地看着他。

埃尔先生继续说："这阵子有很多家庭被窃，我怀疑就是他们这种人干的。天知道这个女人是不是盯梢的眼线。我看她那副贼眉鼠眼的模样，肯定不是好东西。"

"可是，您没有证据，埃尔先生。"

"把她抓回警察局就有证据了。"说着，大个子警察埃尔先生就去推搡那位可怜的农妇。在拉扯中，他将那位农妇的包袱打散在地，什物洒落四处。

农妇就这样被抓进了警察局。

没过多久，儿子了解到那个农妇的确仅仅是个迷路的人，她到这里是来找在城里工作的儿子的。

后来，卡尔还听人说起大个子警察埃尔先生，说他经常欺负那些陌生人和弱小商人，还经常向那些商贩收取非法的费用。据说他把这些钱都拿去赌博和喝酒了。

听完儿子讲述的这件事，我陷入久久的深思。社会上的确有不少这样的人，他们平日里衣冠楚楚，但骨子里却残忍至极，天生一副坏心肠。

在那一刻，我感到教会孩子用清醒的头脑看待身边的事物是一件非常迫切的事。

很多时候，我们都需要对生活中的事物做出鉴别，并决定自己的行为选择。我们的孩子在成长过程中也将面临无数和我们一样的问题。所以，若想真正使孩子建立健全的理性，就绝不能仅仅停留在一些一厢情愿的人生准则上，而应对社会现实保持敏锐的观察力，通过对事物的准确判断做出适当的行为选择。这在一个充满欺骗和诱惑的世界里尤为必要。

用爱陶冶孩子的品行

有的孩子不关心人，行为邪恶或残忍无情，这大多是由家庭的不幸和早期教育的不足造成的。如果希望孩子更加关心和爱护他人，正确的家庭教育和父母的品德和行为是至关重要的。

我在教育儿子的时候，不是只让他记住一系列道德规范，因为简单的背诵不会对他的行为产生影响，而是在平常生活的言行中去让他体会真正的爱心，真正的善良。

我告诉儿子，做一个高尚的人是最大的幸福。高尚的人能够理解别人的思想，能够体会别人的情感。高尚的人能克制自己，能减轻他人的痛苦，能替他人分忧。

卡尔很小就懂得，做一个高尚的人比那种单单是学识渊博的人更能得到别人的尊重。为了使卡尔养成良好的品德，他母亲给他绘制了品德表，一周一张，内容有：服从、礼节、宽大、亲切、勇敢、忍耐、诚实、快活、清洁、勤奋、克己、好学、善行。如果儿子做了与这些项目相符的行为，就在那天的一栏中贴上一颗金星；反之，则贴上一颗黑星。每个星期六数一下，若金星多的话，下周内就可得到和金星数相等的书、鲜果、点心等；如果黑星多，就不能得到这些奖品了。

这个品德表，在星期六统计之后也不准儿子将其扔掉，这样做是为了使儿子下决心，在下周消灭黑星。这样就有利于培养儿子积极的心态，因为如果长期保留黑星，会使儿子感到沮丧。

有一天，卡尔独自一人在家，他把我们养的一只小狗拴在屋外的院子里。不一会儿，天下起雨来，但卡尔并没有把小狗带到室内来。小狗在外面"汪汪"大叫，冰冷的雨水使它浑身发抖。这时，卡尔的母亲从外面回

来，看到这种情况，赶忙将小狗牵到了屋里，并立刻质问卡尔。

"卡尔，你为什么让小狗在外面淋雨？"

"我……我忘记把它带回来了。"

"可是，你没有听见它在叫你吗？"母亲听他那样说非常生气，因为她知道儿子在撒谎。

"我想它在外面没什么！"儿子为自己辩解道。

"没有什么？那么让你也待在外面去淋一会儿雨，你愿意吗？"

"不愿意。"

"卡尔，你自己不愿意，为什么要小狗去淋雨呢？你看，天气这么冷，小狗也会生病的。让小狗待在冰冷的雨水中，这是多么残忍呵！假若有谁让你去淋雨以致生病的话，做妈妈的会该有多么伤心呀！"

听了母亲的话，卡尔低下了头。他承认是自己错了，并表示以后再也

第十章 我如何培养儿子好的品德

不会这样，一定要爱护小动物。

卡尔的母亲就是从生活中的一些小事开始，一点一滴地培养儿子的善行，并教会他做人的道理。

如果你希望孩子长大后具备爱心、同情心以及责任心，那么现在就开始吧，重要的是必须对他寄予这些希望。我就是这样对待儿子的，当卡尔还很小的时候，我就希望他能够这样。我不会降低对儿子的期望，永远不会担心自己的期望会遭到儿子的反对。我不会因为害怕自己期望的破灭而纵容儿子。我相信我的儿子，我知道他将会是一个很棒的男子汉。

无论儿子的年龄有多小，我都把他放在和我一样的位置，从来没有因为他是个孩子而忽略他，也从来没有因为他太小而纵容娇惯他。在我的家庭中，我们是平等的。

卡尔在3岁时，我便要求他自己的事情自己完成。事实上他也做得非常好。那时，他已经能够帮助母亲做一些简单的家务：擦去桌上的灰尘，帮忙把餐具摆好，等等。随着年龄的增长，卡尔能够做的事也越来越多。因为帮助家里人做家务，也是帮助他人的一个方面，这是很好的事情。

我告诉儿子，帮助别人是爱心的表现，是来自千万人心底里的善良。善良是人掌握在手中有力的工具，它具有无穷的力量。接触大自然能使孩子的心地善良，自古以来和大自然感情融洽的人都是心地善良宽厚的人。与大自然接触不仅可以使孩子身体健壮，而且精神也会旺盛起来。城市里的孩子多因远离大自然，很少呼吸新鲜空气而心情不佳或性格乖张。

有鉴于此，我尽量让儿子多与自然界接触。在家里安排他搞园艺，栽培花草和马铃薯等。儿子很喜欢做这些事，每天给它们浇水、除草，观察它们的生长情况，感到非常高兴和有趣。每年夏天，我都带他到山中森林附近住一阵子。森林对孩子来说是最好的教科书了。每逢晴天，我就带儿子到森林中去玩。我在森林中教给儿子诗人们歌颂自然的诗。在晴朗的天气中，呼吸着新鲜空气，立足于肃静的大地朗诵古人的诗，是非常愉快的。

卡尔还养过小鸟。他有两只金丝雀，一只叫菊花，一只叫尼尼达。他教给金丝雀各种玩意儿。它们能随着小提琴唱，又能站在手掌上跳舞。儿子弹钢琴，小鸟就站在他的肩上。叫它们闭上眼睛，它们就闭上双眼；读书时叫它们翻开下一页，它们就用小嘴翻到下一页。

此外，他还饲养着小狗和小猫。饲养这些动物时，为了调食、喂水，儿子得高度注意，这培养了他专注的习惯，也培养了他的慈爱之心。

凡与卡尔相识的人都夸他"像天使般的纯洁"。他是个非常虔诚的富于情爱、和蔼可亲的孩子，他从未与人争吵过。对待自然，不要说动物，就是一朵野花，也舍不得乱摘。

我为儿子的高尚而感到骄傲，能感觉到他内心之中光明的东西，为此我感到欣慰。

让儿子懂得同情和关怀

我和妻子同心协力,下功夫培养儿子在常识、想象力和爱好等方面的能力。我不喜欢没有爱好和常识的人。我还努力培养儿子的情操和情感,使他具备高尚的品德和虔诚的爱憎好恶。

我力图让他学会怎样去爱别人,让他懂得什么是同情,什么是人生最美好的东西。具有同情心的孩子都不会霸道蛮横,能从事对社会有益的事情,比如帮助他人,分担他人痛苦,等等。这些孩子更能得到社会和大人的喜爱,在学校和日后的工作中会有更多的好机会,成人后更能与朋友、家庭建立起亲密无间的关系。我时常教育卡尔爱的魔力,告诉他爱是上帝赐给我们的伟大力量。能接受别人、同情他人,他所得到的回报将是无限的。

同情心是一种把自己放在对方所处境况、设身处地地为对方着想的心理,它使人体验和感受到对方的痛苦并产生安慰或帮助对方的想法和行动。

同情心可以说是一切道德的源泉。它滋生爱、信仰、体贴、善良、谦让等一切高贵的品质和行为。

对父母而言,如果想培养孩子的高尚品格,使其善良、富于爱心,最好的办法莫过于从同情心开始:保护他的同情心并刺激其成长。卡尔3岁时,有一次家里来了好多人,他们和卡尔海阔天空地谈论着。

这时,我们养的一只小狗跑了进来。卡尔像其他孩子那样,一把拽住小狗的尾巴,把它拉到自己身边。

我看到后,立刻伸手揪住了卡尔的头发,脸色吓人,拽住不放。卡尔吃了一惊,把拽着狗尾巴的手放开了。

在卡尔放手的同时，我也把手放开了。

我问儿子："卡尔，你喜欢被人拽着头发吗？"

卡尔红着脸说："不喜欢。"

"如果是这样，那么对狗也不应当这样。"说完，我就让他到外面去了。

对于儿子这种很不合教育要求的做法，我总会严厉指正。

我之所以这样教育儿子，就是为了让他能够站在他人的立场上来考虑问题，让他出于自己的感受去帮助别人，而不是被某种道德和命令所强迫。由于我严格的管教和指导，卡尔终于成为一个心地善良、富于同情心的人。他不仅对同胞怀有深情，就是对鸟兽之类也富于怜悯心，最终成为一个能够得到别人尊敬和喜欢的人。

正因为有了同情心，人们才会懂得别人和自己一样需要爱，需要关心，才会懂得如何才能更体贴地照顾别人的心灵，才会懂得不做欺凌弱小的事情，懂得谦恭礼让。

在孩子年幼的时候，不用讲太多的道德理论给他听，这些枯燥的东西不但不易被孩子所理解消化，而且还很可能阻塞孩子自然活泼的天性，只要注意呵护孩子的同情心并适当引导它的成长就可以了。

我曾经告诉儿子，我们每个人都应该关心他人。我们每一个人都受到过别人的帮助，我们应该随时准备着把别人的帮助转为对别人的关心。我竭尽我有限的知识，时常给他讲述那些古代圣人的故事，还有《圣经》中那些关于爱的篇章。

在一个令人心旷神怡的黄昏，和往常一样，我牵着儿子的小手，一边散步一边耐心地解答他那些如潮水般涌来的问题。

一个流浪汉从我们身边走过。没想到，这个流浪汉却引起了卡尔的注意。卡尔抬起头问我："他为什么要流浪呢？他需要什么呢？"我没有立刻回答他，因为对于儿子的问题，我都要给他一段自己思考的时间。这一次，卡尔并没有像往常那样反复追问，而是跑上去追上流浪汉的步伐，向他提问："先生，您为什么要流浪？您需要什么吗？"

"我需要一个面包。"流浪汉哈哈大笑起来，他或许从来也没有想到过一个只有5岁的孩子能够帮助他什么。

流浪汉摇了摇头，继续向前走去。

"先生，请你等一等。"儿子的话音未完，便向家的方向飞奔而去。

流浪汉停下来给我打招呼："先生，这是您的孩子吗？"

"是的，是我的儿子。"

"多可爱的孩子啊，他真幸运……"

站在路边，我和流浪汉攀谈起来。他告诉我他家乡的情况，给我讲他的流浪生活以及他对命运的感叹。不多久，卡尔气喘吁吁地跑了回来，手里拿着两块面包。他看了看我，我微微点头表示赞许。"先生，这是我和我的家人送给您的。"儿子把面包递到了流浪汉的手中，他的神态和动作似乎都在说，请接受吧。

事后我问儿子："你当时怎么会有给流浪汉送面包的想法？"

"我想您和妈妈都会赞成我的做法，因为您曾经对我说过，人只有在行善时，才能接近上帝。"

很多的孩子，在成长的过程中都能自然而然地产生出同情心，不论是男孩或是女孩。那似乎就是一种天性。随着他们认识能力的成熟，渐渐能区分他人精神痛苦的不同表现，并能用行为表达自己的关心。

但是，随着孩子同情心的发展，父母还应逐步教会他如何正确运用这一高贵的品质。

其中很重要的一点就是注意不要让孩子滥用同情。

我见过许多品行十分优良的父母，他们力图使孩子善良而富于爱心，他们告诉孩子对别人遭遇的困难和麻烦应感同身受，但他们忘记了教孩子如何判断是非，抑或他们自己也不十分善于此道，于是在未来的日子里就会发生这样的情况：一向善良本分的汤姆竟然帮朋友窝藏偷来的赃物；杰西为了避免伙伴艾米回家挨骂，便帮助他撒谎，等等。

不要让孩子滥用同情，同情心毫无约束地发展会导致孩子是非观的模糊和不自觉的懦弱，父母们在鼓励孩子使用同情心时有必要教他们分辨善恶对错，告诉他们什么可以去同情，什么不可以去同情。

教育孩子信守自己的诺言

对孩子的信用教育，往往是品格教育中十分关键但又很容易被忽略的一项。因此，事实上，很多父母自身对于信用也缺乏足够的理性认知和实践上的遵守。而实际上，这一方面无论对于树立孩子的品格还是在未来事业和生活上的发展都至关重要。所谓四时有序，昼往夜来，是天地遵守的信用。言而有信，言出必行，则是人应遵守的信用。

许诺就应做到，可是有的时候一些事情的确是许诺者所无法做到的，而并非出于情感上的自私或有意反悔。那么，就该尽量避免此类现象的发生，不许诺自己做不到的事。

中尉乔姆讲了这样一个故事：

我很小就爱玩打仗游戏。这种游戏极易引起人的兴趣。每当此时，我都显得特别激动和兴奋。

这一天，我们的计划是要攻破敌人的一个"堡垒"。由于这个"堡垒"处于较高的位置——一个废弃仓库的第二层楼，虽然已废弃，这个旧仓库的大门仍然被一只很大的锁牢牢锁住，孩子们要攻入"堡垒"的唯一办法就是要从那扇破败的窗户爬进去。

兰迪——这次战斗的指挥官威严地向我们做了布置："由于敌人的炮火很猛烈，我们必须发动分批分组地进攻。乔姆负责率领自己的小分队作为先锋，吉米、瑞森的小分队作为第二批进攻者，我负责掩护。"

"行吗？乔姆，那个窗户可比较高哇。"兰迪问道。

"没问题。交给我了！"我充满信心地大声回答。

就这样，"战斗"开始了。

第十章 我如何培养儿子好的品德

我首先冲了上去，我幻想自己面对着敌人的炮火，或是来回奔跑，或是匍匐前进，或是找掩体躲藏，不一会儿，我便攻到了"敌人"的"堡垒"下。

"第二分队，向前冲锋，去支援第一分队。"兰迪的命令一下达，吉米和瑞森也勇敢地向前冲去。

就这样，我们三个人就像真正的战斗那样勇敢地冲到了仓库的墙前。剩下的事就是要爬进那扇窗户——"敌人堡垒的大门"。

"乔姆，冲进窗户，打开大门，迎接大部队！"兰迪指挥道。

我猛地向窗户扑过去，使劲向上跳，可就是够不到窗户。一下，两下，三下，还是不行。

兰迪着急地问："好了没有，乔姆，敌人已经冲过来了啊！"

可我的个子实在是太小了，就是不能爬到窗户里去。兰迪生气地说："刚才不是问你了吗？你说没问题！你耽误的时间让一个团都牺牲了。"我惭愧极了。

我之所以对小时候这次游戏念念不忘，是因为在我当兵以后发生了一件几乎完全一样的事。但区别在于那不是游戏，而是真的战争。那个夸口能做到但实际上没做到的也不是我，而是汤米上士。当时敌机轰炸得很厉害，我们需要攻占的目标，对整个战役的胜负起着十分重要的作用。团长布置任务时反复斟酌，后来问道：

"谁做先锋，先抢占目标前面的小山头？"

"我！"急于立功的汤米上士说，"我只需要45分钟。"

"45分钟？你确信能在45分钟内赶在敌人前面抵达那里吗？"

"我保证。"汤米上士说。

但结果呢？汤米上士对周围的地理环境一无所知，绕到了岔路上，整整一个小时，他也没有赶到目标前的小山头。很快，敌人赶到了，在扼守住目标前方的一个小山头后，敌人很快就在目标站稳了脚跟。而此后，我们花了整整一个月时间，才重新占领小山头。可以说汤米的许诺葬送了几百名士兵的性命。

在信用遵守中准时是最基本的内容。有些父母可能会说，我们在对孩子的教育中有那么多无暇顾及的方面，准时这样的小事又何必专门挑出来教导孩子呢？

　　这种提法是不对的。准时虽是小事，却与孩子许许多多其他方面的能力和品格素质密切相关。想想看，一个连约定的时间都不能遵守的孩子又怎么会信守其他的事情呢？不懂得准时的孩子往往无法形成效率生活的概念，做事容易拖沓懒散。并且，不懂得准时的孩子会在不经意中慢慢形成自我中心倾向，没有尊重别人的自觉意识，所以在实际生活中的合作能力比较差。此外，不懂得准时的孩子在撒谎和轻易原谅自己不良行为的概率上也要大于那些准时的孩子。

　　我从小就十分注意向卡尔灌输准时的观念，所以卡尔一直很重视遵守时间约定。

　　有一天，卡尔回到家里，十分疲倦的样子。

　　妈妈看到儿子绯红的脸颊，摸了摸，发现儿子正在发烧。

　　"你发烧了，卡尔，赶紧躺在床上，休息一会儿。"

　　"可是，妈妈，"卡尔无力地说，"我上星期和米吉约好傍晚6点去看木偶戏的，他叫了我好几次了。"

　　"不过是一场木偶戏罢了。以后看吧。"妈妈心疼地对儿子说。

　　"不，说好了的事怎么能因为自己的原因不去呢？"卡尔软绵绵地靠在沙发上，"我休息一小会儿就去。"

　　"哎呀！那就多休息一会儿吧？我给你冲一杯热饮。"妈妈说，"要不，我给米吉打个电话，告诉他你晚点去？"

　　"哦，不，妈妈，我等会儿就走，爸爸说了，约好的时间不应该不遵守，也不应该随意变更。"

　　在日常生活中，家长常常为了诱导孩子做一件事，就轻易许诺，而事后就忘记了。孩子的希望落空了，他发觉家长在欺骗自己，在向自己撒谎。比如，妈妈嘱咐儿子，在家要听话，如果表现好，就赏你甜点心。结果，孩子努力去做，表现得很好，而妈妈星期天有许多应酬，就把日期推后，而且一推再推，最后不了了之。孩子因为妈妈的诺言没有实现，感到失望，并因受骗而愤怒。

　　因此，教育孩子信守诺言首先得从自己开始。想想看，一个自己做事都出尔反尔、从不信守诺言的父亲或母亲，怎么能教育出信守诺言的孩子呢？因此，从父母做起是十分重要的，一点也马虎不得。

教育孩子信守自己的诺言，可以从生活中一点一滴的小事做起。若卡尔每天做得好，我就如期给一个戈比；若做得不好，是不给钱的。父母信守诺言是为孩子信守诺言做楷模，如果孩子一旦失诺，这个时候，提醒孩子要信守自己的诺言是十分必要的，也是可行的。因为，孩子自己也知道，如果这次说话不算数，那么明天就不会如愿以偿了。

这是在小事中培养孩子信守自己诺言的方法，在大事情上，也可以运用同样的方法来实行。久而久之，孩子就会变得格外信守自己的诺言了。从小培养将使孩子终身受益。

让孩子懂得赚钱的艰难

在对儿子的教育过程中,作为对他的奖励,我往往把用钱奖励和写入"行为录"两者兼顾使用。

如果儿子学习好,我就每天给他一个戈比作为报酬;如果他学习很好,可是行为有过错,那儿子就领不到这一个戈比的报酬了。

常常有这样的情况,当儿子犯错误时,他会主动地说:"爸爸,因为今天我犯了错误,所以我不要钱了。"这时,我由于激动甚至想给他两倍的报酬。但是为了儿子着想,我不得不抑制住激动的情绪,克制住自己的情感说:"是吗?爸爸不知道。那么明天做好事吧。"实际上,这时我内心里是难受的,为了表达我对他的爱,这时我常常是不由自主地亲吻他。

在卡尔太小,还不懂得用钱的时候,我采用其他的办法。如果他做了好事,第二天起床时,他就能在枕头旁边发现好吃的点心。我会告诉他,这是由于你昨天做了好事,仙女奖赏给你的。假若他做了坏事,第二天早上起来这些东西就不见了。这时,我就告诉他,因为你昨天做了不好的事情,仙女没有来。

如果他脱下衣服,自己不收拾时,就让它一直放到第二天,我们也不收拾,并且绝不拿出新衣服给他穿。

这些做法都是为了让儿子从小就明白好行为

有好报的道理。

很多人问过我，为了鼓励儿子的学习，为什么用钱来作为奖励呢？这是我为了让卡尔懂得"学习能带来现世幸福"的含义而采取的一种比较实际的方式。虽然不好意思，但只要儿子学习好，我就每天给他一个戈比。这样做是为了让儿子切身体会到获得一点报酬是多么的艰难。

让孩子明白这一点极为重要。

我反对那种给孩子过多金钱的做法，让孩子轻易地得到想要的东西尤其是金钱，会让他产生依赖别人的习性。如果一个孩子在父母那里很轻松地得到金钱方面的奖赏，那种后果是极为可怕的。一方面，他会毫不珍惜地将钱随便花光，不会把钱用到应该用的地方，甚至错误地利用这些钱。另一方面，孩子由于轻松地从父母那里得到钱，他就会产生什么事都容易做到的错误想法，以至长大后不会去为自己的生存奋斗，甚至会变得懦弱和堕落。

我有一位富有的朋友，由于他过分地溺爱孩子，时常给孩子太多的钱。他认为这是应该的，因为他觉得自己很富有，就应该让儿子也过豪华的生活。孩子名叫恩斯特，他的零用钱几乎是卡尔的10倍。

由于得到父母丰厚的零用钱，又没有得到父亲的正确教导，恩斯特在花钱方面极为"阔气"，在同伴面前始终有一种高高在上的感觉。他并没有用这些钱来购买对自己有用的东西，也没有用它去帮助那些需要帮助的人。

由于"富有"，恩斯特很快就成了那些坏孩子追逐的对象。他们讨好他，奉承他，经常向他说一些动听的恭维话。恩斯特时常在这种良好的感觉之中飘飘然，于是，他就把从父母那里得来的钱随意请他们吃喝，有时还给他们钱。如果那些孩子得到这钱能做一些好事的话，那还说得过去，但我想他们不会那样的。

恩斯特的大方得到了那些孩子的"尊重"，很快他就成了他们的头儿。他们听他指使，对他唯命是从。在这种情况下，恩斯特还以为是自己有独特的魅力才会得到他们的喜欢，他并不知道事实并非如此。

在和那些孩子交往的过程中，恩斯特渐渐发现了金钱的力量，于是当有的孩子不听他的指令或和他有矛盾时，他就花钱买通别的孩子去打他。时间一长，他变得蛮横无理，心地凶残。有一次，一个农夫因不小心在路上撞了他一下，他就命令自己的手下对那个农夫进行报复。那些孩子在路上将农夫团团围住，用石头打得他头破血流，并且威胁他不能把这件事张扬出去。

恩斯特不知道，成天跟随他的那些孩子并不是真的对他好，而只是想从他那里得到好处罢了。他们引诱恩斯特参与赌博，并用事先想好的计谋让他输，用各种卑鄙的手法骗他的钱。可是，他根本没有注意到这些问题，还为他们能给他提供新的"游戏"而感到高兴呢。对于输钱他也无所谓，因为他的父亲会不停地再供给他钱。

可想而知，恩斯特在这种"风光"的童年中怎么会有好的学习成绩？他的乐趣都用在吃好吃的东西、打架和赌博上。学习对他来说只是给父母装装样子！他没有尝到学习的快乐，也没有得到学到知识带来的喜悦。他认为学习是没有用的东西，因为每当看书时他就会觉得头痛，而和那些孩子在一起胡闹时他才会感到自在。

不用说恩斯特会有什么样的将来，他的放纵很快就让他尝到了苦头。渐渐地，他的恶劣行为传到了父亲的耳中，那位被他打的农夫向他父亲告了一状。父亲气愤之极，将他痛打了一顿，并且停止了他所有的零用钱。

顷刻之间，他成了一个"穷人"。

在一次赌博中，恩斯特把剩下的钱都输光了。当他向其他的孩子借钱作赌本的时候，那些孩子翻脸了。他们告诉他，"你现在没有钱了，就不要再玩下去"。"我们都听说了，你的父亲再也不会给你钱，你用什么来还我呢？"

恩斯特气愤极了，他没有想到平时的"好朋友"忽然之间完全变了样。他和他们争吵起来，并开始动手打架。那些孩子围着他，让他吃够了苦头。其中一个孩子用一块石头砸破了他的头，他正是那个被打的农夫的儿子。

从这件事我们不难看到，孩子的成长与父母有多么大的关系啊。恩斯特本来能够成为一个正直、爱学习的孩子，他有很好的家庭环境，有很好的学习条件。但他不仅没有在优越的环境中向好的方面发展，而且还为自己的恶行付出了代价。我认为，这完全应归罪于他那个愚蠢的父亲。

我曾经把这件事告诉了卡尔。儿子当时气愤极了，说这样的儿子和这样的父亲都是魔鬼制造出来的。他向我表示，一定要好好地利用自己的钱，用它们去做一些应该做的事。

教孩子怎样用钱

我教育儿子懂得获得一点报酬是多么的艰难,并尽量教他把钱花得有意义一些。我告诉他仅仅买点心之类的没有多大意义,而买书等工具却可以永久发挥作用。有时我还提示他,如果在圣诞节之类的节日里给朋友和穷人家的孩子买点礼品,他们一定会感到非常高兴。

附近的人们遭遇天灾人祸等不尽如人意的事时,不管身份相称与否,我都会带着卡尔前去看望。

每当这种情况,卡尔总会把自己的存钱拿出去慰问受灾者。这时,我总是不失时机地表扬他:"卡尔,你做得很对,尽管你的礼物很少,但却像《圣经》里记载的那个寡妇的一个小钱那样有价值。"卡尔知道,我说的"贫穷寡妇的一个小钱",是《圣经》中的故事,在马可福音第十二章的结尾这样写道:

耶稣对着银库坐着,看众人怎样投钱入库。已有好些财主往里投了若干的钱。这时有一个贫穷的寡妇过来,往里投了两个小钱。耶稣便叫门徒过来,对他们说:"我实实在在告诉你们,这贫穷的寡妇投入库里的,比众人所投的更多。因为那些人都是自己有余,拿出来投在里头的。但这寡妇是在自己不足的情况下,把她所有的养生的钱都投进去了。"

类似这样,引用《圣经》中的故事和古今传说以及诗中的语言等来教育卡尔做好事,已成了我的习惯。我从卡尔小时候起,就让他记住了这些话。所以,每当我问到儿子:"卡尔,某某人在这种情况下是怎么做的?"这时,他立刻就能明白,或者努力做好事,或者停止做坏事。

大约卡尔5岁时，他已存了一笔对于孩子来说算是不小数目的钱。从那时起，我就开始指导他怎样使用那些钱。

我认为，从小对孩子进行严格的教育，也应该教会他如何使用钱，这是一种素质。它是直接关系到人一生中的发展和幸福的一个重要因素。

我把这种教育称作理财教育，它是我教育卡尔的一个重要组成部分，也是培养他素质的重要内容。

我认为，理财能力是孩子将来在生活和事业上必须具有的重要的能力之一，这种能力的培养应该从少儿阶段就开始进行，做得愈早，效果愈佳，否则将会非常被动。

孩子是最容易犯错误的人，但并非就是该宽容的人。年少的孩子不具备固定的收入，不具备成熟的金钱意识，他们不知道怎样管理好自己的钱，但有强烈的使用钱的要求和欲望。这就容易导致孩子在用钱方面极易出现种种错误，这些错误直接关系到他们本身的成长，关系到他们的发展和前途。

所以，在这方面我对卡尔也同其他方面的教育一样，从他很小的时候就着手培养。

通过对一些孩子的观察和研究，我发现他们都有非常近似的错误：滥用父母的钱；现在享用，以后付钱；只把钱看成是现在买某种东西的一种工具；没有存钱积累的习惯，花掉的比积攒的多；钱在被花掉之前，已经有过好多次的购买欲望了；买东西时，把身上的钱花个精光；只在花钱时才有一种满足感；轻易相信别人付出的承诺；不作计划。

这些都是孩子在使用钱上经常容易犯的错误。帮助他们克服这些错误，树立起码的、正确的金钱观，培养他们拥有将来应必备的能力，是每个家庭的基本责任和义务。

有的父母无偿地向自己未成年的孩子提供金钱，一味无条件地满足孩子的花钱要求，放纵孩子过分的物质欲望，这只能助长孩子的恶习。当他们在成年以后靠自己有限的收入生活时，一旦需要做出影响自己经济境况的重要决定，就显得手足无措，既缺乏能力也缺乏心理上的应变力。

我之所以给卡尔钱，主要是让他从小就学会懂得怎样计划使用他的钱，并且让他了解劳动与报酬之间的内在联系，要让这些在他心中打下深深的烙印。我不会无计划地给孩子钱，而是像在前面谈过的那样，在他做

第十章 我如何培养儿子好的品德

了好事的情况下才给他。

我认为，对孩子在使用钱上的教育，可以把它看成是一种工具和手段。教育的目的并不仅仅是让孩子学会攒钱或一定要让他经商，而是要让他成为一个能干的、健全的、真正的人。在这一点上，基础品质的培养显得尤为重要。

首先，应该教会孩子诚实。因为这关系到他将以一种什么态度去从事那些事关钱财的活动以及由此带来的社会和公众对他的评判。而且，在这方面存在问题，就将给他以后带来麻烦甚至酿成极其严重的后果。

我时常告诫卡尔，让他懂得在金钱面前保持自尊。

我认为，在现实生活中，金钱是一种最容易让人失去自尊，而做出违背自己心愿的事情的东西。而一个人如果在金钱面前能保持自尊，不出卖自己的原则，他就会获得世人的尊敬，到头来金钱就会尊敬他，使他得到事业上更大的收获与成功。

在我自己的行为上，我极其注意在金钱方面为孩子树立自尊的榜样。孩子通过儿时的种种经历和这种榜样的学习就基本上能树立自尊。

在对卡尔的理财教育中，我让他学会节俭，认识每件东西的价值，而不是无谓的浪费和对有价值东西的破坏和消耗。对每一个家庭而言，如何持家是非常重要的，我们应该教会孩子认识每件东西的价值，因而爱惜它、保护它。

我时常帮助卡尔从事一些力所能及的劳动，从而使他得到自己所想要的东西；经常和他一道讨论地球上的自然资源；告诉他金属、木材以及纸张从何而来，要他认识到这些东西非常有限。如果他因滥用或疏忽大意让物品遭到破坏，我会让他亲自去尝试修理。

我还告诫卡尔，尽管我们都十分喜爱财物，但不要由此一味贪图财物。因为财物虽可以给我们的生活提供支持，但它却不能创造一种真正有意义的生活。

有一次，我偶然发现卡尔的钱少了许多，这让我感到非常的奇怪，因为儿子总是把我分给他的钱好好保管起来。他的每一笔开支，无论是买书本还是买学习用具，都会告诉我，并且时常征求我的意见。

当我问起他忽然"消失"的那些钱时，他告诉了我一件令人感动的事。

儿子认识了一个小朋友，名叫豪斯，他是一个农夫的儿子。

豪斯是个爱学习的孩子，可是由于家境贫寒，没有得到受教育的机会。或许是天生的缘故吧，豪斯对书本有浓厚的兴趣。

儿子告诉我，他和豪斯的交往就是从书本开始的。

那一天，卡尔捧着心爱的书本坐在田野的一块石头上看。正当他津津有味看书的时候，他发现有人躲在他的背后，这个人就是豪斯。

豪斯告诉卡尔，他也很想看书，可是家里没有这些对他来说很奢侈的东西。他很想听听卡尔给他讲书里的故事。卡尔周围的玩伴并不多，那天他就像找到一个知己似的给豪斯讲了许多书本中的知识。

豪斯也给他讲自己的生活和家庭。

豪斯的父亲是个非常勤劳的人，整日辛勤地劳作，为了家庭付出了一切。他的母亲是位善良的女人，虽然自己没有受过教育，但她仍然希望豪斯能成为有作为的人，她教育他勤劳、向善。但由于没有良好的条件，不能让儿子去读书、学习。她时常为此默默流泪。

豪斯告诉卡尔说非常羡慕他，因为他有书本，有学习用具。如果他也有这样的条件，也会成为一个有知识、有作为的人。

卡尔深受感动，他立刻跑回家给豪斯拿了一些纸和笔，并从自己的积蓄中拿出了二十戈比。

他对豪斯说："这是我对你微不足道的帮助，虽然很少，但也是我的一点心意。我希望你从现在开始好好地学习，上帝是不会辜负你的愿望的。"

后来，豪斯的父亲带着他亲自到我家里上门道谢。

他说："威特牧师，您有这样的儿子，真令人羡慕啊。他就像一个天使，把爱给予了我的儿子。愿上帝赐福给他。"

我给儿子钱，是为了让他懂得学习的好处，也是为了培养他的善行。他从小就知道用自己微小的力量去帮助他人，这不就是上帝给他的恩赐吗？我是一个简朴而克己的人，一直非常重视将简朴的作风教给儿子。孩子决定着一个国家的未来，如果主宰国家未来的是贪图享受、奢靡腐化的一代人，那么这个国家将不堪设想。

满足感是简朴的根本所在。"觉得足够就是足够了"的态度肯定会对简朴品质的养成起到巩固基础的作用；我用这句话来教育儿子不要贪心。

我时常与卡尔谈论简朴如何给人带来自由，而不是束缚。把谈话的重点放在美、友谊之上，让人的价值高于物质的价值。

第十一章
我教孩子与人相处的本事

chapter 11

整个一生，我们都有赖于从一些人中获得友爱、赏识、尊重、道义支持和帮助。孤独必败。

避免以自我为中心

我认为，一个再聪明的孩子，如果不懂得如何与人交往，那只能是一个"孤家寡人"式的神童。这种孩子不可能在将来有所作为，即使他是个所谓的神童，也不会做出什么意义重大的事来。因为一个人只限于自己的知识，而不懂得与人相处，那么他的潜能也根本无法施展出来。这样的话，即使是才富八斗，那也只是个闭门造车的书呆子。

对于卡尔的教育，我一直非常注意对他与人相处方面的培养。为了他能够与别人相处和睦，为了让他成为有很多朋友的人，我曾给他提出必须做到的要求：友爱、协作、大方、开朗、公道、礼貌、自尊、责任心、组织能力等，目的是让他以这些作为与他人相处的准则，让他能够与别人以适当的方式交往。

善于与人交往就会觉得一切都很顺利，反之就会处处碰壁，以致什么事情都做不成。而且，能与别人沟通的永远是快乐的人，不能与人相处的是孤独和不幸的人。一个无法适应集体生活、不能被同龄群体接纳的孩子，常常只有被忽视，陷入无边的孤独中。

那些动辄发火，总是怀疑别人居心不良，或者胆怯、焦虑、畏缩，或者遇事总是那么别别扭扭、尴尴尬尬，弄得所有人都不自在的孩子，往往是最容易被排斥的人。实际上周围的孩子是否接纳他，关键在于他怎样去接纳别人，适应社会。

出于某种原因，我弟弟的孩子维尔纳曾来我家住过一段时间。他比卡尔小一岁，是他的弟弟。维尔纳非常可爱，我们都很喜欢他，由于他住在我们家，我们不想让他有不自在的感觉，所以卡尔的母亲对维尔纳极为疼爱。这样一来，卡尔就觉得母亲的爱都转到了维尔纳身上。

第十一章 我教孩子与人相处的本事

卡尔在一段时间里认定，在他和弟弟维尔纳的争执中，母亲总是偏袒维尔纳。这是孩子很容易产生的情绪，认为父母的关怀被弟弟分享而产生了不平衡的心理。卡尔的母亲则希望卡尔在与维尔纳的相处当中，应该学会调整自己的心态和举止，消除对别人的敌意，学会照顾别人，以后才能处理好与别人交往的问题。

但是，面对卡尔的气恼，母亲并没有直接用道理来教训他，或是问他"为什么要跟比自己小的弟弟过不去？"而是郑重地对两个孩子说："我给你们提个建议，以后你们自己要搞好团结，我不干预，你们已经是有理智的孩子了。卡尔，你是不会在感情上伤害弟弟的，对吗？如果你们俩还不团结，再来找我好了。"这样，卡尔母亲就把一个关心者、照顾者的角色交给儿子了。在这以后，卡尔和弟弟维尔纳之间有了更加亲密的手足之情。母亲的提醒使卡尔意识到自己的责任，感受到自己是这家里负责任的一员，从而变得渐渐成熟起来。在这以后，卡尔对弟弟维尔纳百般照顾，除了陪他玩还教他读书，并给他讲有趣的故事。

在一个人的生活中，沟通和理解极其重要。而家庭中对沟通技能、方法的掌握与学习，与孩子未来社会适应能力的高低紧密相连。如果一个孩子从小在家庭中学会了与家庭成员沟通的技巧，当他走入社会时，他也能很快地与他人沟通。

所以，父母应当及早打开与孩子沟通的大门，不要只是进行单向性的灌输教育，或用一味的宠爱和责骂制造孩子与父母间的沟通障碍。在沟通过程中逐渐引导孩子进行换位思考，去设身处地地想想别人的心态和反应，以达到增强孩子理解他人的能力。

孩子加入的第一个团体便是家庭。尽管家庭与孩子的同伴团体不一样，但可以为孩子学会社交技能铺平道路，孩子还不必担心会被拒绝。家庭会议就可以被视作一个团体，能让孩子有机会扮演不同角色。比如，会议主题是计划旅行时，孩子就可以发表意见，你也应该加以考虑。当讨论某个星期六下午干什么事时，孩子可以当主持人，集中其他人的意见，主持投票，宣布结果，等等。所以，定期召开家庭会议是很重要的，最好一周一次，以便让孩子学习社交技能，养成乐观自信的性格。如果只在出现大事时才召开家庭会议，这时每个人都不冷静，不但孩子学不到正常的社交本领，而且还会影响孩子性格的培养。

卡尔在4岁的时候，原来是很喜欢水的，对洗澡一直很积极，可有一次不知何故总是不愿意洗澡。晚上睡觉前，我把热水温度调好，过来叫他去洗澡，他总是借故拖延，到卫生间一看到浴盆扭头就跑。

其实，孩子的心理是想和我较量一下，看看爸爸到底能把他怎么样。如何解决这种陷入僵局的事，让孩子配合洗澡呢？千万不能用简单粗暴的方法，硬将孩子抱入澡盆中。孩子不洗澡和我僵持不下，我便先放下这个问题，暂且不洗澡，等卡尔平静以后，再讲明道理。原来孩子是故意与我较劲，由于他还是喜欢洗澡的，并已习惯了按时洗澡所带来的快感，最后还是高兴地洗了澡。当遇到这种情况时，千万不能求他，在表情和口气上都不能表现出乞求的意思，否则，他会认为这很好玩，和一场游戏一样，可以天天重演。如果父母之间因孩子洗澡发生分歧，事情会更糟，一方要坚持，一方要妥协，面对争执不休的父母，孩子也许会偷笑，由于他的行为引起父母的争论，他会觉得很得意，成了胜利者，从而导致更多的矛盾。

父母在要求孩子做某事时，最先要考虑的是让孩子从心里明白为什么要这样做，他才会心甘情愿。假如孩子并没有从心里懂得父母要求他的意图，事情往往就不会很顺利。例如孩子的房间很乱，需要收拾一下。这时父母会说，自己的房间自己收拾。按道理，孩子应义不容辞地去收拾自己的房间了，但现实往往不是这样。孩子可能在收拾房间的过程中又发现了什么有趣的事，干到一半就开始玩，把房间搞得比没收拾前还要乱。或者爸爸也许有些不高兴了，就开始大嚷，孩子不听，爸爸就会跑过来打一巴掌，然后逼迫他把自己房间的玩具收拾好，装到盒子里，把枕巾铺整齐，等等。孩子刚才玩得兴致很高，被爸爸这么生气地干涉后，从内心里很不情愿，结果产生逆反心理。他也许会躲在墙角，任你千呼万唤就是不理睬，甚至顶撞，对父母做鬼脸，就是不去按父母的要求做。对这种情况，建议由父母另找时间和孩子进行探讨。问题症结何在？从孩子的本质来讲，是很愿意帮助父母干事情的，因为这样做证明他们有能力。父母应该和蔼地告诉自己的孩子，对他为父母做的每一件事，都表示感谢，认为孩子已经长大了，懂得帮父母的忙，是件值得庆幸的事。这会使孩子很高兴，会更积极地进行配合。

相互理解的力量

许多家庭问题的发生，如家庭成员之间情感的疏离和冷漠、孩子心理上的缺陷等，都与家庭中的沟通有关，往往起源于相互之间不能很好地理解。就拿孩子的撒谎行为来说，很多时候是孩子感到与父母处于不平等的地位，经验告诉他们，父母不愿意与他共同探讨有些事情该如何对待，不愿意去理解他们做的某些事，而会对他们所犯的错误给以严厉的叱责，所以他们就选择不把真话说出来。

我认为，成功的家庭沟通，应该注意以下因素：理解、关怀、接纳、信赖和尊重。理解要求父母和孩子双方能够设身处地为他人着想；关怀不但存在于内心，更要切实付诸行动；接纳要求考虑到每个人的个性，懂得欣赏人们身上的优点；信赖是要做到既信任别人也信任自己；而尊重是指尊重他人特别是孩子的权利，尊重他们的意见和选择。

有的时候我看到儿子的问题，希望儿子可以主动地认识到，并真正地予以纠正，于是让他也来做一个决策者，我来问孩子："现在有这样的麻烦，我们应该怎么办？"这样的做法更利于建立我与儿子之间的感情，更加有利于增进双方的相互理解。只要双方有了理解，那么一切问题都会迎刃而解。

有一次，卡尔和弟弟维尔纳商量好到田野中去玩。我答应了他们，但是要求必须在傍晚之前回来。可是他们可能玩得太尽兴，天黑之后才回到家。对于他们未在规定时间里准时回来的事，我当时并没有说什么。等他们再次提出类似的要求时，我对卡尔说："有件事令我和你的母亲很担忧，就是在约定好的时间里你们没有回来。那天可把我们急坏了，不知道究竟发生了什么事，你母亲都快要急哭了。你看应该怎么办呢？"由于孩子亲自参与对问题的决定，所以他们会很自觉地按照要求去做。后来，卡尔再也没有发生不守时的事。我认为，通过对一个现象或问题的共同协商，父母最后想让孩子明白的是"理解、信任、承诺、准时"等观念的重要。通过协商的方式，最容易让孩子站在他人的立场上思考，也最容易让孩子养成理解他人的习惯。如果面对上述的那些情况，我并没有采用协商的方式，而只是斥责，那么儿子就不会真正地理解父母的一番苦心，甚至还会向相反的方向发展，会变得越来越不听父母的话。

我认为，与人良好沟通的基础是能够理解他人，也就是说，这是一个人与人交往的最基本素质。如果没有人与人之间的相互理解，那么每个人都会固执地从自己的角度出发，认为自己永远对，而别人总是错误的；如果把自己限制在狭小的自我之中，那么他就不可能去理解他人。不可能去发现别人的长处，那么与他人沟通就无从谈起。如果孩子长大成人后不能理解他人，不能与他人达成良好的合作关系，那么即使他是一个三头六臂的超人，也不能顺利地做好每件事，只会为自己设下许多无法逾越的障碍。所以，我认为，能够理解别人的孩子才有可能成为一个全面发展的优秀人才。

要建立一种积极健康的家庭沟通交流关系，应该改变父母是决策人、孩子是接受者这样僵化的家庭角色的分配。父母在家庭教育中应该懂得进行角色交换，每一个家庭成员都可以对孩子表述的愿望予以积极的辩解。当孩子能够参与讨论家里通常是成年人的问题时，他才能够更好地理解父母；而父母一方面可以调动孩子的主动性，使自己清楚地认识孩子的才干，另一方面可以得到有关自己教育的反馈信息。我记得有一次家庭会议上，我们全家人讨论了卡尔所设想的在周末搞一次野炊的计划。他想尝试发挥家长的职能。他选定了野炊的地点，宣布出发的时间，并且对准备的食品提出建议。最后我和他母亲加以表决，以推动计划的进一步展开，大家还不断地在本子上记下些要点。我们的这次家庭会议就如何庆祝节日、馈赠礼品、请客、游玩等活动进行了安排，它成为一个家庭的情感和生活紧密联系的纽带。在家庭会议中，我们对儿子的想法也有一些不同的意见，但我们并不急于提出更正，而是以某种巧妙的方式，让他自己改变看法，再做出正确的决定。

所以，我认为，沟通和理解对孩子的成长是很重要的。家庭中对沟通技能、方法的掌握与学习，与孩子步入未来社会适应能力的高低有重要关系。如果一个孩子从小在家庭中学会了与家庭成员沟通的技巧，当他走入社会时，他必定能很快地与他人沟通和合作。更重要的是让孩子知道与他人沟通是建立在理解的基础之上的。

学会倾听的艺术

我在教育卡尔的过程中，渐渐掌握了一些与孩子进行沟通的经验，其中之一我称之为"倾听的艺术"。我和妻子每天在卡尔入睡以前，都要留一段时间听孩子讲今天发生了哪些事情，于是很多时候他自然就会做出评价，哪些事情做得好，哪些事情做得不好。在叙述的过程中他逐渐习惯了反省自身，而我们也会对儿子的个性、待人处事有了清楚的了解。我认为，做父母的总是希望孩子对自己敞开心扉，希望孩子有什么事都与自己商量，征求自己的意见。但父母应该首先营造真心倾听的氛围，赢得孩子情感上的信任，才能与孩子达到无拘无束默契的交流。

晚餐对于我们来说，是一天中最美好、最重要的时刻。我们时常在餐桌上讨论家庭问题。每当这个时候，我都不许有任何事情来打扰。家里的每个人都有机会讲出自己的想法。我发现，利用这个时刻与儿子进行沟通交流，效果确实与平时不大一样。卡尔在此时谈论的事情也最能引起我们的注意，他自己也会产生一种得到尊重的满足感。

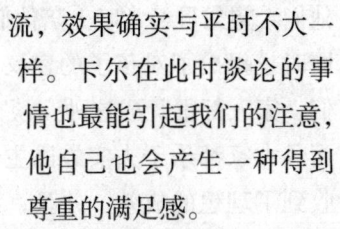

我有时还会专门选择一定时间与儿子聚在一起，我们一起去田野，一起去树林中野炊，共同分享彼此的情感。在这样轻松愉快的

过程中，我和儿子谈心就显得非常自然舒畅。

我认为，"倾听"是一种非常好的教育方式，因为倾听对孩子来说是在表示尊敬，表达关心，这也促使孩子去认识自己和自己的能力。如果孩子感到他能自由地对任何事物提出自己的意见，而他的认识又没有受到轻视和冷落，这样可以促使他毫不迟疑、无所顾忌地发表自己的意见。先是在家里，然后在学校，将来就可以在工作上、社会中自信勇敢地正视和处理各种事情。

有一天，一位朋友对我说起他家庭的事："我们有时候会出现问题，可是我们又不愿意实实在在地说出来。部分原因是害怕，部分原因是觉得丢脸。大家全都是这样，包括我和妻子，还有我们的孩子。"

我告诉他："如果大家愿意痛痛快快地说出心里话，我建议你们举行一个家庭会议，在会议上每个人都可以发表自己的意见。"

朋友听了我的话，他们每人买了一个笔记本，在上面记下其他人和自己做错的事情。他们规定时间举行会议，每次会议结束时选出一个新的领导，由他来安排所有的事情。

后来朋友告诉我，自从有了家庭会议后，家里的气氛好多了。每一次会议他们都像过节一样，大家欢聚一堂。开始时，他们彼此还有所顾虑，有很多矛盾。可是到了后来，大家都敞开心扉，畅所欲言，渐渐地那些矛盾都在不知不觉中消失了。

以前，孩子们不敢与我的这位朋友多说话，妻子也有些害怕他，他自己也确实很不自在。现在，孩子们逐渐地向父母袒露了他们的情感要求，他们希望父母经常晚上陪他们一起玩一会儿，父母毫不犹豫地答应了，但同时也提出了对孩子的建议，即孩子要做到及时上楼、吃饭和洗澡。他们一家人都很赞成这种交谈方式，这使父母与孩子可以轻松地畅所欲言，而且大家都乐于去实施民主做出的决定，家庭的情感沟通、家庭教育都收到了理想的成效。并且，我的这位朋友和妻子的感情也恢复到了从前那样美满。

这种做法被我称为自助的家庭教育方式。我认为，家庭生活可能会使家人之间产生心理障碍与隔阂，但家庭也同时具备一种积极的力量，应该主动而充分地利用它来解决所遇到的问题。比如，母亲要面对繁杂琐碎的家务，而孩子的不整洁更增添了她的负担；父亲忙碌了一天的工作，回到家却是孩子调皮捣蛋、吵吵闹闹。这时父母也许会容忍下去，但这种做法不仅不利于孩子的教育，而且会让父母感觉到压抑，甚至觉得准都是充满敌意的。那么火冒三丈，大声责骂又怎样呢？这显然也不是明智的举动，而且会产生与孩子情感上的裂痕。

如果父母采取一种积极解决冲突的态度和方法，让全家人都坐下来，融入家庭会上和谐融洽的气氛之中，这样的提议无疑是具有建设性的，而且会收到较为满意的结果。

积极的沟通不仅是父母与孩子对话、教育孩子的重要途径，它本身也是一种教育。受父母的言谈处事的影响，孩子对他所处的环境也能以主动和自信的姿态出现，能够从容理智地解决问题。

我从卡尔3岁起就让他加入类似于家庭会议这样的活动，与我和他的母亲以及女佣讨论某个问题。尽管他那时还不能每一个字都懂，但他已经注意到，发生了什么事，别人相互间怎样交谈，解决一个问题需要具有什么样的能力。

家庭会议的方式会涉及家庭教育中很多具体而重要的细节，而这些可能是被教育的双方所忽略了的。如母亲表示，她的孩子如果能帮她洗衣服和晒衣服，她会很高兴的。而孩子希望父亲能够多花一些时间陪他玩。对于父母而言，把握了这些孩子所在意的细节，无疑有助于他们更深入地理解孩子。这种深入的理解令孩子信任父母，更乐于接受父母的教育。

我想尽一切办法让我和家人能和儿子有良好的沟通，这不仅更加加深了对儿子的了解和感情，也教会了儿子怎样去与他人沟通交流，以培养儿子能够善于与他人交往的能力。

选择好的交往伙伴

择友是人生大事。良友对于一个人的性格、心态、未来的发展都将起到积极的促进作用，而品质低劣的恶友只能使这个人丧失辨别是非的能力并走向深渊。不同个性的朋友对人生的影响根据个人本身的性格心理各自不同，所能激发的潜质也有所区别。

作为一个成人择友尚需慎重，何况一个心智尚未成熟的孩子呢？孩子择友更多凭着新奇和单纯的喜恶，而对朋友的本质缺乏鉴别，所以这就需要父母睁大眼睛，认真分析并给予指引了。

我们给卡尔选了两个在附近受过最好教育的女孩子做朋友，会唱歌、会跳舞，儿子和她们俩玩得很愉快。可是结果正如我所预料到的，出现一些不好的苗头。

自从让卡尔和小女孩一起游玩以后，并不任性的儿子变得任性起来，从不说谎的儿子也开始说谎了，并开始使用一些低俗的语言，他也变得自以为是和傲慢了。

这种变化令我担心。

我对儿子与两个小伙伴玩耍时的情形进行了观察，发现这是由于两个小女孩什么事都顺着他而造成的。

为此，我告诉小女孩们，不要什么都听卡尔的，如果卡尔自以为是，就跟我们说，但仍然无济于事。最后我们只得选择不让儿子再跟她们玩了。

为什么会这样呢？事后我仔细地分析了其中的原因。

首先，她们都是受过良好教育的孩子。有人会说既然她们都受过好的教育，那么彼此之间就只有好的影响了吧。其实不然，人都有好胜之心，更别说孩子了。

两个女孩都会唱歌、会跳舞,卡尔也会,这里面就有一个谁做得好的问题。每当两个女孩翩翩起舞之时,卡尔总会在旁边指手画脚,说她们这个动作不对那个姿势不好看。这时女孩子们就会请他也来一个。卡尔会毫不客气地跳起来。由于他是男孩子,他的动作肯定有力而舒展,不像女孩那样婀娜多姿,这时女孩们又会说他的舞姿太生硬、太难看了。

那么,矛盾就开始产生了。

结果是,儿子和女孩们展开了激烈的争论。如果是争论其他的问题还好一些,就舞蹈来说,他们各有不同的观点。儿子说舞蹈应该有力,而女孩子说跳舞就应该优美。

由于他们掌握的知识和词汇都有限,争到后来,就看谁的嘴快、谁的声音大了。卡尔是个男孩子,由于他强硬的语气,往往在这种争论中让女孩们认输。即使她们心中不服,却也找不到说服卡尔的理由。

卡尔的胜利完全是因为气势压倒了对方。这样就会给他造成一个印象,女孩们不如他。他的优越感由此而产生,可是实际上他没有明白,自己的获胜并非在知识上比她们强。

这样,在错误的感觉中,他变得自以为是,认为自己什么都懂了。

其次,由于在争论中屡屡获胜,卡尔开始渐渐地轻视同伴,认为她们的智力不如自己。

我发现儿子在很多情况下为了说服女孩们而开始撒谎。他对待争论已经超出了问题本身的范围。为了获胜,儿子开始变得不择手段,甚至编造一些故事来欺骗她们。

两个女孩和卡尔一样,都是年幼的孩子,她们的知识面都极为有限。单纯的孩子是极易被欺骗的。潜在的危害随之而来。

一方面,卡尔从一个不撒谎的人变得像一个骗子,他的欺骗不是为了金钱或其他的什么东西,而只是为了在争论中获胜,这会使他产生什么都可以通过欺骗得到的想法,这种恶果将会危害到他的将来。

另一方面,两个女孩子成了受害者,她们从卡尔那里得到了错误的知识。这也会对她们的将来产生不良影响。由于卡尔本来就有一定的知识,再加上他的气势以及撒谎的伎俩,这样在任何情况下他都能占上风。

如此,卡尔就让两个女孩佩服得五体投地。最后,她们干脆什么事都听卡尔的,什么事都顺着他。到最后,卡尔甚至认为可以随便指使她们,还常说她们太蠢太笨，一些低俗的语言也就随口而出了。

想想看，仅仅是不适当的朋友就会引起孩子性格的动荡变化，更何况那些品德不好的朋友呢？所以，在孩子的人生之途上，父母一定要把好这个重要的关口。

我发现随着卡尔年龄的增长，他产生了一些摆脱各种束缚和依赖的独立倾向，这是儿童心理发展的正常现象。另一方面，与独立性同步进行的是，与人交往的心理需要。孩子期望得到旁人的理解和同情，盼望早日迈入成人的社会中，发展独立性和社会性，这是儿童达到自我与社会统一的必要前提，是儿童教育中重要的内容。

儿童本来是以自我为中心的，即一切事物都以自己为中心去认识，不能明确自己和别人的关系，把自己禁锢在自我的躯壳中。

儿童怎样才能摆脱这个自我封闭的躯壳呢？只有一条路——参加社会生活，发展他们的社会性。孩子只有接触社会，才能了解他人，了解自己以外的所有事物，即通达事理。这样，他们的身心才能健康地成长。

如果孩子缺少与同伴交往的机会和体验，加上家长的溺爱娇惯，就会使他们形成任性固执、不知道爱人、缺乏责任感、依赖性强、性格懦弱孤僻等心理弱点。同时，单元结构的住宅环境，也不利于孩子的社会活动。

孩子必须走出封闭的家门，加入小伙伴的社会活动中，才能健全地发育和成长。从对卡尔的教育中我发现，孩子到3岁时就想交朋友，需要小伙伴，这就是社会性的萌芽。一个哇哇大哭的幼儿，妈妈怎么哄他也无济于事，如果过来一个小朋友逗他玩，他立即就会破涕为笑，这是因为小伙伴之间容易形成"共鸣心理"，能互相接受对方的影响。小伙伴的作用是大人所代替不了的。儿童和亲人的关系是"竖"的关系，和同龄儿童的关系是"横"的关系。伙伴们的关系与母子关系不同，他们之间是平等的，要求友爱、信赖和合作。小伙伴们在一起，起到了"儿童教育儿童"的作用，他们逐渐了解自己与他人的区别和联系，他们开始认识到随心所欲、任性、以自我为中心，是无法与其他儿童交往的，必须要遵守伙伴中的"法则"，谁违背了法则就会被排挤，不受欢迎。这样，他们就逐渐从"自我"中走出来，学会了谦让和互助，了解了自己的权利和义务。

小伙伴之间的关系往往十分密切，这不仅满足了孩子心理发展的需要，而且满足了孩子社会心理的需要，从交往中孩子发展了独立性和社会性，增强了自主能力和社会能力，为他们健康成长、走向社会打下了基础。

我们有的家长，往往不重视孩子之间的友谊和交往，他们封闭自己的家门，不但不许自己的孩子出去，更怕孩子带小朋友来玩，常把孩子的朋友拒之门外。他们以为这是爱自己的孩子，实际上这样做不仅破坏了孩子与人交往的心理需要，伤害了孩子的感情，而且堵塞了孩子的正常发展道路。

家长们要尽量支持孩子们共同玩耍，一起活动，特别是当孩子发生争执或打架的时候，更不要感情用事，过早干预。其实，孩子们打架是难免的，他们在打架中碰了钉子，就会意识到互相之间应该忍让、考虑一下别人的意见，为了使活动继续进行，他们很快就会解决纠纷，言归于好，从而获得了与人相处的经验。

凡是做父母的人都懂得，人的一生离不开朋友，但是对许多人来说，一生中最真挚、最恒久的友情都是在孩童时代建立的。孩子的合作精神也正是在这种友情中逐渐培养的。

友情能使孩子有一种归属感，自觉获得同辈支持。他们是家庭和外面世界之间的桥梁。罗伯特·施尔曼说："童年时代的友情是日后所有其他亲密关系的排练；有没有这种友情，意义重大。"许多小时候老是愁眉苦脸和心事重重的人，长大后却变得乐观开朗，"个中原因往往就是：他们交到了朋友"。

有些孩子不懂得怎样结交朋友，但只要大人给予他们正确的引导和支持，这种情况是可以转变的。你虽然不能主宰孩子社交生活的方向，但可以通过种种方法鼓励和帮助他们结交朋友。

作为成年人，我们都知道交朋友是件很慎重的事。我们不但应该用爱心去对待别人，还希望我们的周围都是同样用爱心对待我们的人，而不愿意去和魔鬼打交道。

成熟的成人有时都会在不良的影响下走上歧途，何况孩子呢？所以，我一直主张孩子不要去接触那些有坏习惯的人。

有的人会说，你这样不是太自私了吗？你应该去帮助那些有坏习惯的人。我也想这样做，但我知道那几乎是不可能的。其实，每个人只要认真地对待自己，坏习惯自然会消失。

我的好友和同行沃尔夫牧师与我持不同的观点，他认为好孩子的好习惯能够传给坏孩子。我承认这是一个美好的愿望，但这几乎是不可能做到的。就这一问题，我曾经和他讨论过很多次，但他始终坚持自己的观点。我觉得既然不能用理论去说服他，那就只能看事实了。

威廉是沃尔夫牧师的儿子，他接受的几乎是和我儿子卡尔相同的教育。我不得不承认，沃尔夫也是一位非常出色的教育家，因为他的儿子在很多方面都不会比卡尔差，无论是知识面、语言，还是品德，威廉都表现得相当出色。

沃尔夫牧师与我不同的是，他鼓励儿子去和那些坏孩子交往，他告诉自己的儿子应该去帮助那些有不好习惯的小朋友。

帮助别人，是一种美德。但在我看来，沃尔夫牧师的做法未免太迂腐了，我认为他对自己的孩子极为不负责任。

由于对玩伴的不加选择，沃尔夫牧师的儿子威廉渐渐地发生了变化。我曾经无数次告诫过沃尔夫，但他仍旧置之不理，他坚持自己的观点，他相信最终一定是自己的儿子会改变那些坏孩子。

对于他的固执，我有什么办法呢？

不该发生的事终于发生了。

沃尔夫牧师有好几次发现儿子威廉很晚才回家，已经超出了他规定的游戏时间。于是他问威廉为什么会这样。儿子告诉他，因有几个小朋友在一起发生了矛盾，他试图去劝解他们，他还给他们讲一些《圣经》上关于友善的故事。

"原来是这样。"沃尔夫牧师相信了儿子的话，并为他的这一举动感到高兴。因为这是他所希望的，儿子能够帮助别人，真应该为他高兴。然而，他不知道，他被自己儿子的谎言欺骗了。这也不能怪他，因为儿子威廉在此之前从来都不说谎。善良的沃尔夫牧师做梦也没有想到儿子会渐渐染上了那些坏孩子的恶习。后来，当沃尔夫知道真相，几乎气得昏过去。威廉所谓的帮助别人，实际是他们聚在村外的树林中赌博或讲那些低级下流的故事。沃尔夫应该知道，赌博在农夫之中非常盛行，这是那些没有受过教育的人的唯一乐趣。而那些下流的故事在他们之中极为流行。可是，他完全没有引起重视。

威廉的那帮小伙伴几乎都是这些人家的孩子，他们从小就没有得到很好的管教，缺少良好的教育，他们只是去模仿家人的做法，坏习惯和低俗的语言对于他们来说是家常便饭。威廉天天和他们在一起会有什么影响，那是显而易见的事。有一天，威廉气喘吁吁地从外面跑回家，什么话也没有说就跑进自己的房间。沃尔夫看出他显得惊恐万分，赶忙去问他发生了什么事。

威廉一言不发，无论他怎样问他始终不肯说一句话。沃尔夫感到非常奇怪，他还认为是有人欺负了自己的儿子呢。"沃尔夫牧师……沃尔夫牧师……"门外有人叫他。

当沃尔夫牧师走到门外时，看到了一个满脸怒气的农妇。

"太不像话了，沃尔夫牧师，您应该好好管教您的儿子。"

沃尔夫很惊讶，他一直以为自己的儿子是个好孩子。有什么事会让这位农妇那么生气呢？

"请问出了什么事吗？"他大惑不解地问。

"您的儿子带着其他的孩子来偷我们家的鸡。这不是第一次了。以前我们家的鸡无缘无故地失踪，我还以为是魔鬼干的，但今天我发现是你的儿子威廉干的。您是牧师，不能教孩子干这种坏事……"

原来，有很多次，那些孩子指使威廉去偷农妇家鸡，并一起在野外烤着吃。

我不知道沃尔夫知道了事情的真相后会怎么想，但他一定会非常难过的。后来，沃尔夫牧师终于承认了我的观点，远离那些有不良习惯并还未改正的孩子。

很多人都有这样的观点：孩子如果没有与之游玩的小朋友就会变得自负或者任性。这种观点极端错误。

在我看来，真实情况恰恰相反：不加选择地让孩子们在一起玩，他们就互相逞能，有可能变成利己主义者，结果沾染上狡猾、虚伪、说谎、任性、嫉妒、憎恨、傲慢、说坏话、争吵、打架、诽谤、挑拨等坏品质。

与各种年龄的成年人都能自由交往

在成长的过程中,孩子不仅需要不同的小伙伴,也需要不同的成年人伙伴。因为这些成年人伙伴一方面是孩子学习的榜样,另一方面则能从不同的角度给孩子不一样的关爱。如果孩子能有与各种年龄的成年人自由交往的机会,今后就会比较适应经常要与人打交道的成人社会。这些成年人能够成为孩子学习的各种榜样,从他们身上孩子能够学到不同的东西,他们与孩子的不同关系也能教会孩子如何对不同的对象有不同的交往方式,因此这一课对孩子来说是非常重要的。

在大的场合,有些孩子因为没有经常与成年人交往,难免有时会怯场。而如果平常多一些这样的锻炼机会,他们就会从容应对,表现自如。让孩子与各种成年人交往也是孩子拓宽自己能力范围一个很好的途径,有时甚至还能够弥补父母的一些缺陷。有些孩子的父母知识程度不高,那么孩子可以通过其他有学问的叔叔阿姨们获得这方面的学习;有些父母太忙了,陪孩子的时间不多,如果孩子自己有一些成年人朋友,这些朋友能像长辈一样地关怀孩子,就能填补孩子情感上的一些空白。

从儿子两岁以后,不论走亲访友还是买东西,也不论参加音乐会还是看歌剧,我去哪儿都带着他,让他从小就与身份各异的各阶层人士交往、谈话。这样做的结果是,儿子具有很好的社交能力,从小到大从不怯生、不怯场,越是人多或越重要的场合,就发挥得越好。后来儿子成名后必须出入一些正式场合,与贵族、王公大臣,甚至国王打交道,他都能表现得非常得体,给别人留下很好的印象。我见过一些在学问上十分优秀的人,因为缺乏经验,出入这类场合时就显得畏缩慌张,实在不雅。

很多时候,孩子会片面地从一个人的举止态度来决定自己是否喜欢或讨厌这个人，我会尽量避免这种不客观心态的产生和发展。

对于卡尔不正确的想法，我会给予他及时的指导，让他多角度思考并给他讲清楚道理。

有一天，卡尔对我说，他不喜欢我们的邻居布劳恩夫人。我问他为什么，他说布劳恩夫人很少笑，一点也不亲切。

我对他说："你不喜欢布劳恩夫人是因为她看上去不亲切，很少笑。可是另外一些事情你也许不了解，布劳恩夫人的心地很好，如果你对她表示友好，她会很高兴的。你们会和睦相处的。"

我认为沟通是一种艺术，有关的时间、地点、环境和方式都要考虑到。比如说，孩子有时候希望在心理和情感上保留一些自己的空间或者说他感情波动很大，非常需要安慰，而不是提问时，在这些时候，我会拥抱、抚摸儿子，传达给他沉默而温暖的信号。有时候，对于某些我觉得不便用口头表露的情感，我会把要表达的意思以书面的形式，写在纸条上，这使其加重了自身的分量，并显得更加真实可信。

孩子学会与人合作的几种方法

在对卡尔的培育过程中，我总结了以下一些关于学会与人合作的方法，这些方法都是行之有效的。

1. 多安排孩子与同龄人在一起

因为同龄人的一举一动是最能与孩子产生共鸣的。父母要利用这一点，尽量创造条件，让孩子与同龄人相处。即使孩子之间发生冲突，父母也要搞清情况，尽量少干涉，因为孩子们之间的冲突，父母处理得再好，也不如孩子自己解决得好。几次吵架之后，孩子们相互就会找到适合自己的"位置"和"角色"，开始快乐地玩到一起了。

2. 鼓励孩子参加特定团体

孩子七八岁以后，应该鼓励他们尽可能参加各种类型的团体。父母也许希望孩子参加比较大的团体，那些被同伴拒绝的孩子在这些团体里很少成功，仍然不能被同伴接受。但是，他们却更容易与范围比较窄的团体融为一体，如以某项技能、兴趣爱好、交流指南、社会服务等为基础的特定团体等。这些有主题的团体成员在个性、兴趣和社会技能方面有可能更加相近，因而孩子们更容易欢乐融洽地相处。

3. 自己加入团体，给孩子做个榜样

父母永远无法过高估计自己作为榜样的力量以及对孩子所能产生的影响。如果父母消极对待各种成人活动，那么就该好好考虑参加活动对自己和孩子的好处。孩子会看出父母的态度，而这点对他会产生很大影响。如果父亲喜欢垒球运动，经常穿着运动衫在屋子里走来走去，并且带着孩子一起参加，孩子肯定会受到感染。相反，如果父亲勉强加入了"父母—老师协会"，每次开会都抱怨不停，并且嘲笑其他孩子的父母如何无知，那么孩子不可避免地会对协会产生负面印象。

当然，要想让孩子充分了解团体的价值，最好的办法便是带孩子一起参加。我们这一带保留了一个很好的传统——邻里俱乐部，每年大家一起举行化装游行。往往是一家几代人同时参加，一起制作服装、演奏音乐、排练戏剧小品等，从中享受无尽的快乐，诱发和培育孩子的乐观性格。对我们这一带的居民来说，俱乐部实际上形成了一个社会网络，几乎和家庭一样重要。

好像每个社区都有教堂团体、户外活动团体、业余爱好团体，父母和孩子可以一起参加。

4. 提高孩子的社交能力

社交能力的培养也需要从儿时抓起。家中来了客人，教孩子如何礼貌待客，什么是彬彬有礼；孩子有了自己的朋友，父母应该爱屋及乌，为他们提供创造良好的交往条件，比如聚会、郊游、生日活动等。当然，父母更要指导孩子如何择友、交友，在交往中要真诚、坦荡、磊落、大方、不卑不亢。父母要教孩子在客人面前学会介绍自己，如让孩子用乐器表演一首曲子，唱一首歌，画一幅画；孩子得到客人的表扬，会增强自信心，会心情愉快，下次在客人面前就会主动些，慢慢就不会害怕见生人或在生人面前害羞了。

5. 鼓励孩子与人交往

孩子的交往活动，是父母不可忽视的内容。如果缺乏同龄伙伴，那么这样的孩子就会缺乏集体主义意识，步入社会后也会无所适从，或是不尊重他人，自傲、任性，或是封闭自己，自私、孤僻。

孩子的交往活动，最先是从家庭开始的，与父母亲人交往。然后，随着年龄增长，与越来越多的同龄的或不同年龄的朋友交往。孩子最愿意与同龄人交往，孩子们互相交往，是孩子们一种自我教育和自我学习的过程。伙伴群体交往，有益于孩子自我个性的形成，由于伙伴中每个孩子的智慧差异和个性品质不同，有的充当这个群体的"头目"(指挥)，有的充当了"军师"(出谋划策)，有的随大流(执行任务)，等等，每个孩子都自然而然地找到一个适合自己的角度来扮演，并且尽心尽责。这种群体"游戏"使每个孩子的能力和个性都有充分展示的机会。因为他们无论做什么，都是"我想做"或"我能做"。在这种群体交往中，每个孩子都会从他人的眼光中发现和认识"自己",这必然有利于孩子自我个性的形成。父母们不要阻拦或过多干涉孩子们之间的交往,孩子们之间自有一套评价朋友好坏的标准,即使孩子们在交往中吃了亏,他自己也会从中吸取教训。如,有个年龄大的孩子打了年龄小的孩子,或者骗了小孩子一块巧克力吃,下次这个小孩子就学会了自觉防范,"吃了亏"就知道如何保护自己了。作为父母保护孩子一次两次,保护不了三次四次,不如索性放开,让其相互交往。当然,父母也要对孩子的情况"心中有数",要有尺度,把握在一定的安全范围内。

第十二章
教孩子具备良好的心理素质

chapter 12

情感的自我控制是一个人必备的基本素质，也是一个人走向成熟的心理要素之一。父母对孩子的关心应该是有分寸的，不要过分地呵护，并要培养他在各方面都具有独立的能力。从小培养孩子的自信、独立和勇敢的精神是为了他日后更好地生活、工作。

锻炼孩子的意志

人的一生没有是一帆风顺的，在我们的生命中总是充满着这样或那样的困难和问题。但有理由相信，挫折和困难正是上帝给予我们的试金石，它淘汰懦弱和无能者，坚强者更懂得人生，懂得如何去完善自己，也获得更多的经验和教训。

的确，从一个人成长的一般规律看，逆境、挫折的情境更容易磨砺意志，顺境当然可出人才，逆境也可出人才。在逆境中经过挫折千锤百炼成长起来的人更具有生存力和更强的竞争力。因为，逆境中奋斗的人既有失败的教训，又有成功的经验，更趋成熟；他们能把挫折看成一种财富，深谙只有失败才可能成功，成功是建立在失败的基础上的，因此更具有笑对挫折、迎难而上的风范。

要拥有坚韧不拔的毅力，首先应有恒心，也就是说在认准一个目标后保持在该目标上的持久注意力。

父母完全可以通过一些具体行为来培养和锻炼孩子的恒心。

在儿子还没有出生的时候，我和他的母亲就决定要把他培养成一个成功的人。尽管当时还无从谈起应努力让他在哪个领域里成功，但我们有一点是十分清楚的，就是要想取得成功，只有认准目标，坚持不懈。所以，在卡尔还只能趴在床上蠕动的时候，我们就开始对儿子做持久力的训练。在这一方面，卡尔的母亲做得非常好，只要儿子遇到困难，她就会用各种方法去鼓励他：坚持一下，再坚持一下，直到他取得胜利。

在卡尔很小的时候，为了训练他的持久力，他母亲先从他的注意力的持久性开始训练，因为注意力持久是行为持久的前提。为了培养儿子注意力的持久性，他母亲用了一个能够引起儿子注意和兴趣的玩具，一只用布做的黄色的小猫。卡尔的母亲先把那只小猫放在儿子前后左右吸引他的注意力,等到他发生兴趣之后就把小猫放在他伸出手差一点就能够得着的地方,吸引他去抓。当儿子老是抓不着准备放弃的时候,母亲便用手推着他的脚鼓励他:使劲儿!使劲儿……儿子在母亲的鼓励下往往会用力蹬几下腿,尽力地将小猫抓住。在小猫被儿子抓到手后,他母亲就用欢呼和亲吻来庆祝儿子的胜利,让他体验奋斗、成功的喜悦。在卡尔能够爬行的时候,母亲便增加了训练的难度,在他马上就要够着目标的时候,把吸引他的玩具挪到更远的地方,然后鼓励他继续爬着去拿。卡尔的母亲告诉我,这样做既培养了毅力,又练了爬行,实在是一举两得。

拥有坚韧不拔毅力的关键是正视生活中的挫折和失败。

没有人生活在真空里,困难和挫折就好像我们生活中的冬季一样,无法拒绝,所以我们必须学会怎样渡过它。

在儿子稍大一些以后,我就开始告诫儿子,人的一生要遇到很多困难和挫折,但他必须成为一个坚强的人。我告诉卡尔,心理承受力差的人很容易被困难打垮,而一个坚强的人恰恰就在挫折中找到了成功的途径。我教育他必须能够接受失败,否则无法养成持之以恒的性格。我教他从一开始就学会忍受失败带来的负面影响,并勇敢地面对它。

我告诉儿子,为了避免失败而逃避,是那些劣等性格中最顽固不化的东西。那些坏孩子就是这样,他们通过拒绝参加学习来逃避考试,越是这样,自卑感就越来越膨胀。那些坏孩子为了给自己这种自欺欺人的想法找出正当的理由,他们往往会自我美言,贬低自己不愿意干的事,或攻击勤奋的人"虚伪""愚蠢无知"等。他们会自我安慰,"失败"标志着独树一帜,标志着个性强等,借此给自己创造一份虚假的自豪感。

我尽力教育卡尔懂得一个道理:犯错误,甚至失败都是走向成功的必由之路。关键是要尽自己的最大努力。

在锻炼孩子勇气方面,英国人的做法是值得我们学习的。我听说过这样的事:英国西南部的瓦伊河畔,有一所由少年探险组织建立的河流探险训练中心,专门为孩子们提供进行探险活动的机会,以训练他们的勇气和坚强的意志。

在这里,孩子们每天一早就来到河边,由专门的人负责教他们游泳和划船。训练是艰苦而紧张的,每一次练习都有孩子落水,也有些人受伤。

在激流中拼搏，需要具有坚强的意志和勇气。孩子们在这里不仅仅学习了划船等技能，更重要的是锻炼了他们的意志，培养了勇敢的精神，同时也懂得了互敬互爱和团结合作。

在英国很多地方都有类似的活动，目的不是为了学习某种技巧，而是为了锻炼孩子的意志和勇敢精神，为以后的生活和工作做好各方面的准备。

我认为，英国人的这种做法是值得提倡和推广的。

有时候，锻炼孩子的勇气，常常对父母自己的勇气是一个考验。如果父母自身就对困难或对带有一些危险的活动感到害怕，那么这样的父母培养出来的孩子就不可能有勇敢的精神。有些父母仅仅是为孩子的安危担忧而牺牲给孩子锻炼的机会。我认为这样做事实上是很自私的，因为这些父母更多地是为了保护自己的感情不受到万一可能发生的危险所带来的伤害。

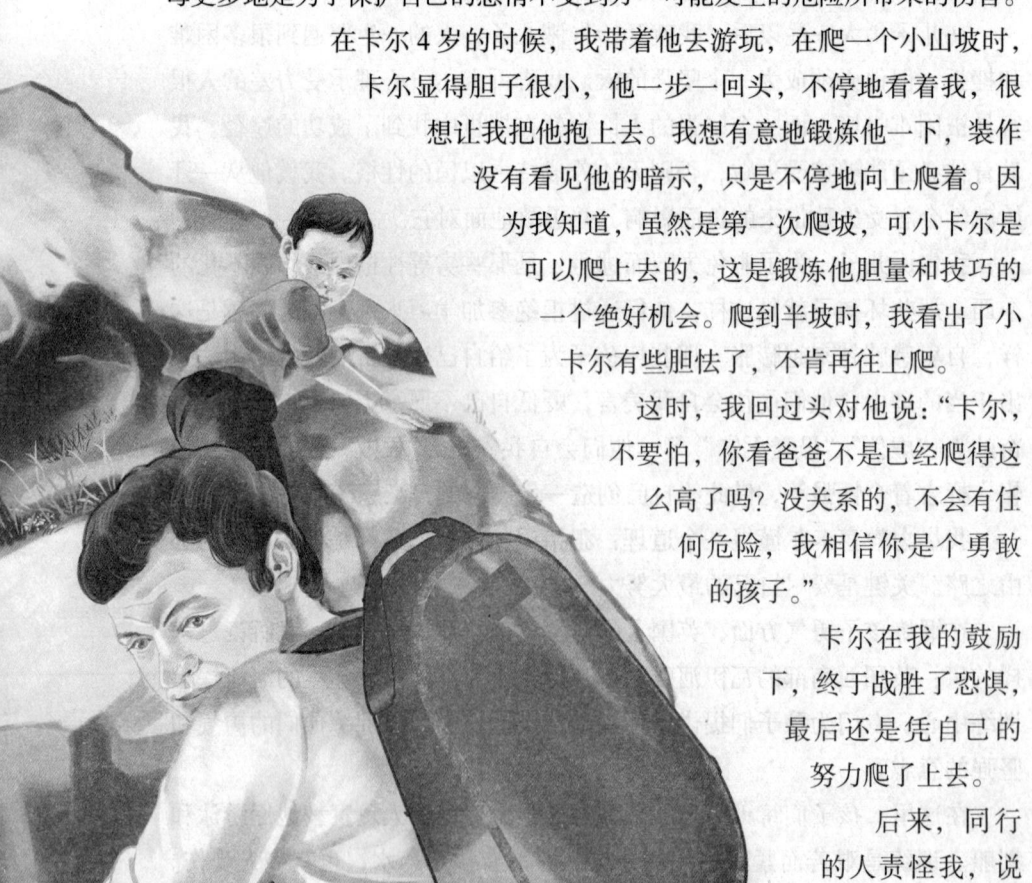

在卡尔4岁的时候，我带着他去游玩，在爬一个小山坡时，卡尔显得胆子很小，他一步一回头，不停地看着我，很想让我把他抱上去。我想有意地锻炼他一下，装作没有看见他的暗示，只是不停地向上爬着。因为我知道，虽然是第一次爬坡，可小卡尔是可以爬上去的，这是锻炼他胆量和技巧的一个绝好机会。爬到半坡时，我看出了小卡尔有些胆怯了，不肯再往上爬。

这时，我回过头对他说："卡尔，不要怕，你看爸爸不是已经爬得这么高了吗？没关系的，不会有任何危险，我相信你是个勇敢的孩子。"

卡尔在我的鼓励下，终于战胜了恐惧，最后还是凭自己的努力爬了上去。

后来，同行的人责怪我，说

我不该把卡尔置于危险之中。我对他说："如果卡尔没有爬上去的能力，我是不会让他这样做的。而且，我的目的是要让他成为一个勇敢的人。"

儿子虽然小，但他也可以胜任很多事。如果大人总是提心吊胆地在那里显出担心的样子，那么他本来具有的能力也会被恐惧所吞没，本来有的勇气也会消失得无影无踪。

我发现，卡尔有时很反感别人总是像放风筝似的用绳子牵扯他，他也期望我们不要总是过于细腻地表现出来那种关心，因为这样他会觉得在别的小朋友面前很没面子。看到别的孩子放心大胆地玩耍而自己的父母总是陪着会觉得很厌烦，认为父母多事，对他不公平。我们对他越不放心，他就越气恼，从而产生逆反心理。

很多父母为求保险而对孩子加倍保护，造成孩子缺乏勇气。这种做法是不对的。

我认为，父母应该克服这种自私，为孩子的将来着想，应该大胆鼓励孩子去做力所能及的事情，做一个勇敢的人。

让儿子摆脱对我们的依赖

我反复地强调,孩子自己能做的事,就让他自己去做,千万别替他去做。这是一个很重要的准则。我对儿子的教育一直是按照这个准则去做的。

替孩子做他们能做的事,是对他们积极性的最大打击,因为这样会使他们失去实践的机会,这样就等于在对他们说:"我不相信你的能力、勇气。"

如此一来,孩子会感到危机、不安全。安全感是建立在能够用自己的能力去对付要处理的问题的基础上。如果孩子不自信,哪来安全感呢?

有个孩子的父亲去世了。他的母亲加倍疼爱他。当孩子4岁时,母亲还是整天喂他吃饭,给他穿衣穿鞋。当他长得再大一些的时候,他仍然不会自己吃饭,不会自己扣衣服上的纽扣,也不会穿鞋。而和他同龄的孩子做这些小事都做得很好,相比之下,他显得手忙脚乱,而且很可怜。有人告诉他的母亲,让他学习自己去做这些事情,因为像他这么大的孩子应该学会穿鞋戴帽。可是他的母亲却说:"我爱我的儿子,他现在是我的一切,我宁愿为他作出更多的牺牲。"

这位好母亲并不知道,她这样做对孩子的发育是有害的。实际上她对儿子的爱是对儿子的可怜。她认为她是一个好母亲,她把自己的一切都贡献给了孩子,却不知道她的做法实际是在告诉儿子:你是无能为力的,没用的,不行。这种超常或过分的爱引起的负效应是很多的。孩子产生了极强的依赖性,他可以什么都不干,不想学会做什么事情,只顾自己玩耍。而有一天妈妈不再这样照顾他,便会有失落感。

卡尔的母亲在培养儿子自己的事自己做方面,表现得很好。

当卡尔应该学会自己穿衣服的时候,她就开始让他自己尝试,而并不是替他穿好了。她一边指导示范，一边看着他自己穿好。她不催促他快点儿，而是慢慢地说："你可以自己穿上，慢慢来，不行妈妈再帮你。你忘了，你已是一个大孩子了。"如果卡尔还坚持他不能自己穿，她也并不理会这些，继续鼓励他："你肯定能自己穿上。妈妈闭着眼睛数十下，看你能不能穿上。"这时卡尔可能继续下去，也可能开始哭起来，不再做任何努力。母亲这时就不再理他，当卡尔发现他的哭闹并不能引起母亲的同情时，他便继续尝试靠自己解决自己的问题。事实证明，卡尔很快就学会了自己穿衣服。

我和卡尔的母亲就是从这些小事开始培养儿子的独立意识的。

我认为，父母对孩子的过分保护会使孩子失去自信和勇气，久而久之，孩子会产生强烈的依赖心理，并认为自己不能做什么，没有力量。

我在对儿子的关心上是非常有分寸的，从不过分地呵护他，而是培养他在各方面都具有独立的能力。要知道，日常生活中的意外伤害是随时随地存在的，有些磕磕碰碰的事情是不可避免的。对孩子来说，有些时候应该不逃避各种危险，学会去面对、去忍受，因为长大之后的生活环境需要忍受的东西更多。所以从小培养孩子的自信、独立和勇敢的精神是为了他日后更好地生活、工作。

我可以肯定地说，一个碰伤的膝盖是容易治愈的，而受了伤的自信心和没被开发出来的勇气是终身难以实现其真正作用的。

父母不必事事包办，许多事情孩子自己完全可以做得很好，这一点非常重要。放心地让孩子做自己的事，让孩子认识到"我能行"，能够培养出孩子的自信和勇气。

卡尔从小就明白勇气的价值。

有一次，他和别的孩子一起做游戏，不小心手指被同伴弄出了血，疼痛异常，令他实在难以忍受。但他在心里告诫自己，一定要忍住。最后，他强忍住快要流出的眼泪，装出一副若无其事的样子，和同伴们继续玩耍。

后来，卡尔告诉我，他不能让同伴看到他的软弱，一旦眼泪掉下来，同伴会瞧不起他，也许从此不再和他一起玩了。

我一直注意对儿子勇气的培养，也非常欣赏那些力求让孩子变得勇敢的父母。英国人在这方面做得比较好。他们的小学生有所谓的童子军，经常组织小学生探险，在险恶的环境中生存，目的十分明确，就是锻炼孩子的勇气和探索新鲜事物的热情，以及在艰苦的环境下生存的本领。

某些成年人看来是危险的事情，认为不适合孩子们做的，实际上孩子是可以胜任的，只是父母出于爱心或对孩子的能力缺乏正确的认识，导致阻止孩子去探索新的事物，熟悉新环境，剥夺了孩子锻炼自身的机会。我一直认为，受到过多呵护长大的孩子，自然会具有缺乏勇气的弱点，对他的人生会有不良的影响。

一个人是否具有勇气和自信心，是他能否获得成功的重要因素。我时常对卡尔说："你能行！"这就是要鼓励他充满自信，让他有勇气去做一切他想做的事。

无微不至的关怀往往会造成孩子能力低下，同时也不为孩子全部接受。进入少年的孩子经常与父母发生冲突，有许多情况是对父母关怀他们的一种反抗。他们不愿让别人看到自己是个无能无用的人。他们需要在人们面前显示自己的存在，显示自己的能力，父母的包办自然造成他们的反抗。

在德国古代的时候，儿童就被当作独立的成人来对待。贵族们往往让自己的孩子离家到另一个城堡的其他贵族那里进行学习怎样做真正的骑士。他们认为就是在离家独立成长的过程中，可以使孩子具备一个骑士所应有的素质和知识。可见，对孩子独立意识的重视，是我们民族的一个优良传统，这对我们民族和国家发展何等重要！

其实，注意考虑到了孩子作为一个未成年人的能力范围和性格特点，但是放手让孩子去锻炼去挑战困难，以培养孩子自立自强的品质，这种传统意识至今并未遭到摒弃，我们周围有很多父母甚至认为这是比传授孩子知识更重要的职责。这种做法应该得到极力推崇。我也是这样教育卡尔的。

孩子在感到不安和无能为力的时候，会本能地到父母那里寻求慰藉，他们知道父母的爱会给自己以温暖与支持。因此，为了确保可以一直获得这种舒适的感觉，有些孩子一直把情感的支点靠在父母身上。而这些人在交出自己情感领地的独立权的同时，也就不得不接受他人对自己的情绪支配。

一些在此方面有心理障碍的人，情绪上通常高度依赖别人。因为他们没有自我感，自己不能为自己创造心理上的满足。为了支持自我以及在思想、价值和行为上，他们都依靠别人。他们按照父母或其他权威者的样式思考和行动。他们的自我感实际上是他人的反映，而由于他们精神世界的寄生性，当他们依赖的权威体系一旦坍塌，他们通常会陷入一种绝望而危险的境地。

我认为，真正具有独立精神的人对自我意识有一种强烈的需要，他们不借助这样那样的依赖就形成自己的意向，做出他们自己的决定，自我实现的方向指引着他们履行自己的动机和纪律。"伟大的人们立定志向来满足他们自己，而不是满足别人。"

由于这类依赖意识相对而言更具隐蔽性，所以就对父母提出了更高层次的要求。父母必须追问自己对孩子的爱当中是否有这样的成分：固然知道应该让孩子独立，但由于害怕失去孩子，而总希望孩子生活在他们为孩子所设想安排的状态里。

替孩子做太多的事，会使孩子失去实践和锻炼的机会。这是显而易见的。不仅如此，更严重的是过分地为孩子做事，实际上等于告诉孩子他什么也不会做，是个低能儿，他必须依靠父母，否则就不能生存。这种环境中长大的孩子，一旦走上社会便会无所适从，会到处寻找帮助。然而，家庭之外是找不到父母式的照顾的，独立意识更无从谈起，这实际上是害了他们。

增强心理承受力，避免情感脆弱

从一个人成长的一般规律看，逆境、挫折的情境更容易磨砺意志，顺境当然可出人才，逆境更可出人才。在逆境中经过挫折千锤百炼成长起来的人更具有生存力和更强的竞争力。因为，逆境中奋斗的人既有失败的教训，又有成功的经验，更趋成熟。他们能把挫折看成一种财富，深谙只有失败才可能成功，成功是建立在失败的基础上的，因此更具有笑对挫折、迎难而上的风范。

要想让孩子具备能够勇敢面对挫折的能力，必须从小磨炼他们的心理承受力。

挫折，简言之就是遇到困难，或者失败。挫折就是这种困难或失败在心理上的感受。当然，这种感觉是不好过的，因为它使你的需要得不到满足，或者难以得到满足。然而，对不同的人而言，确切地说是对意志品质不同的人来说，挫折的意义极为不同。脆弱，容易被激怒，心中有一种无法遏制的东西，这种东西就是挫折所形成的一种负担。孩子太小，不知该怎么办，只有通过发脾气才可以发泄出来。

孩子发脾气时忘掉了周围的一切，内心被怒火所控制，他感到害怕、痛苦，但是自己控制不了。孩子发脾气时很可怕，好像着魔似的。父母不仅应该充分注意孩子发脾气的问题，还要弄清楚他发脾气的原因并且采取一些可行的方法防范他们发脾气。

我认为，父母应该尽力去安排好孩子的生活，让孩子少受挫折，或者让孩子所受的挫折在能够容忍的限度之内。不要过分地规定孩子做什么事，也不能太过分地强迫孩子不做什么事。严格的教育是应该的，但万事都有个限度，不能让孩子去承受他们极限之外的事。因为这样反而将孩子逼上了死角，他如此就会不知所措，会情绪极差，那自然就会乱发脾气了。不仅是孩子，连成年人也会有无法承受的东西。

当孩子情绪不好时，不要过多地招惹他，在他遇到困难时不要用过激的话刺激他，要等他平静下来之后再去慢慢开导。

当孩子正在气头上时，是什么都听不进去和不讲理的。这时，父母更不该向孩子发脾气。发脾气就像传染病，用发脾气的方法制止发脾气是不明智的，这只能使脾气越发越大。

对于孩子的坏脾气，父母不应该去奖励或惩罚，应该让孩子懂得发脾气得不到什么也不会失去什么。例如，孩子因为不想吃饭而发脾气，脾气发完之后，饭还是要吃的，当然父母要给他讲清楚道理。如果平时吃饭后要得到奖励，那么脾气发过后吃饭仍旧要奖励。

如果孩子在大庭广众下发脾气，父母一定不能顺从他。很多父母由于害怕孩子当众发脾气而常常顺着孩子，这种做法是极为有害的。对孩子的要求要有选择地满足，不合理的要求可间接地答复他，如告诉他回家再说，或对他表示等客人走了再说，等等。因为孩子虽小，但自有他狡猾的一面，他们常常利用父母的弱点发起进攻。父母一定要想办法不要让孩子知道这一点。要做到这一点也不难，如果孩子当着他人提出什么要求，父母最好给予帮助，合理的要求就满足他。如果硬要等到他发脾气再去帮助他，后果就不好了。

孩子发脾气主要是因为自己太弱小，面对问题感觉无能为力。随着孩子一天天长大，他们的能力增强后，日常生活中受到的挫折也就会越来越少。他也会慢慢地变成一个心平气和、通情达理的孩子。

我告诫卡尔：无论在什么情况下都不要走极端。有些爱走极端的孩子，甚至用自残来避免失败，因为他们害怕不能满足父母、老师的期望而焦虑甚至恐惧。少年时代，掩盖对失败的恐惧感的最普遍方式就是酗酒、打架。我认为，这些坏行为都是孩子们到了最在乎别人对自己看法的年龄后才开始的，并非巧合。

许多经验告诉我们，只要从小培养孩子勇敢、坚强、自信的心理，采用理解、信任、鼓励、谈心的方式帮助他们，那么，一些不良的极端行为自然能够避免。

我认为，人的自我欺骗的能力是无穷无尽的，因而我对教会儿子以现实为基础进行思考，是非常重视的。一个人只有面对现实，才会有所成就。很多人不能面对现实，整日沉浸在幻想之中，就是一种对现实的逃避心理。

虽然，人总是不可避免地受制于逃避现实的心理，但也必须学会面对现实。我时常这样教育儿子，尽量让他的行为既有利于自己又有利于别人。

为了防止儿子形成自我欺骗的心理，我教育他要按照世界真实的样子认识它，并做出恰当的反应和决定。

许多父母没能教会孩子这方面的技能，反而教得孩子不能面对现实。有些人总想保护孩子不受残酷现实的影响，结果更加强化了他们的逃避心理。在我看来，这些父母在不自觉中对孩子造成的不良后果，可以说是一种犯罪。

我对卡尔采取的做法是：不管有多么痛苦，都要帮助他正视现实。当我向儿子解释事实、教他处理问题时，他就会渐渐明白：父母有能力来面对和应付那些哪怕是最困难的处境。

每当这时，卡尔会说："我也能做到。"

一些父母在大多数情况下都低估了孩子的承受力。他们会认为自己的孩子太软弱了，根本无法对付生活中的现实。这种态度将会使孩子形成对自己的错误认识。孩子会认为自己没有能力对付一切。

有一年鬼节，我给卡尔买了一身漂亮的服装和面具，准备在那天晚上到邻居家去要糖吃。

看着各家门口摆出的南瓜灯和鬼服，卡尔像所有的孩子一样兴奋极了。那天早上，我将糖果准备好，放在门边，准备孩子来上门讨吃时送给他们，同时也给卡尔准备好了面具和服装，等到晚上用。

但是到了傍晚，忽然下起了雨夹雪，卡尔脸贴在窗户上看了好一会儿，跑过来问我："爸爸，这雨会停吗？"我知道，如果卡尔不能出去讨糖吃，一定会感到非常失望。我说："再等一等看，也许会停的。"

但是，吃了晚饭后雨还没有停，而且连一点儿停的迹象也没有。卡尔看到这样的情况，开始掉起眼泪来。

我很为他难过，走过去拉着他的手说："我知道，你心里很难过，但是没有办法，好在鬼节每年都有，我们可以等到明年，好吗？"

"明年，那还要等一年哪。"卡尔失望地说道。

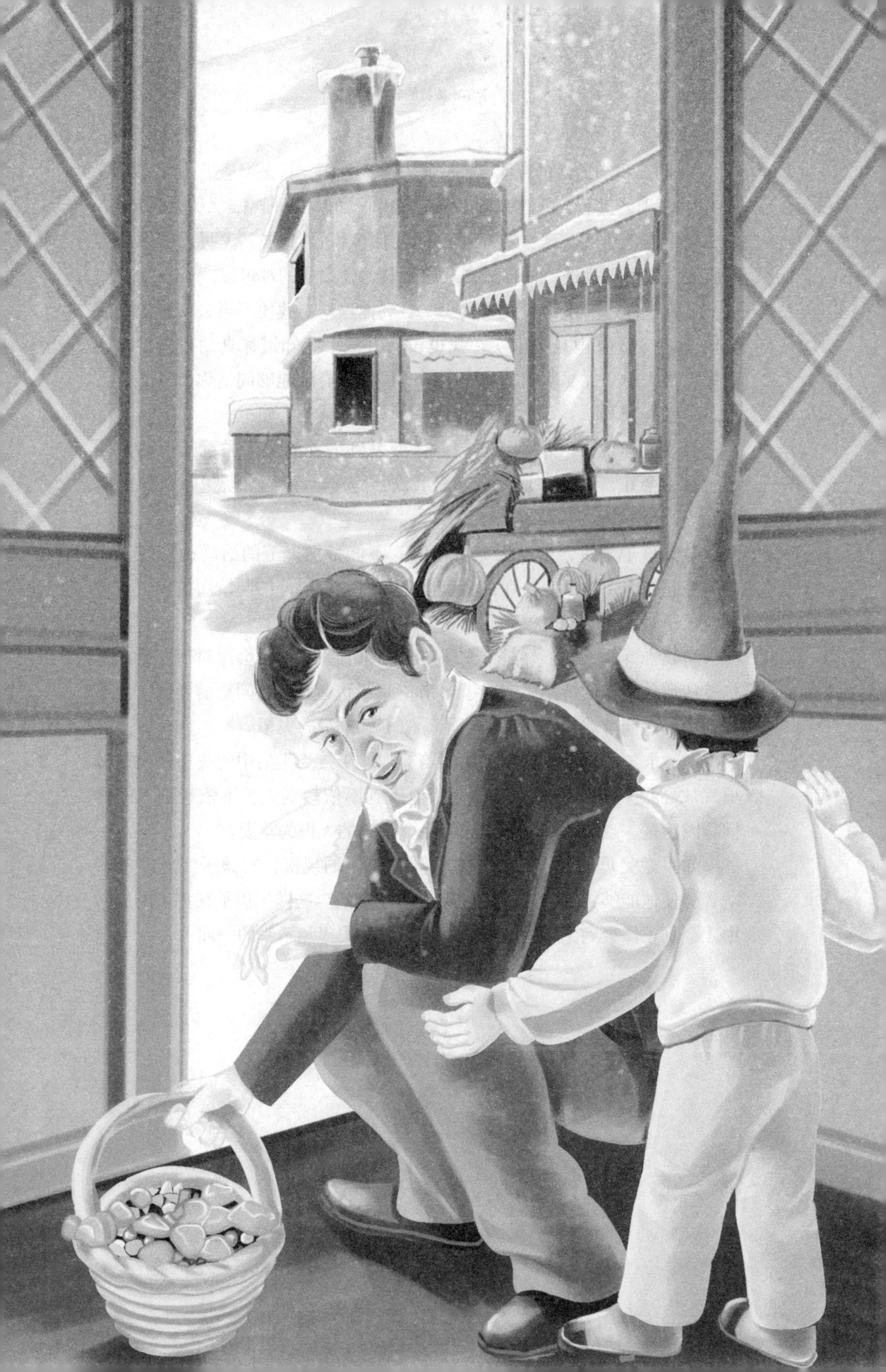

"是的，我知道，可有什么办法呢？今天下雨，真是糟透了。"我说道。

"我不干，我不干。"卡尔一下子就变得非常的不可理喻，大哭大叫起来。

我很为他难受，于是抱着他，向他保证说："卡尔，我明天带你到玩具店去，你可以挑选一件你最喜欢的玩具，什么样的都可以。"

尽管这样，卡尔仍然大哭大叫。看到他这样，我便不再去安慰他，而对他说："今天下雨是个事实，我也没有办法。我知道你真的很失望，我同样也很失望。你要明白，在失望的时候，没有谁能够同情你，只能自己想办法解决。"

听我这样说，卡尔便不再哭叫，而是到另外的房间去玩其他的东西了。过一会儿，他高兴地跑过来对我说："爸爸，我们来玩鬼节讨糖的游戏好吗？"

对于孩子来讲，由于天气的原因，不能参加鬼节的活动确实使人失望，但起初卡尔的反应，在很大程度上是由于我对他的同情而扩大了。可见，孩子对事物的反应很大程度是受父母的反应影响的。

当我告诉他天气不好是个无法改变的事实并让他学会面对现实后，卡尔就从那种失望的情绪中解脱了出来，并开始考虑解决问题的办法，最终找到了玩讨糖游戏的办法来抵消了看似不可排解的失望。

在对卡尔的早期教育中，我把培养他敢于接受生活中的失望及失败的勇气放在很重要的位置。我尽力让他做到不依赖别人，不依赖别人的怜悯，因为这一点对他将来能否成为一个幸福的人极为重要。

如果做父母的能够平静地对待孩子失望的现实，对孩子实施好的影响，会使他能够更容易地接受失望，迎接希望。这样，孩子在将来的成长中才会真正体会到生活的快乐而不会只看到失望和不幸的一面。

我教儿子怎样控制自己的感情

我们知道，人有多大的力气也不可能把自己提起来，人要战胜自己是一件不容易的事，而能战胜自己就是对自己控制的成功。

情感和欲望的自我控制是一个人必备的基本素质；也是一个人走向成熟的心理要素之一。我认为，要想让孩子学会控制情感，必须以毒攻毒，用以情感为基础的解决办法来解决情感问题。

我曾经用一种"平静下来"的巧取火柴棍的游戏用以训练卡尔加强自我控制的能力：面对一小堆散乱重叠在一起的火柴棍，卡尔全神贯注，要把最上面的火柴棍一根一根地取出来，并且不碰动其他的火柴。因为他太专心，他的手都有些发抖。这时，我对着他的耳朵吹了一下，弄出点噪声，并不停地与他说话逗他，试图分散他的注意力。但卡尔完全不为所动，慢慢做深呼吸，放松肌肉，眼睛紧紧盯着目标。他知道，要想赢得这场游戏，就必须不受我的影响，集中注意力。他暗暗告诉自己："只看眼前的目标。"果然，他把每一根火柴棍都取出来了，而且没有碰动其他棍子。

我认为和卡尔玩的这种"平静下来"的游戏，可以帮助他对付别人的干扰。这个游戏的规则是要求参加者在一定时间内从一堆火柴棍中移走一根，不能碰动其他火柴棍。

虽然内容很简单，但需要参加者能集中注意力，具备很好的动作协调能力，目的是教会儿子情感控制技能。卡尔玩时，我可以在一旁以任何方式取笑他，但不能碰他。每取出一根火柴棍，得一分，如果对取笑毫无反应，就得两分。

我认为，此种游戏对教会儿子情感控制技能很有用。儿子在遭到我取笑时，光告诉他怎么做是不够的，同时还要告诉他应该学会控制住自己的情感。

训练儿子认识和了解情感在身体上的反应非常重要。这样，他就能逐渐学会自我控制。

当孩子生气时，脸色通红，身体发紧，处于过度紧张状态，在姿势、面部表情和体态上都有表现。而这种"平静下来"的成功的训练方法是要孩子首先认识这些标志，然后通过深呼吸、分散注意力等方法，使自己的身体平静下来。

有了好的控制能力，孩子就会正确地认识自己，并且对周围的干扰无动于衷，以一种轻松的心情面对一些不好的事情，而不是一怒而起。这对孩子在学习和生活上都有极好的作用，并能够在将来的生活中妥善地处理好一切人与人之间的关系。

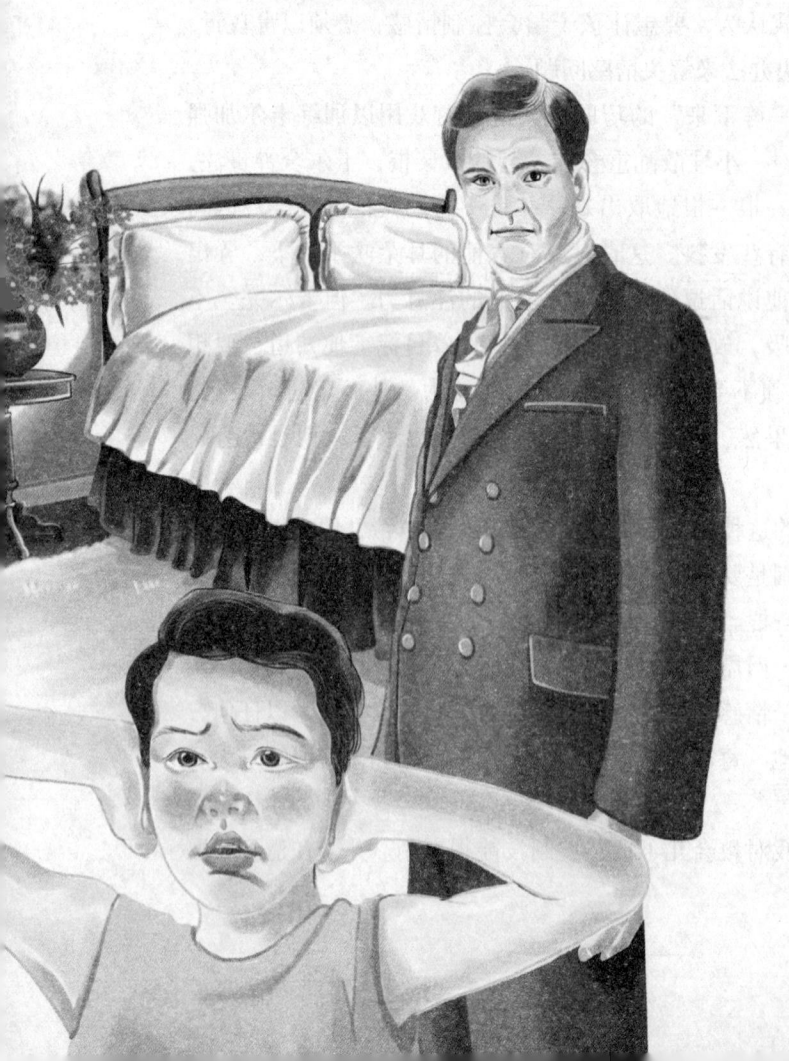

语言交流不要在儿子心中留下阴影

记得在卡尔大约八九岁的时候，有一天他突然告诉我他不想学习语言、数学等知识了，他想成为一个英勇的武士，想成为一个威武的将军。

八九岁的孩子都有成为英雄的欲望，这几乎是每个孩子成长过程中必不可少的情结。我了解孩子的心情，他们这时正处在既懂事又不懂事的阶段，他们对未来充满希望而又显得太着急，他们想成功，想征服世界，有很多孩子的远大抱负都是从这个时候开始的。我本人在八九岁时也是这样。这个阶段，父母对孩子的正确指导特别重要。否则，孩子会在不成熟的心理中做出错误的选择，浪费宝贵的时光。卡尔想当武士，想成为将军就是基于想做英雄的情结。为了让他在内心深处懂得做人的道理，我并没有像一些父母那样简单地否定他，而是先给他讲当武士必需的条件后，再来慢慢开导他。

"儿子，你忘了我给你讲过的那些故事吗？那些东方的武士是多么的英勇啊！"

"是啊，我就是想成为那种英勇的武士，行侠仗义，杀富济贫，救助穷人。"儿子充满憧憬地说。

"可是，你有没有想过他们是怎样成为武士的？"我问道。

"他们从小苦练武功，访遍名山拜师求艺，最终成为大英雄。"

"你想当武士很好，但我又不会武艺，在我们这里又没有那些身怀绝技的老师，你怎么学呢？"我问道。

"我就去东方，去中国，去日本……"

"那当然好，可是到了东方，你就一定能找到那样的老师吗？找到后他就一定会教你吗？还有更重要的，我给你讲的那些故事毕竟是故事，不一定是真实的。你想想，一个人能够一下子跳得几十米高吗？我认为那是不可能的，那是人类的极限无法达到的。那些故事是为了给人娱乐，给人想象力。我之所以给你讲那些故事，是为了让你学习那些武士的勇敢精神，并不是一定要让你成为武士。"

这时，我看见儿子的表情显得特别失望，于是又继续开导他。

"再说，现在的时代已经与古代完全不同了。古代的英雄和将军，必须亲自赤膊上阵，必须自己拿着刀剑上战场上拼杀，因为那时的科学比较落后、原始。现在的将军必须要有过人的智慧，必须掌握各种各样的知识，而不是仅仅凭自己的武艺去拼杀。

"儿子，你要记住，人都各有所长，也各有自己的缺点。你要清醒地把握住自己的长处。你看，你的数学、语言、文学都是非常优秀的，干吗要放弃它们呢？每一个领域里都有英雄，而不单单是在战场上。如果你成为文学家，会为人类带来极大的精神财富；如果成为发明家，会为人们创造出多少有用的东西啊。只要你发挥自己的长处，你就会在不同的领域中成为不同的英雄。一些你不适合做的事，你应该勇敢地放弃。其实，能够真正面对自己的人，才算是真正的大英雄。"

卡尔听我这样说，顿时恍然大悟。他这时对英雄的含义有了真正的认识，也懂得了既会争取又会放弃的道理。这对他以后的人生道路起到了极大的积极作用。在以后的日子里，无论面临怎样的境况，他都能够凭自己的理智做出正确的选择。

只要我愿意付出时间与卡尔交流，他就会感到亲情的满足，并愿意把自己的事说给我听。有了这种真诚的坦白，我就很容易对自己的孩子有真正的了解。卡尔能够让我完全了解他，是因为他知道我是最爱他的人。成年人都知道，没有人愿意让陌生人或不相干的人了解自己，没有人会把自己的心扉向无关紧要的人敞开。孩子更是如此。

很多自以为了解孩子的父母并不是真正地了解孩子，因为他们不愿在这方面多下功夫，只是凭借自己的臆想去判断孩子。他们宁愿花时间去和知己诉苦，诉说孩子不听话、不老实，却不愿去和孩子进行耐心的交谈。我认为这样的父母是无责任心的人，他们的做法其实愚蠢之极。

卡尔4岁的时候，在有一段时期他显得非常淘气。他每天似乎是有意把房间中的各种东西扔到地上，并且动不动就发脾气。

有一天,我看见他又开始"发作"了,就走过去问他:"卡尔,你这是在做什么?为什么总是把房间搞得这么乱?"儿子听我这样说,并没有立刻停止下来,反而当着我的面把桌上的一本书故意扔到了地上。

"这是干什么呀?快把它捡起来!"我指着地上的书说道。

"就是不捡。"

"怎么这么不听话?"

"就是不听话。"

听孩子这样说,我当时并没有再多说什么,头也不回地走开了。

我走后,卡尔更加放肆起来。我听见他在房间中大吼大叫,不时地将东西乱扔,房间中传来了"砰砰"的声音。

我极力按捺住自己愤怒的情绪,控制自己不要发火。

不一会儿,卡尔的吵闹声突然停止了,代替它的是伤心的哭泣声。

这时,我又一次走到了儿子的房间中,并用温柔的语调对他说:"怎么啦,卡尔,有什么不顺心的事吗?"孩子并不回答,仍然伤心地哭着。

看着他那伤心的样子,我忍不住产生了怜爱之心,把他从地板上抱了起来。

"我一直认为你是个听话的好孩子,所以你乱扔东西时没有骂你,我想你一定有什么不高兴的事,告诉爸爸好吗?说不定我能够帮助你。"

听我这样说,卡尔的心情似乎好了许多,但仍然在哭泣。

"好了,不要再哭了。有什么事情不能解决呢?你本是个聪明的孩子,再加上爸爸的帮助,我想什么问题都能够解决。"

儿子突然扑到了我的怀里,放声大哭起来。他一边哭一边说:"我觉得自己好孤独呀!"

"怎么会呢?爸爸不是每天都陪着你吗?"

"可是,你总不理我,成天就在书房里写字,你一点儿不在乎我……"

我当时突然感觉到孩子的内心是多么的敏感，他的内心世界是多么的复杂。这是在我以前从来没有想到过的。这让我感到深深的震撼。很多父母在与孩子交谈的时候总会用这样的语调：当孩子在问"您是不是生气了""您是不是不高兴啦"的时候，父母会绷着脸说"没有"。当孩子关切地问"您怎么啦"的时候，有些父母会极不耐烦地说："不关你的事。"这些表情和语气显示出父母是在生气，在发怒。孩子是非常敏感的，他们能很快地分辨出大人在讲话时所要传达的真正意思和态度。可是，做父母的似乎并没有意识到自己在同孩子讲话时运用了不同的腔调。

很多人都认为应当尊重孩子，应当与孩子交流。但事实上，很少人能够做到与孩子真正地交流，因为他们不能够把孩子放在与自己平等的地位上。父母们总是以教训的口气、哄人的口气、引诱的口气来和孩子说话。这样能够与孩子平等地交谈吗？这样的方式，不可能让孩子完全信任父母，也不可能让孩子说出自己的真心话。

我认为，只有父母从内心去改变自己，以平等的、对待朋友般的方式对待孩子，才能够顺利地与孩子进行思想交流。父母总是希望能利用一切机会向孩子灌输道理，而这种强行灌输的道理根本不可能让孩子接受，不仅如此，这种强硬的方式还会使孩子产生厌恶和反感之情。父母们总是盼望孩子事事听自己的，要求他这样，要求他那样，但并没有告诉孩子为什么要这样，为什么要那样。这不但不能让孩子"服从"，还会使他们产生抵触的情绪，甚至是反抗、抵制。同孩子的谈话应该讲究合理的方式。从某方面来说，坦诚的交流是一门艺术。做到这一点的条件是认同、理解与尊重孩子。

让儿子的心中充满光明

有些父母出于某种原因,或是为了管教孩子,或是因为闲着无聊,给孩子单纯的头脑中灌输恐怖和迷信的故事,让孩子从小就失去了探求真理的信心。他们的做法使孩子不能正确地判断周围的一切事。本来孩子因为幼小而脆弱,他们正处在需要帮助的时候,而那些迷信的认识却将他们的思维引向了歧途。

在幼儿时期灌输到孩子头脑中的恐怖和迷信等,如同病菌一样,会在孩子的内心之中恶劣地蔓延,是致使孩子精神异常的病因。所以,我坚决反对给孩子讲幽灵、恶鬼、地狱、妖怪之类的故事。用这些故事来恫吓孩子则是有害的,它直接影响到孩子已形成光明的内心世界,也直接阻碍了孩子的健康成长。

生活中,特别是在民间给予孩子以恐怖和迷信等方面的影响很多,所以我们要采取各种防范措施,尽力不要让它们给孩子带来极其不良的影响。我认为,对于那些不良的东西,不仅仅要预防,还要给孩子采取免疫的办法。让孩子在干干净净、没有病毒的精神世界中健康发展。这样,孩子就会像种上牛痘、打上预防针一样,即使碰到精神病菌,他们受到的毒害也不多。

据我所知,一个人精神异常的主要原因之一就是在幼儿时期被灌输了恐怖和迷信等东西,这些东西一直会在人的头脑中作怪。甚至长大成人之后,也会时常受它们的困扰和危害。我曾经就这事请教过精神病专家,他告诉了我外行想不到的数字:有几百万被称为机能性精神病患者的人,他们的病因大多是在幼儿时期遭到过惊吓,或遇到过恐怖的事,或是听说过让他永远无法忘记的恐怖故事。他还告诉我,如果小时候教育得法,是可以避免的。而且，得法的教育会使机能性精神病大大减轻。由此看来，除了医学，教育就是拯救人类的主要手段了。

为了让我弄得更明白，那位热心的精神病专家还特地让我见到了他的患者。其中有一个26岁的青年，他的病叫抑郁症。他陷入了自己犯有不可饶恕的罪行的胡思乱想中，认为自己将来一定会被打入十八层地狱而永世不得翻身。他就是被这样一种恐怖缠身，样子非常可怜。医生对他的病情进行了分析，了解到是因为在他5岁时，在学校里被一个无知的女教师灌输了地狱的恐怖情景所致。

还有一个抑郁病患者，她是一位牧师的妻子。她什么都怕，怕天黑，怕黑暗的地方，不敢一个人待着，夜里不敢睡觉，睡着便做噩梦。因而，她骨瘦如柴，只有眼睛还有点儿光泽，令人怜悯。医生告诉我，他曾将她的病进行了一番细致的分析，最后证明，她同样是因为小时候，教会的某个牧师总是给她讲恶鬼的故事所致。

当我听到这样的事，顿时感到悲哀。牧师的职责在于帮助他人从黑暗之中走向光明。可是我的那位同行却做了相反的事；他的愚蠢做法，他的那些鬼故事，却把一个本来善良的人引向了黑暗。他不是一个尽到责任的牧师，简直是一个罪人。我想他才会真正被打入十八层地狱。他的做法，上帝是永远不能宽恕的。

我给儿子讲过许多故事，但从来没有给他讲那些可怕的东西。我只给他讲有益于身心健康的光明的故事。我让他在故事中体会人生，让他懂得做人的道理。

有一次，卡尔问我世界上有没有魔鬼。我对他说既可以说有，也可以说没有。他觉得我的回答很奇怪，因为我没有给他确切的答复。

"我认为是有的。"卡尔说。"为什么呢？你见过魔鬼吗？"我问儿子。

"没有见过，可是人们都说有。"

"既然没有见到过，你就不能说有，因为人只相信亲眼见过的事物。"

"可是，为什么人们都说有呢？"

"因为，那是无知的人瞎猜的。"我说道。

"那么，爸爸，你为什么说又有呢？"卡尔一定要把这件事问明白。

"其实，魔鬼只会存在于人的心中。"看着儿子那副认真的模样，我认为有必要给他说清楚其中的道理，"善良的人，心中没有魔鬼，而那些坏人，心中就一定有魔鬼。你看那些无恶不作的坏人，他们不就和魔鬼一样吗？他们整天无所事事，还要做些有损他人的坏事，他们不是魔鬼又是什么呢！"

"儿子，你要记住，一个人心中充满光明，正直地做人，能够帮助别人，尽力行善，为他人着想，那么他就是天使。如果总是想着自己，只干坏事，那么他就是魔鬼。一个人只要心中光明，就能战胜邪恶，就能战胜无恶不作的魔鬼。"

"爸爸，我明白了。世界上是有魔鬼的，就是那些无恶不作的坏人。我一定要做一个正直的人，那么我就不怕魔鬼了。"卡尔神采飞扬，他不但解开了心中的迷惑，还懂得了做人的道理。

良好的教育能够培养起人光明的内心世界，能够树立起孩子的信心，并能使孩子成为一个快乐的人。而那些愚蠢和无知的教育只会把孩子引向黑暗的深渊。

恐惧是儿童的一种普遍心理。不仅仅是幼儿，不少年龄较大的儿童即使在家中也会感到恐惧。除了诸如怕黑或怕生病之类个人的恐惧外，还包括社交性的恐惧：害怕不被整个家庭或者家庭中某个特定的成员接纳，害

怕因此丢脸或者遭到遗弃。

一般来说，这种以家庭为基础的恐惧常常十分明显，而且相当容易确定。比如，一个6岁的怕黑的男孩，晚上因墙上的阴影可能会大声尖叫；而害怕失去父母的爱的女孩可能会黏着父母，无论何时父母离开她都会大惊小怪。在这些个案中，原因和结果都相当明显。

其他时候，也许孩子害怕某些东西也是十分明显的，人们却无法确定恐惧的本质。比如，一个10岁的男孩故意回避去农场看望祖父母，可能是因为害怕他们，害怕他们的农场工人，害怕经过农场路上的高耸的桥，害怕农场的马，或者是上面这些恐惧的任何组合。

不过，即使以家庭为基础的恐惧也可能是完全私下的，偶尔观察孩子的人是无法察觉的。因为孩子特别是稍大一点的孩子可能会尽力维护他个人的尊严，这会使他尽可能或者避免泄露恐惧的真实本质，或者尽量待在不会无意在他人面前流露出那种恐惧的环境中。

帮助孩子及时地和适当地处理恐惧的关键是，要一直对他的生活中发生了什么保持尽可能多的了解。在不让孩子感觉你侵犯了他的隐私的前提下，要保持和那些作为他生活中的见证人的成年人及时沟通：教师、保姆和你孩子朋友的父母。这些人能为你提供你的孩子可能面临的恐惧的有价值的线索，而且在帮助孩子克服这些恐惧时他们也是非常有价值的同盟者。

最重要的是，你要尽量培养和孩子之间的这种关系，它可以使你很容易地阻止恐惧，或者可以使孩子在和你谈论它们时感觉更加舒服。这就需要把孩子看作独立的个体和依赖你的个体，并使两者达到某种平衡。你不仅需要给予孩子一定的独自面对恐惧的自由，也要确信你的孩子承担的恐惧不会超过他能够适当处理的限度。

第十三章
有良好的习惯才会有良好的素质

chapter 13

我们天生能历久不忘孩提时期的印象，如同新器皿一经染上气味，其味经久不变；纯白的羊毛一经染上颜色，其色久不能改。越是令人讨厌的习惯，越是牢不可破……正是从这样的实践中养成了习惯，以后就变成了天性。

好习惯是孩子一生的财富

威廉·詹姆士曾说过:"播下一行,收获一种习惯;播下一种习惯,收获一种性格;播下一种性格,收获一种命运。"

所以,培养孩子性格的重要性不言而喻。而培养性格不是一朝一夕的,而是贯穿孩子生活的全过程。

培养孩子的生活小节要从培养良好的习惯着手。小节问题往往与一个人的生活习惯紧密相连。当孩子一旦养成了某种不良习惯,便会成为一种无意识的行为,自己都觉察不到,比如不注意卫生、办事拖拉、马虎,都表现为日常的习惯。因此,要使自己的行为得当,就必须养成良好的习惯,根除那些陋习、恶习。而要做到这样,又必须把个人习惯问题提高到道德修养的层面上来对待,每天对自己的思想行为有所反省,想想自己这一天有哪些好的观念、行为,应该如何保持,发扬光大;又有哪些不当的地方,督促自己坚决改正,绝不姑息。

良好的习惯一经形成,就是终身受用的资本;反之,不良的习惯则会成为一生的羁绊,阻碍自己的发展。有人做过这样的比喻,人生的路上有两块路标,一块写着"向善",指引你向光辉的顶点攀登;一块写着"为恶",引人步入罪恶的深渊。这个生动的比喻说明了这样一个道理:学好,要有很强的精神力量支撑,还要付出艰苦的努力,并要凭借顽强的意志刻苦磨炼自己;而学坏,往往是从放松对自己的要求开始,很容易就会在错误的道路上越走越远。

正如一句格言所说:"要注意你的思想,因为思想会产生行为;要注意你的行为,因为行为会养成习惯;要注意你的习惯,因为习惯会形成性格;要注意你的性格,因为性格会影响你的一生。"因此,我们要有意识地用良好的道德规范自己。从身边的点滴做起，不要拒绝做小事情，因为大事是由小事组成的，高尚的品德就是在细微之处体现出来的。

对于孩子既不可娇生惯养，也不应过多地斥责。我们不但不能呵斥孩子，而且最重要的是让他们懂得一个道理：人生在世，自己的所作所为必然会得到相应的报答。我按着这一原则教育卡尔。例如，他做了好事，第二天早起他枕头旁边就放上好吃的点心之类，并告诉他，这是由于你昨天做了好事，仙女给你的。假若他做了坏事，第二天早上起来就见不到这些东西，并告诉他，因为你昨天做了不好的事情，仙女没有来。

我和卡尔的妈妈也注意在日常生活中培养卡尔的好习惯。当每天晚上他脱下衣服自己不收拾时，就让它一直放到第二天，我也不收拾，并且绝不拿出新衣服给他穿。如果孩子的衣冠不整，精神上也必然是散散漫漫。反之，衣冠端正，能使人精神抖擞。所以，服装不可过于奢侈，但必须是整洁的，整洁的服装还能使我们产生自尊心。就连马也是如此，给它换上好马鞍，就表现得扬眉吐气；给它换上破旧的马鞍，就表现得垂头丧气。马都这样，何况孩子呢。没有自尊心的孩子，绝不能成为伟人。

在注意服装的同时，还应当注意让孩子保持身体的清洁卫生。要教孩子洗脸、洗手、早起刷牙、梳头。身体清洁也能促使孩子产生自尊心。

然而，不可让孩子沾染好打扮、好漂亮的习气。孩子之所以这样，是受母亲的影响，因此必须警惕。人既然活着，就不可什么也不干。有的妇女对于个人的修养和教育孩子不感兴趣，这种人往往埋头于时装竞赛。为了教育孩子，这是应当避免的。

顺便谈谈，我认为不应让孩子穿姐姐或哥哥穿过的衣服。即使家境不佳，最好也不要这样做。因为这样会严重地损害孩子的自尊。我让儿子和我们一起吃饭，把他像大人一样的对待。吃饭时的谈话选择他能懂的话题，平等地交谈。有的家庭吃饭时不让孩子说话，有的甚至不吃饭时，孩子也必须畏畏缩缩。这样做，孩子就不会有任何自尊心。

此外，为了使孩子能自重，必须信任他们。无论是大人还是小孩，受到别人的信任就能自我尊重。管束孩子不许干这个、不许干那个，还不如信任他们，耐心地说服他们更为有效。我们如果把孩子当坏人对待，他就可能成为坏人。

在养成孩子健康的卫生习惯方面，"我说过多少次了？怎么总没有记性？要……不要……"这是父母最常说的话。孩子不爱干净，懒于梳洗、刷牙、洗澡、换衣服，尽管大人不停地提醒或警告，但孩子依然不能养成卫生的习惯。为什么父母的督促，孩子都听不进去？

其实，"我已经告诉你多少次……"这句话只反映了一个事实：一个得逞的小孩正在与生气的父母玩"我需要你注意我"的游戏。孩子真的不明白父母的话吗？不！一次的"告诉"已足以令聪明的小孩明白应该注意卫生。但他们有一个错误的想法是：只有像我现在的"脏猪"模样，才能引起爸妈的注意。也有些小孩子是因为依赖、懒惰成性，他们明知母亲不能接受自己脏兮兮的样子，必会忍不住动手替自己洗脸、换衣服，到时他乐得坐享其成。

如果你要孩子养成注意个人卫生的习惯，必须采取行动，而不是一再地唠叨，敦促。不妨试试以下的方法：

父母本身得先做个好模范，注重个人卫生，才能对孩子有所要求。

有些父母不相信或不肯定孩子已经洗过澡或刷了牙，常偷偷地检查孩子的牙刷、毛巾是否湿的。这样做若给孩子知道了，反会招致不满，认为父母不信任自己，以后干脆就不洗了。父母只需偶尔察看一下，而不要像间谍似的紧盯着他。

定下一些规则，要全家上下一律遵守。例如不洗手不可上桌吃饭，不洗澡不得上床睡觉。须注意不要带责备的语气，说过规范一次以后，便不要再重复唠叨，而以行动来实行。假如孩子个性执拗，不愿合作，硬不肯洗手再上桌吃饭，父母可以坚定的态度请他到别处吃，因为他的手太脏，令人看到不舒服，影响大家食欲；要不然，爸爸妈妈可以一起离开饭桌，带着饭到别处吃，不理睬他。

孩子不肯刷牙，牙齿蛀了，牙痛都是他自己的事，父母不用一下一下地为他清洁牙齿，这样对他一点帮助也没有，就让牙医来处理，医生会教他怎样保养牙齿，他也从拔牙、补牙、洗牙或吃药打针上得到"惨痛"的教训。

洗澡也是孩子自己的事。孩子到了六七岁已有能力自己洗澡，父母应给孩子机会养成自理生活的能力，无须事事操心。孩子不愿洗澡，身上汗臭难闻，同学、朋友闻了都敬而远之；父母也可以告诉他，实在无法忍受他的体臭，并拒绝与他玩耍或同桌吃饭。如果他的同学或朋友告诉他味道不好更是见效。此外，不洗澡会使身体发痒，一点也不舒服，这会让孩子亲尝苦果，他自会做出聪明的抉择。

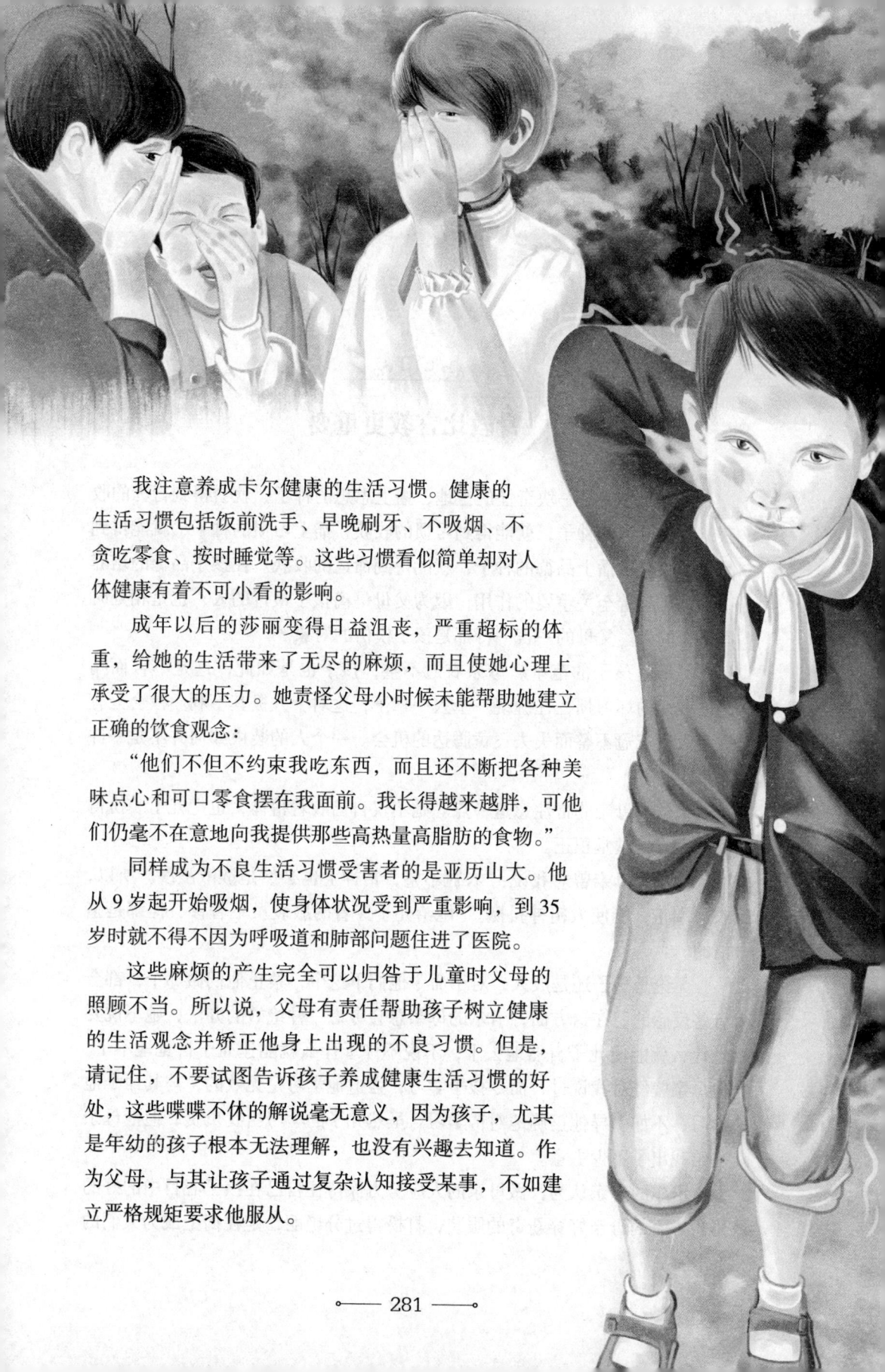

我注意养成卡尔健康的生活习惯。健康的生活习惯包括饭前洗手、早晚刷牙、不吸烟、不贪吃零食、按时睡觉等。这些习惯看似简单却对人体健康有着不可小看的影响。

　　成年以后的莎丽变得日益沮丧，严重超标的体重，给她的生活带来了无尽的麻烦，而且使她心理上承受了很大的压力。她责怪父母小时候未能帮助她建立正确的饮食观念：

　　"他们不但不约束我吃东西，而且还不断把各种美味点心和可口零食摆在我面前。我长得越来越胖，可他们仍毫不在意地向我提供那些高热量高脂肪的食物。"

　　同样成为不良生活习惯受害者的是亚历山大。他从9岁起开始吸烟，使身体状况受到严重影响，到35岁时就不得不因为呼吸道和肺部问题住进了医院。

　　这些麻烦的产生完全可以归咎于儿童时父母的照顾不当。所以说，父母有责任帮助孩子树立健康的生活观念并矫正他身上出现的不良习惯。但是，请记住，不要试图告诉孩子养成健康生活习惯的好处，这些喋喋不休的解说毫无意义，因为孩子，尤其是年幼的孩子根本无法理解，也没有兴趣去知道。作为父母，与其让孩子通过复杂认知接受某事，不如建立严格规矩要求他服从。

身教比言教更重要

孩子的心灵是一块奇怪的土地，播上思想的种子，就会得到行为的收获；播上行为的种子，就能得到习惯的收获；播上习惯的种子，就能得到品德的收获；播上品德的种子，就能得到命运的收获。在孩子品德的培养中，父母起着至关重要的作用，因为父母是离孩子最近的人，也是相处时间最长的人。父母的一言一行都是孩子模仿的对象。

父母是孩子的范本。母亲衣冠不整，孩子也是如此，这是不言而喻的。散漫的坏习惯往往缠绕一个人一辈子，这对个人极其不利。社会上有许多人因衣冠不整而失去飞黄腾达的机会。一个人的装束如何并不是一件小事。

卡尔的母亲非常注意这一点。她不仅自己衣着得体，也把儿子装扮得整洁大方，堂堂正正。

卡尔的母亲曾对我说："衣冠不整，精神上也必然是散散漫漫。所以，衣冠端正，能使人精神抖擞。"她给儿子穿着的服装虽不奢侈，但都是整洁的。

无论是孩子还是成人，对于命令他们干这个，禁止他们做那个，都会有些反感的。在这方面，卡尔的母亲总会考虑一种绝妙的办法，她不说要干什么就能使儿子自然地去干；不说不许干什么就能让儿子自觉地不干。他母亲曾经对我说过，命令孩子学习，强迫他学习是无效的，与其命令他学习，不如引导他正确地对待学习。虽然儿子的学习由我负责，但他母亲也给我出了不少主意。

卡尔的母亲认为，做母亲的人应努力保持住自己在孩子心目中的好的形象。有的母亲好穿新奇的服装，打扮得过分艳丽，走在街上成为人们的

第十三章 有良好的习惯才会有良好的素质

笑柄。还有的因懒惰而衣冠不整，也同样让人耻笑。当孩子看到自己的母亲被其他孩子讥笑时，就会感到很难堪。不仅如此，这还会给孩子的精神带来很坏的影响。所以，做母亲的必须检点一些，既不应散漫，也不应过于浓妆艳抹。不然的话，母亲的权威就会下降。这种下降就是教育孩子失败的开始。很多做母亲的都不注意这一点，以为自己的行为与孩子无关。其实不然，往往很多孩子在这种母亲的不经意中失去了良好教育的机会，甚至越来越糟。

卡尔的母亲曾经对我说过一件事，说明母亲在孩子心目中没有保持好的形象将会带来什么样的结果。

有一位母亲把女儿送到女子学校去上学。她省吃俭用，使女儿穿上与其身份不相称的艳丽服装。尽管如此，她女儿还是一点也不喜欢这位妈妈。有一次，她女儿对卡尔的母亲说："我妈妈让我穿着那么花哨的服装到学校来，使我感到非常难堪。我从4岁起，由于母亲这样做，就感到很难为情。"

做母亲的不应该这样。她虽然是为了女儿好，但还是失去了女儿对她的尊重。也许有人会责备她女儿无情，但我却很同情她。虽然这位母亲在女儿的外表上花了很大的功夫，把女儿送到洋气十足的女子学校去，但是，我认为她没有尽到母亲的义务。

父母是孩子的一面镜子

我始终这样认为,由于社会上没有专门培养孩子品德的机构,这个任务就落在了父母的身上。那些不注意培养孩子好习惯的父母,是没有尽到责任的父母。母亲爱虚荣,那么女儿必然是这样的;父亲好喝酒,儿子也会喝酒;父亲管不住自己的嘴,儿子也会如此。父母如果严格要求自己,做孩子的表率,努力培养孩子的好习惯,就会为他们的美好前程创造条件。这样的父母是令人尊敬的。

我认为孩子是父母的影子,孩子是父母的翻版。我向卡尔灌输任何东西,自己都要做出榜样。为了培养儿子的品德,我知道我的行为要自检,应处处为他做表率。

的确,我们都生活在社会之中,每个人的行为都要受到社会规范的约束。每一个社会,每一个时代,都有自身独特的对社会规范的理解,有自己独特的价值体系。

无论是过去还是今天,都有一些共同的基本价值应该尊重与遵守。这些基本价值有:诚实、自律、忠诚、可信等。无论在家庭和学校,孩子们都在有意无意地接受这些价值观的熏陶。这些并不是空洞的说教,它是一种行为法则,是孩子们必须从小就建立起来的良好的品质。而要帮助孩子树立正确、健康的道德观与价值观,首先需要父母本身有正确的观念与标准,并具有实践这些观念的行为能力。换言之,教育孩子的过程实际上也是一个父母自身的教育过程。

我的同事沃尔夫先生有一天对我说:"我的儿子讨厌极了,他总是迟到,似乎根本没有时间观念。我总是耐心地给他讲道理,可是他总是听不进去。你儿子也这样吗?"

第十三章 有良好的习惯才会有良好的素质

听他这样说,我就要求他告诉我他是怎么给孩子讲道理的。

沃尔夫先生立刻就给我举了下面这个例子:

"恩特斯,我和你讲了许多次要遵守时间,否则会浪费别人的时间,也会给别人留下不好的印象,你难道忘记了吗?"当儿子迟到时沃尔夫对他儿子这样说。

恩特斯不以为然地答道:"当然没有忘记,你给我讲了许多遍了。"

"那你为什么仍然这样?"

"我知道这的确不好,不过,我觉得也没什么大不了的。"

"什么?"沃尔夫先生有些生气了,"怎么说没什么大不了的?你从小就这样不守时遵约,将来还有谁信任你呢?"

看见父亲生气,恩特斯也有些沉不住气了:"你是大人了,不是也过得很不错吗?没见你有什么麻烦呀!"

"你这是什么意思?"沃尔夫先生被儿子的话搞得迷惑不解。

恩特斯说:"哦,你可能忘了,你好几次答应我要带我去海边,可是直到现在你一次都没有带我去过。"

"那是因为我工作太忙,这一段时间有很多的会议……还有那些论文……还有学生。"

说到这里,沃尔夫先生自己尴尬地停住了,不知再怎样说下去。

我对沃尔夫先生说:"哦,这样可不好。你要求儿子守约,可自己却没有先做到。这样教育孩子肯定是不会有良好效果的。"

这虽然是一件小事,父亲工作忙,的确有不得已的时候,他虽然也想带孩子去海边玩,但由于自己的原因不能去,可是事先对孩子许了诺,这的确是一件难办的事。可是,孩子会怎样看这个问题呢?他可能会得出什么样的结论呢?他也许会这样想:哦,父亲不守约,他过得也不错,大概不守约也不是什么大不了的事,我也无须为这个问题而烦恼,也用不着花功夫纠正这个所谓的缺点。有了这样的概念,无论有多少次的教训,恐怕也不会起作用。

糟糕的是,天真的孩子还会这样想:父亲对别人倒还能守约,尤其对工作上的事,但对我的事却不认真,可见守约也要凭兴趣或分等次,不必事事守约,那么有时不守约也就不是什么错事了。对于孩子这样的推理,父母往往找不到反驳的理由。

父母们常常抱怨孩子不听话,不能按自己对他讲的道理去做事,但就是不想想自己有什么不对。这些父母常常用自己的行动摧毁了自己给孩子讲的道理，让孩子们认为父母说的是一套，做的又是一套。他们认为父母是不可信的，不必认真对待父母的话。如果这样的话，孩子根本就不可能按照父母的"说教"去做。

有一个周末，卡尔与好朋友贝特约好星期六到贝特家参加一个聚会，并要带上自己的一些好玩的玩具。

我起初并不知道这件事，到了星期五晚上，我同妻子商量明天一起去郊游，并且有爬山和划船的活动，再住一个晚上，星期天回来。

这时，贝特的父亲来到我家，转告贝特给卡尔的话，叫他不要忘了带他的小提琴。

贝特的父亲走后，我问儿子："你是不是和贝特约好要去他家聚会？"

"是啊，可是我更想跟你们出去玩。"

"那不行，答应了别人就一定要遵守约定。"

"可是，明天去贝特家的人很多，并不少我一个人。"

"不，我想贝特是很看重你的，否则也不会叫他父亲来提醒你。何况，你还答应给他带小提琴和玩具去。你想一想，没有你的参加和你要带去的东西，贝特一定会觉得很扫兴。你忘了上次你约他来一起做游戏，结果他临时改变了主意，你是多么生气的吗？"

卡尔犹豫了。我又继续开导他："违约是不好的行为，很不礼貌。这样吧，我们下个礼拜再去郊游，你明天去贝特家玩，好吗？"

儿子想了想，采纳了我的建议。

就这样，从某个角度说，我和妻子都作了一点儿小小的牺牲，但

为了培养儿子的良好行为，我认为这是值得的。

其实，不要说是小孩子，有时候大人也会为推卸责任而说谎，比如：丈夫把晚间去喝酒的责任推到朋友身上；自己早上起床晚了，上班迟到，推说是路上堵车……

所以，父母对孩子的说谎要冷静对待，不要一副谈虎色变的样子。这时候父母应以同情的语气表示要责备孩子，让他们说出真实的情况来，帮助孩子分析问题，告诉他没有掩饰真实情况的必要，要信任父母，以后有什么想法要告诉父母，父母也会重视他的想法。

说谎是一种习惯性行为，经常说谎的孩子往往出自父母经常说谎的家庭。另外，管教不多甚至厌弃子女的家庭培养出来的孩子也容易变为不诚实的孩子。

尽管人人都承认自己说过谎，但父母应该意识到直接或间接地说谎会对孩子产生什么影响。这并不是说父母应该把所有事情都告诉孩子们，有许多事情是他们不必知道的，比如隐私或远远超出孩子理解能力的事情。即便如此，如果孩子偏要问，也应该照直对他们说，完全没必要编瞎话。应该在家里不断地谈论诚实的重要性。为了保证使诚实成为孩子道德的一部分，可以读一些强调其重要性的书籍，对鼓励孩子的诚实正直也是很有益的。

一般来说，从4岁起孩子开始明白，故意说谎而误导别人是不对的。事实上，这时候或稍大一点的孩子对事实的崇拜几乎达到狂热的程度，如果发现父母、兄弟姐妹或朋友说谎骗自己，会非常愤怒。一句特别的话，其真实与否远比说话者的意图要重要得多。下面是5岁的艾利斯和父亲的例子：

父亲："啊，好像下雨了，我们没法去看球赛了。"

艾利斯："你说过今天要去的！"

父亲："是的，我说过。但天下雨了，球赛会取消的。"

艾利斯（眼中已经含满泪水）："但是，你说过，我们要去的。你说过的！如果我们不去，你就说谎了。"

父亲："不，这不是说谎。如果比赛取消了，我有什么办法？我也想去，但没有比赛，我们去干什么？"

艾利斯（开始哭了）："这就是撒谎。你说过我们会去的，我们不去，你就是说谎！"

让儿子养成良好的饮食习惯

孩子养成不良的饮食习惯，责任完全在于父母。由于他们的溺爱和纵容使孩子形成任性自私的性格，这种性格反映到饮食当中就出现了孩子挑食、厌食、贪吃等多种毛病。然而，不少父母对此没有丝毫悔悟，而仍旧一味地满足着孩子不合理的饮食要求。另一些父母也许意识到了孩子不良的饮食习惯将影响孩子的健康，可他们不懂得如何从根本上解决问题，而是一味地诱骗孩子吃他不肯吃的东西，以确保其获得更为全面的营养。这些愚蠢的父母甚至扬扬自得地将他们那些诱骗的小招数到处传授，让其他面临同样问题的父母也跟从效仿。

事实上，改变孩子不良的饮食习惯应当从改变他对食物的观念开始。父母需要首先使孩子明白的绝不是吃哪种东西更有营养，而应该是如何去尊重食物，或者说尊重制作食物者的劳动，以及自然界对人类的恩赐。

只有在孩子学会尊重食物以后再适当地告诉他有关的营养知识，孩子才可能更容易接受。

厌食的问题略微复杂一些。如果孩子厌食，首先应确定他是否生病了。如果并非如此，而只是孩子的饮食习惯问题，父母就该意识到可能是孩子平时零食吃得太多，扰乱了正常的进食规律，导致他在正餐时间里拒绝进食。解决方案有两个：第一是杜绝孩子吃零食的习惯；第二是适当采用饥饿疗法，当孩子真的感到饿的时候他就不会再声称没有吃饭的胃口了。

与挑食、厌食的孩子相反，有些孩子表现得十分贪吃。他们往往不知饥饱，因为吃得过多而生病。孩子贪吃的习惯多数时候是父母促成的，因为在这些父母的头脑中，想到的只是加速孩子的成长，使自己孩子的身体变得更为强壮，他们只要听说什么食品能强身健体，就不惜一切地为孩子买，毫无节制地灌进孩子的胃里。

我和儿子的母亲都非常注意这一点，我们严禁儿子随便吃点心、零食。为了给儿子加强营养，我与他的母亲对儿子规定有固定吃点心的时间，并对此有合理的安排。

为了儿子的健康，也为了让他不要养成贪吃的习惯，我时常对他讲吃得过多的害处。

我告诉他："人吃得过多脑袋就发笨，心情就会变坏，有时还要闹病。生了病，不仅苦恼和难受，而且也不能学习和玩耍了。不仅如此，你一得病，爸爸妈妈为了照顾你，好多事也不能做了；就是说你一个人病了，会给许多人带来麻烦。"

为了让卡尔懂得身体健康及饮食合理的重要性，我在凡有朋友的孩子生病的时候，都会带他去探望，让他有更为直接的体会，这对他是一种很实际的教育。

有一次我带着儿子散步，遇见了一个朋友的儿子。

"你家里人都好吗？"我首先问候道。

"谢谢，都好。"他说。

"但是，你弟弟病了吧？"

"是的，您是怎么知道的呢？"他惊讶地说。

"我知道，因为圣诞节刚过。"

我并不是胡猜。因为我知道那孩子特别贪吃，圣诞节过后准会闹病的。

果然不出所料，于是我就带着儿子去探望。到那儿一看，那孩子不喊肚子痛，不喊头痛，只是叫个不停。

在谈话中，我问明了孩子的病因，正如我所预料的那样，是由于吃多了。卡尔听到这种情况，就深刻了解到贪吃的危害，便从此就很自觉地节制饮食。

在这种场合，我与对方谈话总是注意到要使坐在旁边的儿子能了解事情的真相。

为了让卡尔不在饮食问题上受到损害，我特别注意培养他的饮食习惯。在吃饭时，让他愉快地进餐。

我认为，让孩子愉快进食有利于增进孩子身心各方面的发展。

对孩子来说，食物不应该是一种款待，也不应该是一种义务，千万不能用食物贿赂他，也不要用不让他吃来惩罚他。父母完全没有必要去浪费时间和精力把食物当作奖励、惩罚或威胁的手段来调教孩子。重要的是把管教孩子和食物分开，给孩子营造一种和谐轻松的进食气氛和环境，让孩子独立自主、轻松愉快地进食。

哥罗德是我们这一带有名的小胖子。据说他的食量很大，在他很小的时候，就能和大人吃一样多的东西。每天除了正常的用餐外，还要不停地吃很多零食。

我曾经问过他的父母，孩子怎么从小就长得那么胖。本来我是个不爱打听别人事的人，可是每当看到哥罗德那种胖乎乎甚至走路都有点困难的样子，我的脑子中总会出现这个问题。

为了培养好自己的儿子，我也经常询问一下别人是怎样培育孩子的，这样或许还会改进一下我的教育方法。

哥罗德的父亲告诉我，因为他和妻子一直没有孩子，等到年龄很大的时候才有了哥罗德，所以倍加疼爱他。特别是他的母亲，更是把儿子当成自己的心肝宝贝。

他们给儿子吃最好的东西，穿最好的衣服，可以说对儿子百依百顺，万般迁就。只要儿子想吃的东西，他们都要绞尽脑汁地给儿子弄到。

哥罗德的父母都是体形较瘦的人，他们对儿子长得如此之胖也有些意外。但他们只是从儿子的外形看问题，只是觉得儿子长得太胖有些难看罢了。他们没有考虑过肥胖已经成了孩子的负担。

哥罗德由于长得胖，被同伴们称作"小胖子"，他行动缓慢笨拙，几乎无法和别的孩子一块玩，甚至还有的孩子欺负他。每当受欺负后回家哭闹时，他的父母解决问题的唯一办法还是吃。他们以为只要给他吃好，问题自然解决。

哥罗德由于太爱吃东西，以至他在看书和学习时也要拿一些点心在手中。我也问过他的父母，孩子的学习怎么样。他们只能一边摇头，一边叹气。

每当哥罗德学习不专心时，他的父母就会给他一块糖果和点心。他们认为这样就会让儿子用心读书，其实他们的做法简直大错特错。因为这样不仅干扰了孩子的学习，也让他形成了一种极坏的心理，他不会认为学习好了才会有奖赏，反而会以为只要我不学习就会有好吃的。

第十三章 有良好的习惯才会有良好的素质

哥罗德比我儿子卡尔还要大两岁,但他在学习上与卡尔比简直是天壤之别。

哥罗德为什么会这样呢?我认为这完全要归罪于他愚蠢的父母,他们不懂得怎样去教育孩子,以为孩子仅仅需要吃喝,根本就没有从小去培养孩子各方面的潜能。

胃过于疲劳会使大脑功能减弱,所以贪吃会使人蠢笨。我时常将这一观点讲给儿子和周围的人们听。历史上很多伟大的人物都非常注意这一点,特别是那些积极用脑的伟人更是如此。

孩子那种"有机会就吃"的情况,不是出于天性,更多地是由于父母给他创造了过多"吃的机会"。

卡尔基本上没有因为吃多而伤害胃。到朋友家里,主人总是要热情地拿出点心之类来款待。但不管是多么好的点心,都难以让卡尔动心,他是坚决不吃的。

朋友们看到儿子的反应,认为这不是孩子的真心,可能是我管教过于严格的结果。但事实并非如此,完全是儿子自愿的,因为他已养成了良好的饮食习惯。

朋友们之所以那样说,是因为他们在用自己和自己孩子的标准来衡量卡尔,他们无法理解我儿子的自制能力。

其实,这没有什么难的,只要从小经常做这方面的健康教育,孩子们就会很容易地像我儿子那样做到。

当儿子有了不良习惯时

孩子在成长的过程中，可能会出现各种各样的坏习惯，有的是任性、自大，有的时刻都不忘记表现自己，有的爱捉弄人，有的甚至以自己的行为危害他人、损坏财物。面对这许多问题，父母应该采取不同的办法去加以解决，以达到最好的效果。

很多父母认为，为了防止孩子养成不良习惯就要对孩子了如指掌。其实，这种想法也不完全正确。孩子都有自己的秘密，大孩子有，小孩子也有。许多父母都不去注意这一点，要么认为小孩子没有什么秘密，要么就是千方百计地挖掘孩子的秘密。这种想法和做法都是不正确的。孩子自有孩子的秘密，只是在大人看来算不上秘密而已。孩子是非常幼稚的，他们心目中那种秘而不宣的东西就是秘密。父母不应该时刻窥探，不要对此过多地追问，更不要干涉，特别是对健康合理的、无害的秘密。这样，哪怕是两三岁的孩子也会更加信任父母，与父母更加亲密。有了这种信任和亲密，孩子可能会把他们的秘密告诉父母。如果父母一味追问，孩子得不到父母应有的尊重、信任，孩子会感到他没有地位，就会心灰意冷，逐渐失去积极性，甚至会很小就关闭自己的心灵大门。当然，尊重孩子的秘密，并不等于对此不管不问，而是要求父母时时刻刻关注孩子的内心世界，健康的就加以引导，不健康的则应在充分尊重和理解孩子的前提下，去关心和引导他。

除儿子之外，我也接触过不少和他年龄相仿的孩子。我发现几乎任何一种不良行为，孩子都会凭着自己的理解去获得某种自以为是的"奖励"。我认为，父母的责任就是要去发现和取消这种"奖励"。我的一位朋友有两个孩子，他的儿子是一个非常调皮的孩子，处处都让人感觉到他的与众不同，经常干些令人心烦的事，经常欺负妹妹和别的小伙伴。

有一天，我的这位朋友找到我，想让我给他提供一些管教孩子的办法。

他对我说："我的儿子真令人讨厌，他不仅喜欢嘲弄别人，连吃面包也与其他孩子不同。他明明知道我讨厌他的某些行为，可他偏偏那么做，好像是专门在气我。"

听了他说的话，我感到很奇怪。这孩子连吃面包都会惹父亲生气，恐怕也有些太与众不同了吧。于是，我要求去看看这个孩子。

那天我和朋友一家共进午餐。在饭桌上，我特意仔细观察这个调皮的孩子。

我发现，这个孩子在吃面包的时候，把面包皮细心地剥下来，然后用手把它捏成一个球形吃掉，而把剩下的部分丢在盘子里。与此同时还得意扬扬地对他母亲说："妈妈，我把面包皮剥下来了！"

于是，他的母亲开始训斥他："你怎么总是这样，居然还当着客人的面。"这时，他的父亲似乎也要发怒了。

我给朋友使了个眼色，示意他不要发怒。饭后我给他讲了一个"对付"孩子的办法。

第二次，这个孩子故伎重施，像往常那样把面包皮剥下来后，也对母亲说："妈妈，我把面包皮剥下来了。"可是她的母亲只说了一声："我知道。"

孩子说："你不说我吗？"

"不说。"

没过多久，我的那位朋友又找到了我，说孩子现在已经没有剥面包皮的习惯，也和其他人用一样的方法吃面包了。他觉得很奇怪，问我是什么原因。

其实道理很简单，孩子的那种做法就是为了引起别人的注意，即使被父母责骂，他也会觉得受了重视。在他眼里，父母的责骂就是一种奖励，而他的做法就是为了这种奖赏。后来，父母对他的这一举动不闻不问，毫不关心，他自己也渐渐觉得没趣了，所以在不知不觉中改掉了坏习惯。

还有一个小男孩，染上了说粗话的习惯。因为他的一个小伙伴爱说"屁股"两个字，他学会了带回家里。由于这两个字不是什么风雅的词，他的母亲觉得很讨厌，很快就加以制止。可是相反，孩子不但没有停止说这两个字，还一连几个星期编造出不少关于"屁股"的话，说什么"天上有个屁股""屁股点心""甜屁股"等。他的母亲气得不行，最后干脆懒得理他。后来孩子发现这样说已经不能引起父母的注意，也就慢慢地不说了。

这是因为孩子起初说的粗话得到了旁人的奖赏而反复地说，后来没有了鼓励就不说了，曾经使他颇感兴趣的粗话也就渐渐地被遗忘掉。

对于孩子来说，能够得到父母有效的管教是非常有利于他们健康成长的。有些父母对孩子的管教仅仅停留在管住孩子上，让孩子循规蹈矩，没有活力，没有创造性。这种办法根本不能让孩子健康地发展。在我看来，这种管法还不如不管。也有些父母因为顾及孩子的自尊心而不去约束教育孩子，这也是错误的做法。

卡尔也会做错事。每当面对这种情况时，我不会像其他父母那样总是使用"不准这样""不要这样""不行"这些消极的、否定的词语，因为这些语言容易使孩子觉得自己一无是处，会增加他的消极情绪。我总是用积极的、肯定性的语言，给儿子以明确的行为指导，增加他的积极情绪。以我的经验，这样做往往会收到较好的效果。或许儿子在我这里听得最多的话就是"这样做""努力去做"这些积极的、带有鼓励性的语言吧。

在对卡尔的教育和管束上，我竭力做到既有效制止他的不良行为，又尽量减小或不产生负面影响。我认为这是管理孩子要遵循的最基本的原则。

卡尔小的时候喜欢在墙上乱画，虽然我给他买了学习绘画的用具，但他仍然克制不住自己的这一癖好,总是趁我不注意时偷偷地用笔在墙上涂抹。

有一次,正当他在墙上画得高兴的时候,被我抓了个正着。

"卡尔,你在做什么?"我立刻制止了他。

卡尔迅速地转过身,把笔藏在了身后,并用身体挡住了刚刚涂抹的东西。

我当时并没有给他讲道理,也没有训斥他,只是制止他再那样干下去,并让他独自一人到他自己的房间里待一会儿。

过了一阵儿,我把他叫出来,并询问他为什么要在墙上画。

他说:"爸爸,我知道错了。因为我刚才在房间中想了很久,我想我的行为破坏了墙壁的清洁。其实我有画画的纸张,我应该在纸上画画而不是在墙上画。您曾经给我讲过不能随便弄脏东西的道理,所以我犯错误是不应该的,请您惩罚我吧。"

我并没有惩罚卡尔,叫他去房间一个人待一会儿的目的就是让他自己想清楚这个道理。因为孩子有时在做某件事时,纯粹是一时兴起,他可能也懂得这些道理,只是一时管不住自己。如果我当场就去训斥他,或把那些讲过多次的道理再给他讲一次,一定不会有这样好的效果。孩子自己从内心里真正认识到了错误,这样的印象就会留得很深,也就会减少他再犯错误。

我这样做,只是为了让他无聊而乏味地单独待一会儿,这不算是一种惩罚的方法。他一个人待着的时候,做什么事都没有关系,只是让他把刚才在墙上画的那股劲冷下来。如果他能在房间里对自己的行为有所反思,那就再好不过了。

我认为,这种方法可以适用于很多情况。比如,当两个孩子发生争执或打架时,一般来说都会互相告状,争论不休。父母只要让他们停下来,把他们分开让他们各自单独待一会儿,可能什么问题都能得到轻松的解决。因为孩子之间不可能有什么深仇大恨,只是在一时气头上发生争执罢了。如果父母不是这样将他们分开而是去给他们讲道理,那么会更加深他们之间的矛盾,带来更多的麻烦。

当孩子情绪不好时,不要过多地招惹他,在他遇到困难时不要用过激的话刺激他,要等他平静下来之后再去慢慢开导。

我在教育儿子的过程中逐渐积累了一些经验:当孩子对某事就要发火

时，应该转移他的注意力，使他暂时忘记不高兴的事，慢慢地平静下来。父母一定要冷静，不要火上浇油，更不要用简单粗暴的行为去制止。孩子静下来之后，父母要加倍体贴，好言安抚，等他冷静下来后再说。

当孩子正在气头上时，不要直接与他讲理，因为这时他是什么都听不进去的。这时，父母更不能向孩子发脾气。发脾气就像传染病，用发脾气的方法制止发脾气是不明智的举动，这只能使脾气越发越大。

如果孩子在大庭广众下发脾气，父母一定不能顺从他。很多父母由于害怕孩子当众发脾气而常常顺着孩子，这种做法是极为有害的。因为孩子虽小，也自有狡猾的一面，常常利用父母的弱点发起进攻。父母一定要想办法不要让孩子知道这一点。如果孩子当着他人提出什么要求，父母最好给予帮助，合理的要求就满足他。如果硬要等到他发脾气再去帮助他，后果就不好了。对孩子的要求要有选择地满足，不合理的要求可间接地答复，如告诉他回家再说，或对他表示等客人走了再说，等等。

合理安排时间

合理安排时间，使工作和生活中的各种事务都能及时完成，保证生命的高效率运转，是生活能力中极其重要的部分。父母应当教会孩子珍惜时间并统筹安排他所面临的多种事情。事实上，注重效率的作风将为我们赢来双倍的生命。

合理安排时间首先意味着珍惜时间，加快单项工作进展的速度。

我非常注意培养儿子做事珍惜时间的习惯。如果儿子做一件事磨磨蹭蹭，即使做得好我也不会满意。这对培养儿子雷厉风行的作风很有积极的作用。

培养孩子珍惜时间的习惯非常重要。我们周围有许多人，他们坐下来不磨蹭很久是不会开始工作的，这正是因为他们自幼形成了一种很坏的习惯所致。

他们在磨蹭之中白白地虚度和浪费了多少时间啊！

当然，我对于卡尔的严格教育是有目的和尺度的，我并没有使孩子牺牲很多吸收其他知识及玩耍的时间，并且使他在每天只花费一两个小时的时间在学习上就能达到良好的学习效果，这一切正是得之于我培养他形成的珍惜时间、敏捷灵巧的习惯。

卡尔并非别人想象的那样由于学习而失去了玩耍的时间，反而正是由于他在学习知识时专心致志，效率极高，才使他赢得了很多时间去从事运动、休息和参加各种交往。要想做事专心、提高效率，必须从小养成敏捷灵巧和雷厉风行的习惯。因为我们每个人的生命都十分有限，人的一生就只有几十年，还有大部分时间花费在睡觉、休息上，如果不能够善于抓紧时间做一些事，那么宝贵的时间就像水一样悄悄流走，生命也就像天上的流星那样转瞬即逝。

卡尔自小就在我的训导下深知，一个完美的人应该做事果断、行为灵巧，那样才会在有限的生命中做出有所作为的事情来。

有一次，卡尔准备做一道数学练习题。我把题目告诉他就离开了。因为每次遇到这样的情况，我都会给他一个时间限制，在时间未到时，我不会去打搅他，目的是让他能够专心地独立解决问题。

可是这一次，我为了拿一本书，在时间未到时就走进了儿子的房间。我发现他并没有像往常那样在书桌前做练习，而是在房间中转来转去地玩。

我立刻问他："卡尔，你在做什么？为什么不做我给你布置的练习题？"

"这道题很简单，时间还早呢。在时间到达之前我一定能够做出来。"儿子根本没有把这件事当回事。

"是吗？你觉得它太简单吗？"听儿子这样说我很生气，"那好，我再给你加两道题。""可是，为什么？""你不是觉得时间太多了吗？那你就应该多做些事。"

平时对儿子我是非常严格的，言出必行，卡尔是知道我的作风的。于是，我把两道极难的数学题布置给他后就离开了。

到了规定的时间，我就走进去检查他的作业。他已经做完了两道题，正在解第三道最难的数学题。

"卡尔，停住。"

"可我还没有做完呢？"

"我只是给你加了两道题，但并没有给你加时间。"我严厉地说。

"可是，爸爸，这不公平。三道题应该是三道题的时间。"儿子委屈地对我说。

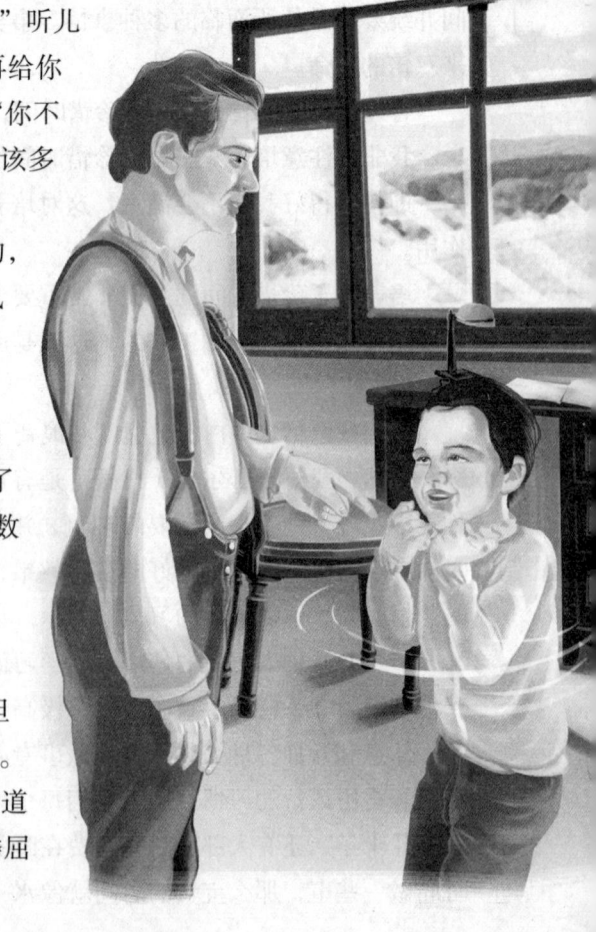

第十三章 有良好的习惯才会有良好的素质

"不公平吗?你自己认为有太多的时间,那么就应该在多余的时间中多做两道题。"

"如果在之前你没有磨磨蹭蹭地浪费时间,那么你就有足够的时间来做那两道题了。"我对他说道。

这时,儿子若有所思地看着我,似乎悟到了什么东西。

"你想想看,"我继续开导他,"如果在这之前,你没有把时间浪费在磨蹭上,那么早就做完了我给你安排的题目,就可以用你剩下的时间去看你愿意看的书和干自己喜欢的事了。在你磨蹭的那一段时间中,你什么也没有做,就好比你把一杯可口的牛奶倒在了地上,那不是一种最大的浪费吗?

"所以,由于你今天浪费了时间,我也会浪费你的牛奶。当然我不会将你的牛奶倒在地上,而是送给我们的女佣喝。我才不会像你那么傻,把美好的东西浪费掉,而是要尽可能地发挥它的作用。"

那天,我按着所说的去做了,把儿子的牛奶送给了女佣。

从此以后,卡尔明白了这个道理,再也没有发生上述的那种事情。

合理安排时间还意味着能够做出合理规划、统筹安排多种事情,使之能在同一时间内有效完成,提高工作和生活的效率。

专心致志地学习

有的父母问道,为什么他们的孩子每天都坐在书桌旁苦苦学习,却丝毫没有长进呢?而又为什么有些孩子看上去并非很用功,却总能取得很好的成绩?这些父母对此产生深深的疑问,他们在想:自己的孩子如此勤奋,但仍没有好的成绩,是否因为他太笨,而那些成绩好的孩子太聪明呢?

这种问题,不可一概而论,因为一个孩子的成长是由多种因素支配的。但有一点可以肯定,那些孩子在学习上之所以没有取得令人满意的成绩,大多数是由于没有从小养成良好的学习习惯的缘故。

这取决于父母,父母应懂得怎样去培养孩子,怎样引导孩子注意学习习惯和学习方法。

其实,即使有的孩子天生聪明,在他们很小的时候就聪明伶俐,灵气逼人,也可能由于没有得到父母良好的教导,养成不良的学习习惯。比如,对什么都感兴趣,对什么都想学,于是东一榔头西一棒槌,结果什么也没学好。

有求知欲和多种兴趣肯定是一件好事,但还要看父母怎样去教导。其中最重要的就是教孩子学会专心。

因为,只有专心孩子才能发挥出智力的最高水平。一个专心而智商不高的孩子能发挥出的能量会远远超过一个智商高而不专心的孩子。

卡尔也是个好学而有多种爱好的孩子,但他并没有因兴趣广泛而影响学习。关键在于我从他很小的时候就严格地教育他学会计划和安排。

无论在他学习什么的时候,我都要求他专心致志。学语言的时候就只考虑语言,学数学就专心于数学。我绝不允许他在学习的时候想着玩,玩

第十三章 有良好的习惯才会有良好的素质

的时候又担心学习跟不上。因为不能用心一处,那么一切都是白费;如果不能专心一处,即使孩子整天坐在书桌旁,那也只不过是装装样子而已,只是一种对时间的任意糟蹋,也是对自己和别人的一种欺骗。很多的孩子成天在书桌旁学习却没有好的成绩,大多是由于不能专心导致。他们坐在那里发呆,捧着书本却心系别处,或者望着天空想入非非。这样的状态,怎么能够学好知识呢?我认为,与其这样,还不如到外面去痛痛快快地玩一场。

我一个朋友的儿子哈特威尔,是一个非常聪明的孩子,他的年龄比卡尔整整大 10 岁,由于我和他的父亲是多年的老朋友,我几乎是看着他长大的。哈特威尔小时候几乎和卡尔一样,对万事万物都有极强的好奇心,也有很强烈的求知欲。

每当我去他们家串门时,那个可爱的孩子总围着我问这问那。或许是我对孩子很有耐心吧,我对他的问题总是给予认真的解答。由于这样,小哈特威尔还把我当成他的好朋友呢!

但是,当这个孩子开始接受正规教育时,他的父母告诉我哈特威尔的成绩总是不尽如人意。起初我感到非常奇怪,因为孩子很聪明,他的父母也都是很有学识的人,他们对孩子的教育应该是很不错的,可是为什么会这样呢?

为了帮助他的父母解开这个谜,有一次我要求他的父母允许我偷偷地观察哈特威尔是怎样学习的。

学习的时间到了,哈特威尔

301

像往常那样坐在书桌前准备背诵荷马的诗。我在另一个房间从门缝里悄悄地观察他。当时他在默诵，我能听到他小声地诵读，可是，不一会儿，他小声地诵读声渐渐没有了。我发现他的眼睛并没有放在捧着的书本上，而是抬起头呆呆地望着窗外。

我知道，孩子学习走神了，他一定没有把精力集中在书本上。我把哈特威尔的父亲也叫过来观察他。他的父亲看到这样的情景顿时火冒三丈，立刻就要进去训斥孩子。

我及时地阻拦了哈特威尔的父亲，小声地对他说："您大可不要这样，让我去和孩子谈谈。"

我悄悄地走进了哈特威尔的房间。当我已经走到他身后的时候，他仍然没有发现。我想，这孩子一定是在想什么东西都想得入迷了。于是，我轻轻地在他的肩膀上拍了拍，他似乎受到了惊吓，浑身微微地抖动了一下。

"哈特威尔，你在想什么呢？"

"哦，是威特先生。"

"你在想什么呀？学习的时候应该用心，为什么走神了呢？"我轻言细语地问。

"我……我没有想什么。"

"那么，我再考考你刚才背诵的诗。"我拿起了他的书本，看着他说。

过了很久，哈特威尔一句也不能背出来。他满脸通红，羞愧难当。

"孩子，你如果没有想别的事，那么怎么会一句也记不住呢？"

后来，哈特威尔只得承认他在刚才学习时走神了。

"我也不知道为什么，看书时总是这样，总要去想别的事情。"

"那你刚才在想什么事？"我又问。

"我在想昨天发生的一件事，有一个小朋友仗着他身强力壮，就欺负别的孩子，我很气愤。我刚才在想我如果是一个武艺高强的剑客就好了，那么我一定会教训教训他。我会骑着高大的白马，挥舞着长长的宝剑去帮助那些弱小的小朋友，一定要让坏孩子尝尝被欺负的滋味……"

他一边说，一边比画起来。

这时，我看到哈特威尔的脸上充满了奇异的光彩，他在憧憬着自己成为英雄的场面。

"听我说，孩子，"我打断了他，慢慢地开导他，"你知道吗？帮助别人是好事，但不能光坐在这里想呀！你现在看的书是荷马，这里面有很多英雄的故事，你应该在书中寻找那些英雄的事迹，看看他们是怎样成为英雄的。何况，你现在正在学习，其他的事情都应该暂时放下，努力地学好本领才会使自己成为一个强者。你想成为英雄，想帮助别人，就应该在书本中学习那些英雄的智慧，而不是在书桌前幻想自己成为英雄。你说对吗？"

"我明白了。"小哈特威尔好像忽然悟到了什么东西一样，"现在我在书本中学习英雄的智慧，等学完后我再到外面去锻炼身体，也把自己的身体练得强壮有力。那么等我长大后，就可以真正地帮助那些弱小的人们了，你说对吗？威特先生。"

"是啊，道理就这么简单。"我知道他解除了心中的迷惑，也为他感到高兴，"现在，哈特威尔骑士，你知道怎么做了吗？"

"知道了。"说着，他便捧起了书本，专心致志地学习起来。

后来，他的父母碰见我就说："威特牧师，你的教育方法真棒，现在孩子的学习成绩提高得真是惊人。"

哈特威尔学习不好的症结在于他不能用心于一处。我发现了这一点，并用巧妙的方式让他全心用于学习，那么他的成绩有很大的进步是很自然的事。

在我的培养下，卡尔从小就养成了用心一处的做事风格和专心致志的学习习惯。无论有多少干扰也不能让他把自己正在做的事情停下来。在他四五岁时，这种良好的习惯已经在他的心中深深地扎下了根。人们都说，卡尔是个很有个性的孩子，因为没有人能够轻易地打乱他正在着手的工作。

在卡尔过5岁生日的时候，那一天我们为他安排了一个生日晚会，请来了很多客人，其中有他的那些要好的小伙伴。

人们都聚在客厅里吃东西、谈话，只有卡尔不在场，因为当时他正在自己的房间里做功课。为了不让客人们久等，我必须去叫他。

"卡尔，你该出来了，客人们都在等你。"

"生日晚会8点开始，可现在才7点40分，还有20分钟呢，我要先把功课做完。"

"可是，外面有那么多人，你不着急吗？"

"我不应该着急。您不是常常对我说无论做什么事都要用心一处吗？"

坚持不懈的习惯

卡尔在学习上的每一次飞跃，都是通过在一个困难问题面前坚持不懈地努力的结果。

儿子在学习上一直都表现得特别轻松，任何有关数学的题目都能够似乎很不费力地解答。为了让儿子的能力有所提高，有一次我给他安排了一道远远超出他能力范围的题目。

我对那一次记忆犹新，因为那天儿子为了做出那道数学题的确费了相当多的功夫，也体现出他超出常人的毅力。

我给卡尔指定题目之后，他就开始像往常一样专心致志在书桌前认真思考起来。每当这时，我会离开房间让他能够在安静的环境之中独立思考。

过了很长时间，卡尔还没有从房间中出来。我感到有些诧异，虽然那道题很难，但卡尔以前从未用过那么长的时间去解习题。何况现在已经远远超出了我给他规定的学习时间。

我走进房间时看见卡尔仍然在那里冥思苦想，而桌上用来做习题的纸仍然是空白一张，什么字都没有。

我问儿子："怎么，是这道题太难了吗？"

儿子抬起头来看了看我，一语不发。

我看卡尔此时满脸通红，虽然天气不热却满头大汗。我当时的第一个反应就是儿子一定生病了。

"卡尔，有什么地方不舒服吗？"我问。

"没有，我在想怎样解答这道题。"卡尔回答道。

"现在已经超过了时间，如果你认为太难就先休息一下吧，明天再来解决它。"我说道。

"不，爸爸，再等一会儿。我似乎就快要找到答案了。请您再给我一点时间。"卡尔说完继续埋头思考。

我想儿子正处在解答问题的关键时候，不应该打断他。于是，我又走到了房间外，和卡尔的母亲谈论这件事。

快要吃饭的时候，儿子的母亲有些按捺不住了，她对我说："你应该让儿子出来了，恐怕那道题太难，卡尔的自尊心太强，害怕做不出而难为情。你去劝劝他吧，不要让他太累。"

于是我又走到了儿子身旁。

"卡尔，你已经尽力了。解不出来没有关系，这道题的确太难了。"我对儿子说。

"不，爸爸，快要做出来了，"儿子说，"您不是告诉我要坚持不懈吗？我已经找到了解这道题的方法，就是差一点点。我想我马上就能完全解答它。"

面对儿子这样的态度，我还有什么话说呢？只能和妻子在外面耐心地等。其实我们已经做好了儿子解不出题的思想准备，只是觉得儿子既然有那份恒心就尽量支持他。

"爸爸，爸爸。"不久，我终于听到儿子兴奋的喊声。在那一刹那我感到了无比的激动，从儿子的声调来看，我已经知道他成功了。

不出所料，儿子拿着那道题的答案，蹦蹦跳跳地跑了出来。

我看了他的答案，完全正确，并且他的理解思路巧妙至极，似乎还在标准解题方法之上。

当我问他在解题过程中有没有想到放弃的时候，他这样对我说：

"想到过，因为它确实太难了，有很长一段时间，我感到头疼，脑袋都要涨破了。我真想跑出去对您说做不出来了，但每当那个时刻，我就会听到自己心中有一个声音在说：'坚持一下，再坚持一下。'所以，我就发誓一定要坚持下去，非把它解答出来不可。"

那天晚上，卡尔吃了很多东西，睡觉也比平时香得多。他的确累极了。

自从那次之后，卡尔的解题能力得到了大大的提高。在以后的很多时候，他都能够用两三种方法解答一些极难的数学题。

卡尔也通过这一次的练习对只要坚持就会成功的道理有了更深的体会。